我
思

敢于运用你的理智

唯识学乃佛学中最精细、最系统的学说。"唯"乃"不离"之意，万法唯识即万法不离意识，其对意识结构及由意识所构造的世界之剖析，可以说是对宇宙和人生给出了最彻底且理性的解释。

唯识学在近现代中国的思想潮流中发挥了重要的作用。近现代的大学者大多重视唯识学，并借助其理论来构建自己的思想体系。如章太炎的得意之作《〈齐物论〉释》，以唯识学的义理来解《齐物论》；熊十力的代表作《新唯识论》，以批判唯识学来建立自己的新儒学。

唯识学与西方的科学、心理学和哲学等最易沟通。面对近代以来的西学大量传入，思想界高举唯识学的旗帜，正是因为唯识学思辨、理性、逻辑、系统的特征可与西学有效对话。而20世纪西方哲学中最有生命力的"现象学"，与唯识学更是达到了理论共鸣。

鉴于唯识学本身的理论透彻性、其在历史上的重大影响及在当代社会中的理论生命力，我们特策划此"唯识学丛书"，相关图书将陆续分批出版。

湖北省学术著作出版专项资金
Hubei Special Funds for Academic Publications

田光烈唯识论著集

田光烈 著

唯识学丛书

长江出版传媒 崇文书局

图书在版编目（CIP）数据

田光烈唯识论著集 / 田光烈著 .
—武汉：崇文书局，2021.1
（唯识学丛书）
ISBN 978-7-5403-6114-3

Ⅰ . ① 田…
Ⅱ . ① 田…
Ⅲ . ① 唯识论－文集
Ⅳ . ① B946.3-53

中国版本图书馆 CIP 数据核字 (2020) 第 209439 号

2015 年湖北省学术著作出版专项资金资助项目

我
思

敢于运用你的理智

田光烈唯识论著集

出 版 人　韩　敏
出　品　崇文书局人文学术出版中心
策 划 人　梅文辉（mwh902@163.com）
责任编辑　梅文辉
装帧设计　甘淑媛
出版发行　长江出版传媒　崇 文 书 局
地　址　武汉市雄楚大街 268 号 C 座 11 层
电　话　(027)87680797　邮政编码　430070
印　刷　武汉市金港彩印有限公司
开　本　880mm×1230mm　　1/32
印　张　8.875
字　数　190 千
版　次　2021 年 1 月第 1 版
印　次　2021 年 1 月第 1 次印刷
定　价　88.00 元

（读者服务电话：027—87679738）

目　录

玄奘大师与世间净化论 ……………………………………… 1

弁言 …………………………………………………………… 2

第一章　玄奘大师生平事略 …………………………………… 5

三朝古都孕育哲人 …………………………………………… 5
幼年时代 ……………………………………………………… 6
少年出家与游方参学 ………………………………………… 8
九死余生为法西行 …………………………………………… 9
那烂陀寺的盛况 ……………………………………………… 16
周游五印参访名师 …………………………………………… 19
拳拳之心不忘祖国 …………………………………………… 21
回国后组织完备的译场 ……………………………………… 25
开始沟通中印文化的翻译事业 ……………………………… 29
翻译的质量与范围 …………………………………………… 38
千古不朽的著述 ……………………………………………… 47

第二章　哲学思想产生之理论前提 …………………………… 53

一、玄奘哲学思想的两个根源：
　　中观派与瑜伽派的创立与传承 …………………………… 53
　（一）中观派的创立与传承 ………………………………… 54

（二）瑜伽派的创立与传承 ·············· 56

二、印度佛学的衰歇与中国佛学的昌盛 ··········· 58

（一）印度瑜伽学的东传与分合 ············ 61

（二）玄奘去印留学的原因 ·············· 64

第三章　瑜伽唯识学与世间流转净化论 ··········· 68

一、缘起论及其辩证法因素 ················ 74

（一）从变与依的道理来建立缘起论的世界观 ······· 77

（二）变的动力是种子内在矛盾的进展 ········· 119

二、种子为宇宙本质 ·················· 121

（一）种子的来源：本有、始起、本始 ········· 122

（二）有漏种如何转成无漏种 ············· 127

（三）有漏种子为宇宙人生的最后本质 ········· 130

（四）共变与不共变 ················· 133

（五）认识对象不离认识本身 ············· 135

三、因果原则与种子的关系 ··············· 136

（一）充满辩证规律的种子六义 ············ 145

（二）种子为生引二因 ················ 152

（三）种子余义 ··················· 156

四、两种时空观 ··················· 160

（一）法相唯识学的时空观 ·············· 160

（二）精神与物质相待而立 ·············· 164

（三）时空是色心分位的假法 ············· 166

五、法相唯识学与生命科学 ·············· 169

（一）对立统一之思维方法 ·············· 171

（二）世间净化论的终极目的——转识成智 ······· 174

（三）转依学中之量变到质变的意义 ·········· 179

（四）认识真理与净化世间（人生）的五个层次 ····· 185

（五）至高无上的正智认识绝对真理的辩证关系 ····· 192

第四章　中观唯智学与世间净化论 ············· 197

一、中道观及其辩证法因素 ·············· 197

（一）玄奘并承龙树无著之学 ································· 197
（二）龙树中道观的建立 ······························· 198
（三）中道观的认识论 ······························· 199
（四）中道观的方法论 ······························· 202
二、无著与玄奘对中道观的发展 ························· 204
（一）两种中道 ································· 206
（二）玄奘中道观的认识论 ······················· 209
（三）玄奘中道观的方法论 ······················· 211

第五章　因明中之辩证法因素 ························· 214

一、印度因明的成立 ································· 214
（一）玄奘的传译 ································· 219
（二）从辩论术发展到认识论 ······················· 220
（三）认识的起源 ································· 223
（四）概念形成的辩证意义 ························· 223
二、玄奘对因明的继承与发展 ························· 224
（一）因明与四分说 ······························· 225
（二）因明与三境说 ······························· 226

结束语 ······································· 234

附：本书前两版之序言 ························· 237
《玄奘哲学研究》前言 ························· 237
《玄奘及其哲学思想中之辩证法因素》自序 ············· 239

唯识相关文章 ································· 243

地论师 ······································· 244

摄论师 ······································· 250

杨仁山 ……………………………………………………… 256

欧阳竟无 …………………………………………………… 260

章炳麟《支那内学院缘起》书后 ………………………… 264

玄奘大师与世间净化论

弁言

流光如矢，岁月蹉跎。当我提笔写弁言之际，不禁思绪万端。半个世纪以来之事，一幕幕出现于脑海里：

四十年代初期，我在国事、家事、身事异常艰难、资料奇缺的情况下，为了达到进支那内学院蜀院（在四川江津）的目的，写《唯识纲要》数万言，寄呈先大师欧阳竟无先生请益，遂入内学院学习，攻读玄奘哲学。

一九四九年开始，任教于云南大学文史系，不能研究佛书，随后在"左"倾思想影响下，写了《玄奘及其哲学思想中之辩证法因素》一书❶，率多谬误之言。十年浩劫，且因是书而下放从事体力劳动十载。八十年代中期，代南京大学辅导留学生和国外进修学者，讲法相唯识学，因他们的请求，遂将原书修订，更名为《玄奘哲学研究》，由国际友人资助，在上海出版，迄今又一纪矣。多年来，在边教边学的过程中，"学然后知不足"，故对《研究》仍不满意，然因资料缺乏，也无心重写。

一九九一年十二月，全国著名专家学者十一位汇集北京中国

---

❶ 云南人民出版社，1958 年版。

社会科学院，倡议"开展玄奘研究和修复玄奘故里与玄奘纪念馆"，各方积极响应。去年（一九九四年）四月，我应邀参加在洛阳、西安两地举行的"首次中国国际玄奘学术研究会"。与会的中外著名学者百余人，一致认为开展玄奘学术研究，有极重要的学术意义和现实意义。这给我很大的鼓励。在百忙中，今年又将原书增订一次，作为近年研究玄奘学术的汇报。

先大师吕澂先生有云："佛家的好处正在深入人生，凡佛所说，无不从人生发端，又无不示人生归趣。出世云者，谓超越世俗，更深进真实也，岂即离世绝世哉！"❶为了体现内学院欧、吕二师"人生佛教"的宗旨，又将原书更名为《玄奘大师与世间净化论》。

书中谈到佛家辩证法时，常引德国大哲学家黑格尔之说，以资佐证；谈到种子功能时，又间以气功师之说为例。盖取于文益禅师所谓"一切声是佛声，一切色是佛色"，所谓"他山之石，可以攻玉"之意。

原书附录九篇，其中《灯录》已载于拙作《论禅学》中，《度牒在宋代社会经济中之地位》已载于台湾张曼涛先生主编之《现代佛教学术丛刊》中，兹不赘录。其余七篇，因与本书关系密切，仍然保留。❷另增附录二❸，乃从未刊载理论精辟之《先大师吕澂先生与人论学书》二十二篇，其中梅撷芸（字光羲，乃黄念祖居士

---

❶《复张生德钧书》。

❷ 此七篇中与唯识学相关的五篇《地论师》《摄论师》《杨仁山》《欧阳竟无》《章炳麟〈支那内学院缘起〉书后》，今编入本书第二部分"唯识学相关文章"中。——编者注

❸ 此附录二，今不收。——编者注

之舅父）等诸先生之书，已不可见。惟熊十力先生与吕先生辩论法义之书共一十七篇，妙义横生，令人百读不厌，录之以饷读者。

一九九五年九月作者于南京

第一章　玄奘大师生平事略

三朝古都孕育哲人

在今河南省九朝古都洛阳市东南四十公里的偃师县，有一个缑氏镇陈家村。七世纪初公元六○○年，即隋文帝开皇二年，我国唐代伟大的佛学家、旅行家、翻译家和文学家玄奘三藏大师，就出生在这里。偃师之名很古，来源于殷周之际。公元前一○二七年，周武王率兵车三百辆，虎贲三千人，甲士四万五千人，联合其他部落、方国，从孟津渡过黄河，与殷军战于牧野，攻入朝歌，殷纣王于鹿台自焚，商亡。武王伐纣之后，在今偃师筑城以息偃戎师。

早在原始社会时期，偃师大地已经显示出它的先进性和重要性。黄帝是华夏民族的共同祖先。相传黄帝曾祭于洛水，又游于洛水之上，过伊、洛交汇处，洛水入河处，并"受龙图于河，龟书于洛，赤文篆字"。可见黄帝曾在偃师一带活动。《史记》说："帝喾高辛氏，黄帝之曾孙也。"有关史籍还说，"亳本帝喾之墟，在禹贡豫州河洛之间"。亳邑故城，在洛州偃师县西十四里，本帝喾之墟，商汤之都也。可见县城南面、西南面一带曾是帝喾活动的中心地区。据卜辞证明，商认帝喾为高祖，祭祀十分隆重。还传说，尧皇帝曾游于洛水和首阳山一带，首阳山在县城西北七公里处。大禹曾治理过伊、洛二水，并开凿轩辕山。禹建立夏王朝，父子相传，"家天下"代替了"公天下"。他的孙子太康居于斟鄩，有穷后羿与夏桀王，也居于此。经考古发掘和不少学者的研究，这个斟鄩，就在今偃师翟镇乡二里头村，也即驰名中外的二里头文化遗址。可见偃师曾是夏王朝的国都所在地。"伊、洛竭而夏亡"，由成汤建立的商王朝，其都城西亳即在偃师城（指老城）西二十里的尸乡亭，史有明文。这一带还流传着许多关于尸乡和亳邑的传说，保存着伊尹墓。汤王陵、汤王池，也距此地不远。

周武王灭殷商，武王死，其子成王继位，周公辅政，遵从武王遗志，决定兴建洛邑。在洛水北岸筑了二城：一曰王城，一曰成周城。成周城东西六里十一步，南北九里一百步，其城大部分都在今偃师县境。后至东周，大约二百余年，国都即设在成周城。

总之，"自原始公社解体，夏代立国开始，就在偃师大地升起了中国文明的第一线曙光。国都是一个国家文明和文化发展的标志。位于偃师境内的夏都斟鄩，商都西亳，以及周代的成周城，都是国家文明的伟大中心和伟大代表！由偃师建都之早，建都王朝之多（其后东汉刘秀建都洛阳，曹魏、西晋、北魏皆都于此，故有'九朝古都多在偃'之说），建都时间之久，足以说明，自古以来，偃师大地就是经济、文化最发达昌盛的地区，而玄奘正是在这样丰腴的文化土壤中孕育出来的伟大文化名人。"❶

幼年时代

玄奘生于隋文帝开皇二十年（公元六〇〇年，以下括号内的

---

❶ 徐金星等编著《洛阳玄奘旅游区》，第 22 页，中州古籍出版社，1993年版。

数字均系公元时间），卒于唐麟德元年（六六四年），年六十五岁。[1]
他的学术活动时间，在七世纪二十年代到六十年代，当隋末唐初
之际。他的出身，据慧立本彦悰笺的《大慈恩寺三藏法师传》说：

> 法师讳玄奘，俗姓陈，陈留人也。汉太丘长仲弓之
> 后，曾祖钦，后魏上党太守。祖康，以学优仕齐，任国子
> 博士，食邑周南，子孙因家。又为缑氏人也（今河南偃师
> 县境内）。父慧……早通经术……好儒者之容，时人方之
> 郭有道。性恬简，无务荣进。加属隋政衰微，遂潜心坟典。州
> 郡频贡孝廉及司隶辟命，并辞疾不就，识者佳焉。有四
> 男，法师即第四子也。幼而珪璋特达，聪悟不群。年八岁
> 父坐于几侧，口授《孝经》，至"曾子避席"，忽整襟而
> 起，问其故，对曰："曾子闻师命避席，玄奘今奉慈训，岂
> 敢安坐。"父甚悦，知其必成。召宗人语之，皆贺曰："此
> 公之扬乌也。"其早慧如此。[2]

据此，奘师是世家出身的一个非常聪俊、坐言立行的翩翩公
子，从小就受到父亲的伦理教育。他的二兄素，法名长捷，出家
较他还早，也是一个大名鼎鼎的和尚，"风神朗俊"，不但精通内
典，而且"兼通书传，尤善老庄"。这样的父兄对少年时代的玄奘，都
有很大的影响，他的出家，也是由于他的二兄长捷直接导致的。

---

[1] 陈垣先生以为玄奘卒年，其说不一，以内学院六十三岁说为精（陈垣
书《内学院新校慈恩传书后》，《东方杂志》卷二一，第 2 号）。然据内学院
刻本原来校勘者吕秋逸先生近年意见仍以六十五岁说为是，见现行印本
校记。

[2] 支那内学院精校本，卷一，第 4 页。

少年出家与游方参学

隋炀帝大业五年（六〇九年），奘师年十岁，父卒，二兄长捷将他携往东都（洛阳）净土寺，为少年行者（童行），开始学习佛教经典，先读《维摩》《法华》等经。十三岁时，隋炀帝令在东都度僧，师因年少，不在录取范围，由于大理寺卿郑善果"有知士之鉴，不次录取"，始得出家于净土寺，法名玄奘。出家后，从景法师学《涅槃经》，从严法师学《摄大乘论》。公元六一八年（唐高祖武德元年），奘师十九岁，因瓦冈起义军攻洛阳，中原兵乱，奘师与兄长捷遂投奔长安，展转入蜀，到成都后，听宝暹讲《摄论》，向道基学《毗昙》❶，道基赞叹他平生"未见少年神悟若此"。向道振学《迦延》❷，"敬惜寸阴，励精无怠，二三年间，究通诸部"。始受具足戒并坐夏❸学律。

奘师在蜀四五年间，研读大小乘经论与南北地论、摄论各派各家学说。与兄长捷同为蜀人所钦仰，时人为之语曰："昔闻荀氏八龙，今见陈门双骥。"声名传扬于吴、蜀、荆、楚间。"益部（四川）经论，研综既穷，更思入京，询问殊旨。"他听说道深（《成实》学者）在赵地讲学，乃计划从巴蜀沿江东下，然后北上相州（河南临漳县）、赵州（河北赵县），达于京师，为兄长捷所阻。

---

❶ 即阿毗昙，奘师译为阿毗达磨，翻为对法。论藏的总称，凡北传佛教说一切有部之一身六足与南传佛典之上座七论《法聚论》等，以及部派不明之《舍利弗毗昙》均属之。

❷《迦游延阿毗昙》的简称，即《阿毗昙八犍度论》，奘师重译为《阿毗达磨发智论》。

❸ 佛陀遗教：每年两期三个月禅定静坐，中日两国僧尼定于四月十六日入安居，七月十五日解安居，谓之"坐夏"。

　　唐高祖武德六年（六二三年），奘师二十四岁，私与商人结伴，沿江而下，达荆州天皇寺。在寺讲《摄论》《毗昙》各三遍，深得汉阳王李瓌的赞助。是年冬末，奘师沿江东下，经扬州、吴会（吴郡与会稽郡，泛指今江苏长江三角洲一带）等地，与成实学派名僧智琰晤面。智琰以六十之年，执礼甚恭。

　　北上相州，从名僧慧休学《杂心论》（即《杂阿毗昙心论》），至相州从道深学《成实论》。武德八年（六二五年）秋，西赴长安，住大觉寺，从道岳、僧辨学《俱舍论》。从法常学《摄论》，从僧会学《涅槃》。由是"擅声日下"，"誉满京邑"。仆射萧瑀钦佩他的智慧超群，奏请令他住在庄严寺（大概是备当时十大德之选），但这不是奘师的素志。因为奘师从武德以来，历游吴、赵、魏各地，终达周、秦，凡有讲筵，都曾参加。当时诸家之学，虽然各有专精，可是意见纷披，还很难融贯。这时恰逢印度佛教学者波颇密多罗（明友）东来，启示了当时那烂陀寺戒贤所授的《瑜伽师地论》，才可以总赅三乘学说这一个途径，于是发心前往印度，寻觅《瑜伽》论书的全文以便穷其究竟。奘师上表请求西行，但主管的官员不许，只好留京遍学梵书梵语，等待机会。

九死余生为法西行

　　唐太宗贞观元年（六二七年），奘师二十八岁，佛教大小乘的教理都给他弄通了。奘师不满意当时非常紊乱的中国佛学，同时又受了自印度那烂陀寺来华传译的高僧明友的影响。从明友的讲论中知道那烂陀寺的学术研究盛况，知道戒贤是瑜伽学的权威，瑜伽学的大本《瑜伽师地论》是那样广博精深地总赅三乘学说而为佛家哲学之总汇。于是奘师决心往印度直探佛学的堂奥，并取《瑜伽师地论》。贞观二年（六二八年），他趁北方霜灾（因关东、河南、陇右沿边诸州霜害秋稼），唐统治者准允道俗四出就食的机会，偕秦州僧孝达，同至秦州（又名天水）。停一宿，逢伴去兰州。次日起程赴凉州（在今甘肃），停留月余，探询西域路径，并为道俗开讲《涅槃》《摄论》《般若》等。散会后，玄奘往印度求法之愿为西域各国来往的商人所传扬，"以是西域诸城无不预发欢心，严洒以待"。事为新任都督李大亮所闻，故逼令还京。幸赖当地慧威法师赞助，密派二弟子"窃送向西"，昼伏夜行，遂至瓜州（甘肃安西县东，双塔堡附近）。瓜州刺史独孤达尊信佛教，"闻法师至，甚欢喜，供事殷厚"，因访西行路程。

淹留月余，凉州追捕牒文至，幸得州吏李昌曲法成全，嘱令速离境。奘师苦无人作向导，正忧惘之际，得胡人石槃陀的受戒，愿送过五峰，又经老翁赠识途老马，遂夜偷渡瓠芦河，越玉门关。石槃陀惧前途险远，又无水草，惟五峰下有水，必须夜到偷水而过，但一处被觉，即是死人，不愿前往，奘师乃纵之还。"自是孑然孤游沙漠矣，惟望骨聚马粪等渐进"，行八十里经第一峰，幸得校尉王祥的支持，并为介绍于第四峰校尉王伯陇，得侥幸而过，九死一生，以达伊吾。

奘师在伊吾停留十余日，本拟逾天山循道西行经可汗浮图（今新疆昌吉回族自治州）直奔突厥王庭，请得统叶护可汗的保护以达印度北境。但为高昌王麴文泰所闻，遣使殷勤请至其国，"不获免，于是遂行涉南碛，经六日到高昌国境白力城"（即唐之蒲昌县，今之辟展）。连夜数换良马，夜半赶到高昌王城（今新疆维吾尔自治区吐鲁番东南六十里的火焰山公社所在地东二里）。

麴文泰列烛出迎，拜问甚厚，备极优礼。停十余日，奘师欲辞去，麴文泰誓不放行，奘师绝食，麴文泰见不可强留，乃"对母张太妃共法师约为兄弟，任师求法，还日请住此国三年受弟子供养"。奘师允许停留一月开讲《仁王般若经》。麴文泰为师准备西行所需物品，极为丰厚，又作二十四封书通屈支等二十四国。奘师"惭其优饯之厚"，乃上《启》谢王。离高昌行数百里入屈支，折服小乘一切有部的高僧木叉毱多。因"凌山（冰山）雪路未开，不得进发，停留六十余日"。

起程西行二日，又前行六百里渡小碛，到跋禄迦国（今新疆阿克苏专区，阿克苏至拜城一带），停一宿，又西行三百余里渡一碛至凌山。山行七日，历尽艰辛，出山后经大清池（又名热海，一作咸海，今吉尔吉斯共和国的伊塞克库尔湖），西北行五百余里，至素叶城遇西突厥统叶护可汗。可汗"令达官答摩支引送安置"，款待数日，送奘师到迦毕试国。

奘师从素叶城西行四百余里经屏聿，又西行百四五十里至咀逻私城，又西南行二百里至白水城，又西南行二百里至恭御城，又南行五十里至奴赤建国，又西行二百里经赭时国，又西行千余里经窣堵利瑟那国，西北进入大碛，无水草，寻遗骨进五百余里至飒秣建国。曾以佛法化度国王。又西南行三百余里至羯霜那国。从此西南行二百里入山（帕米尔高原的西部边缘），山行三百里逾铁门，到达睹货罗国境（今阿富汗北部）。晤西突厥统叶护长子，高昌王妹婿咀度设。咀度设旋为其子所药死，奘师因留月余，并折服小乘佛教徒达摩僧伽。南下到缚喝国都城西南的纳缚僧伽蓝，瞻礼佛教遗迹。遇磔迦国小乘三藏般若羯罗（慧性），相见甚欢，共研究《毗婆沙论》。

一月余后，奘师接受锐秣陁、胡实建两国王的邀请，至其国盘栝数日，即同慧性自缚喝国南行入揭职国（均在今阿富汗），东南进入大雪山（今兴都库什山的伊拉克斯奇山），山行六百里，倍极艰险，出睹货罗境入梵行那国（在兴都库什山麓）。为其国摩诃僧祇学僧阿梨耶驮婆（圣使）、阿梨斯那（圣军）所叹服，同往巡礼佛教遗迹。经十五日出梵衍那，二日逢雪迷失道路，至一沙岭，遇猎人示道，度黑山，至迦毕试国境（仍在阿富汗）。又为国王所邀请到大乘寺说法五天，当时名僧秣奴若瞿沙（如意声）、阿梨耶伐摩（圣胄）、求那跋陀（德贤）"咸皆惬服"。安居讫，慧性重为睹货罗王所请回，奘师与别，乃东进六百余里，越黑岭进入当时北印度境。

入印度后，奘师先到滥波国（今阿富汗东境的拉格曼）停留三日，下岭渡河至那揭罗喝国（今阿富汗的贾拉拉巴德）的都城，观礼佛教遗迹。都城东南二里许，相传为阿育王所造的窣堵波和佛陀"敷鹿皮衣及布发掩泥得受记处"，以及西南十余里"佛买花处"等佛教传说遗迹。又东南度沙岭十余里到醯罗城（即佛顶骨城），礼拜佛骨，又至灯光城西南二十余里瞿波罗龙王窟，参观"佛影"。

东南山行五百里到犍陀罗国（包括旁遮普以北的今巴基斯坦共和国白沙瓦市和拉瓦尔品第地区）的都城布路沙布罗（巴基斯坦白沙瓦的西北地方）。犍陀罗佛教属于"一切有部"的势力范围，在迦腻色迦王时代极为兴盛，流传到中亚和中国，是为北传佛教。其都城为当时东西文化交流的要冲，亦为北传佛教东传的重镇。古代印巴次大陆的佛教著名论师如罗延天、无著、世亲、法救、世友、如意、胁尊者都生于此地。同时，犍陀罗又是佛教艺术发源地之一。

　　奘师在此参观雀离浮图之后，东行百余里渡大河，至布色羯逻伐底城。城东参观阿育王所造"过去四佛说法处"的窣堵波，城北观礼佛陀为菩萨时的千生舍眼窣堵波。并将高昌王所赠金银绫绢衣服等分留各处供养。

　　奘师又从此东南行二百余里至跋虏沙城，巡游苏达拿（善与）以白象施与敌国的窣堵波，东南行经乌铎迦汉荼城，北逾山涉川，行六百余里至乌仗那国（今巴基斯坦的斯瓦特那）国都瞢揭厘城，参观佛教遗迹，城东二百五十里入大山到苏婆伐窣堵河的上源阿波逻罗龙泉，巡礼附近佛陀行化的遗迹。再溯印度河而上，到乌仗那旧都达丽罗川，睹末田底迦木刻的弥勒佛造像。

　　巡礼毕还归乌铎迦汉荼城，奘师又南渡印度河，至呾叉始罗国（约在今巴基斯坦伊斯兰堡西部拉瓦尔品第附近一带地方），参观阿育王所建的释迦舍头窣堵波，从此北界渡信度河东南行二百余里经大石门，游览舍身饲饿虎的遗迹。东南山行五百余里至乌剌尸国（今克什米尔的哈查拉地方）。东南登山履险，度铁桥，行千余里至迦湿弥罗（旧称罽宾）的西境门户一石门，国王拨逻勿罗孙拉二世，遣母弟将车马来迎，投宿于大月氏国王胡韦斯所建的护瑟迦罗寺。行数日渐近王城，抵达摩舍罗（原注"此言福舍，王教所立，使招延行旅给赡贫乏"），国王率群臣及沙门千余人，持幢盖烟华来迎，请奘师乘大象入都城，住于阇耶因陀罗寺。次日国王请奘师入宫供养，与名僧数十人讨论教义，并命二十人助奘师写经，五人供承驱使。奘师亦事此国中第一大德僧称（亦云僧胜）听受《俱舍论》《顺正理论》，及因明、声明等。并与其中大乘学僧毗戍陀僧诃（净师子）、辰那饭荼（最胜晾）、萨婆多部学僧苏伽密多罗（如来友）、婆苏密多罗（世友）、僧祇部学僧苏利耶提婆（日天）、辰那呾逻多（最胜救）等论难。

迦湿弥罗之迦腻色迦王，努力弘扬佛法，与印度阿育王并称。他组织五百名佛教徒整理佛教典籍，举行《大毗婆沙论》结集（即第四次结集）。此论集一切有部宗义之大成。奘师得国王之助，在此停留钻研梵文经藏，并从僧称受学，为日后周游五印和回国翻译佛经奠定基础。

公元六二九年，奘师三十岁。是年秋，他从迦湿弥罗启程，西南逾涉山涧行七百里经半奴嗟国，东行四百余里经曷逻阇补罗国（均在今克什米尔），东南下山渡水七百余里抵磔迦国（指整个旁遮普平原）停留一月，就一老婆罗门（龙猛弟子）学《经百论》和《广百论》。学毕又东行五百余里到至那仆底国的突舍萨那寺（乐授寺）从毗腻多钵腊婆（调伏光，即北印度王子）学《对法论》（即《阿毗达摩杂论集》）及《显宗论》（即《阿毗达摩显宗论》）。

停留四月，又到阇烂达那国（在印巴二国中）的那伽罗驮那寺，从旃达罗伐摩（月胄）受学《众事分毗婆沙》。停留四月，复行二千余里，出北印度至中印度境抵窣禄勤那国，从阇耶匊多听受经部《毗婆沙》。

公元六三一年春，奘师又渡河东岸至秣底补罗国，巡礼德光伽蓝，和众贤论师窣堵波（著《俱舍雹论》者），以及毗末罗密多罗遗身处，并从密多斯那学《怛埵三第铄论》（《辩真论》）、《随发智论》。学毕之后，奘师北行三百余里经婆罗吸摩补罗国东南行四百余里至瞿毗霜那国，东南行四百余里经垩醯掣怛罗国，又南行二百余里渡殑伽河，西南经毗罗删拿，东南二百余里至劫比他国（以上诸国均在今印度），观礼佛陀上天为其母摩耶夫人说法的"三宝阶"遗迹。又从此东南行二百里抵达当时称霸五印的戒日王统治的羯若鞠阇国（国都恒河西岸的曲女城，即今印度北方邦的卡诺吉），在跋达罗毗诃罗寺住三月，从毗离耶犀那三藏就学佛使《毗婆沙》和月胄《毗婆沙》之后，东南行六百余里渡殑伽河，南经阿逾陀国（为印度佛教七大圣地之一），巡礼大乘佛教瑜伽行派的伟大导师无著、世亲的遗迹，和佛陀行化的遗迹。之后，奘师再从此顺恒河东下，中途遇险，以镇定机智，方得死里逃生。

奘师又向东航行三百余里渡恒河经阿耶穆佉国，东南行七百余里，再渡恒河南，阎牟那河北，至钵逻耶伽国（二国均在今印度北方邦），参观戒日王每五年举行一次的"无遮大会"的"大施场"与"佛陀降伏外道处"，以及提婆（圣天）作《广百论》挫小乘、外道等遗迹。从此西南入大林，多逢恶兽野象，经五百余里至憍赏弥国，参观佛教遗迹。东北行五百余里至鞞索迦国观礼佛教遗迹。又东北行五百余里至室罗伐悉底国的国都舍卫城（印度佛教圣地之一），巡礼佛陀往日说法行道遗迹。

从此东南行八百余里，至佛陀故乡劫比罗伐窣堵国（古代憍萨罗的附属国，在喜马拉雅山南麓的尼泊尔境内，今巴达利亚地方），巡礼佛陀诞生地蓝毗尼园遗迹。从此东行荒林二百余里，巡视阿育王所建舍利塔，和沙弥伽蓝以及佛陀逾城出亡解下璎珞、服饰、白马，遣车匿归报父王等遗迹，又经历路途艰险的大森林至拘尸那罗国（印度、尼泊尔交界处），朝拜佛陀"涅槃"的遗址。从此在森林中经行七百余里，至佛陀"初转法轮"的鹿野苑，顺殑伽河东行三百余里经战主国转向东北，再渡恒河行一百四五十里到吠舍厘国，巡行佛陀行化遗迹，以及耶舍等七百佛教徒重勘律典举行第二次结集的遗迹。南沿恒河百余里到湿吠多补罗城，得

《菩萨藏经》。

奘师又从此南渡恒河，到摩揭陀的波吒厘子，停留七日，巡礼圣迹，又西南行六七由旬至底罗磔加寺，又南行百余里，观礼佛陀成道处的菩提树与金刚座，时逢众僧解夏，远近辐凑数千人，停八九日礼拜方遍。

当时印度最高学府那烂陀寺（在印度比哈尔邦巴特那以东的巴腊贡村）的僧众闻奘师已抵金刚座，特派四位长老前往迎接，到达寺庄，更有二百余僧与千余檀越将幢盖花香复来迎引，赞叹围绕，迎入那烂陀。❶

那烂陀寺的盛况

玄奘、辩机原著，季羡林等校注《大唐西域记校注》❷云：那烂陀，梵文 Nālandā 音译，又译那难大、那难，意译施无厌（na-alaṃ-dā）。本书中关于此寺名称起源是根据佛本身故事中的传说。在义净的《大唐西域求法高僧传》中记有另一说法：“此是室利那烂陀莫诃毗诃罗（Śrī-nālanda-mahāvihāra），唐译云吉祥神龙大住处也。西国凡唤君主及大官属并大寺舍，皆先云室利，意取吉祥尊贵之义，那烂陀是龙名，近此有龙名那伽烂陀（Nā-galanda），故以此为号。毗诃罗（Vihāra）是住处义，此云寺者，不是正翻。”

那烂陀的历史相当悠久，可以追溯到公元前六世纪，即佛陀和大雄的时代。耆那经典如《仪轨经》（Kalpasūtra）等都曾提到

---

❶ 以上奘师行程与地域多根据 1988 年中华书局出版杨廷福所著《玄奘年谱》所述。

❷ 中华书局版，1985 年 2 月，第 750—754 页。

那烂陀，说这是王舍城西北的一个富庶郊区，有许多美丽的屋舍园林；耆那教主大雄在这里至少度过十四个雨期；并说那烂陀有一百多个耆那教殿堂，佛教殿堂更不计其数。佛典如《大涅槃经》（*Mahāparinibbāna-Sūtra*）等也提到那烂陀。附近的庵没罗园是释迦牟尼经常到的地方。又在这附近还是舍利弗的生地那罗聚落（Nālakagrāma），《普曜经》中作那烂陀村（Nālandāgrāma）。又据南传的 *Nikāyasaṃgraha* 一书记载：第三次结集后，佛教发生部派分歧，大众部僧侣曾在那烂陀集会讨论，此后那烂陀遂被视为说一切有部的中心。藏文文献如多罗那他《印度佛教史》上也提到那烂陀，称它是一地名，阿育王曾在此施地建寺，是为那烂陀寺建立的开始。并称龙树（Nāgārjuna，约公元后二世纪）原先曾在此寺修业，然后成为这里的主讲。还说提婆（Āryadeva，公元后四世纪）、无著（Asaṅga）、世亲（Vasubandhu）等都曾在此讲学。不过多罗那他这些记载可能得自传闻，在那烂陀遗址中至今还未发掘出任何公元后四世纪之先的铭文。目前出土的最古文物是三谟陀罗笈多王时的铜盘，以及鸠摩罗笈多王时代的货币。因此近代学者大都认为此寺兴建于公元五世纪之后，在此以前即使建寺，规模也很小，不为人们所重视。因为五世纪初法显在王舍城巡礼时只提到那罗聚落，而无关于此寺的任何记载。又本书（《大唐西域记》）上所提到的建立那烂陀僧伽蓝六院的各君王都为五、六世纪时人。

又据义净《大唐西域求法高僧传》，"那烂陀寺，乃是古王室利铄羯罗昳底（Śrīsakrāditya）为北天苾刍曷罗社槃造。此寺初基才余方堵，其后代国王苗裔相承，造制宏壮。"上文中的铄羯罗昳底，即帝日王，与玄奘所记相合。经过多次扩建后，那烂陀寺的规模十分宏大。

对那烂陀寺的扩建工作一直继续了许多代。据本书载，帝日、觉护、如来护、幼日、金刚诸王各建一院，连同戒日王所建，共有六院，道宣的《释迦方志》则称那烂陀寺"总有七院"。而义净所载是八院。《宋高僧传》卷三《寂默传》："那烂陀寺，周围四十八里，九寺一门，是九天王所造。"公元六至九世纪可算是那烂陀的极盛时期，但十世纪时规模仍然不小。

这一印度古代的最高学府不仅规模宏大，建筑壮丽，藏书丰富，更重要的是学者辈出。印度的大乘佛教的许多大师，都曾在此地讲学或受业，玄奘留学印度的岁月也大部分在此度过。在那烂陀求学的僧徒也十分众多，《慈恩传》卷三所谓"僧徒主客常有万人"。

那烂陀寺研习的科目，除佛教哲学外，也兼习印度古代各种学术。《慈恩传》说："并学大乘，兼十八部，爰至俗典，《吠陀》等书……寺内讲座日百余所。学徒修习，无弃寸阴。"我国高僧除奘师外，玄照曾在此寺学习过三年，此外如义净、慧轮、智弘、无行、道希、道生、大乘灯以及新罗人慧业、阿离耶跋摩等都曾到那烂陀寺留学。吐蕃赤松德赞曾礼聘那烂陀的大师寂护（Sāntaraksita）及其大弟子莲花生（Padamasaṃbhava）大师去西藏弘法。

那烂陀寺大约毁于一二〇〇年左右（即宋宁宗庆元嘉泰之间）的兵燹，直至本世纪始重见天日。

那烂陀寺的地址，据康宁哈姆实测，考定为巴特那县境内Rājgīr村（即旧王舍城）西北七英里处的巴罗贡（Baragoan）村。一九一五年在当时印度政府考古局的主持下，根据《西域记》的记载，继续从事发掘工作，出土的精美铜像、铜盘、印章等文物，约在千件以上。那烂陀寺的公章，文曰"室利那烂陀摩诃毗诃罗僧伽之印"，尚完整无缺，尤显珍贵。

在那烂陀寺附近有一座"中华寺"，由中国僧人管理。一九五七年，印度政府曾在那烂陀遗址附近修建玄奘纪念堂，一九五七年一月"中国政府捐赠印度三十万元，作为在这里建筑玄奘纪念堂的费用，并且提供这个纪念堂的设计图"。❶玄奘大师永远是中印两国人民友好的象征。

根据上述奘师《大唐西域记》的记载，以及《校注》中的几条注释，我们知道那烂陀寺是当时五印有名的学术中心，它的学术（寺学）代表印度文化的最高水平。五世纪以后曾有许多我国学者到这里参学，也有许多印度学者从那烂陀到我国来，它是当时中印两国文化学术思想交流的据点。

奘师到那烂陀时，正是"至德幽邃"的戒贤大师主持。这时他已百余岁，据说是留寿等候奘师的，他对奘师异常器重。当时在那烂陀学习的有万人左右。他们除了学习佛家哲学中的大小乘各派学说而外，印度古典哲学如"吠陀"等，以及论理学（因明）、音韵学（声明）、医学（医方明）、术数工艺（工巧明）等学科均在必修之列。寺中有学问的很不少，精通二十部经论的学者有一千余人，精通三十部的有五十余人，精通五十部的连奘师在内也有十人。至于戒贤大师则一切经论无不精通。

周游五印参访名师

奘师到那烂陀寺很受欢迎，被推为精通三藏的十大德之一。他请戒贤三藏讲《瑜伽师地论》，同听者数千人，历时一年五个月

---

❶ 引自杨廷福《玄奘年谱》，第162—163页。

讲毕，后复重听两遍。又听讲《顺正理》《显扬》《对法》各一遍；《因明》《声明》《集量》等论各二遍；《中论》《百论》各三遍。《俱舍》《婆沙》《六足》等论，他先在诸国听过，至此更披寻决疑，兼学婆罗门《声明记论》。如是在寺学习，历时五年（贞观八至十二年，即六三四至六三八年）。❶

其后，奘师为了更广泛的参学，便离开那烂陀寺南游，经伊烂那钵伐多国（今印度比哈尔邦的芒吉尔地区），从怛他揭多毱多（如来密）和屖底僧诃（师子忍）两师学《毗婆沙》《顺正理》等论，过瞻波（今孟加拉古国鸯伽首都）等国入东印度境，经羯罗拿苏伐剌那（其境在今印度西孟加拉邦北部和孟加拉的巴拉白姆附近一带）等国，折而西北行至中印南侨萨罗国（其领域包括纳格浦尔以南、钱达全部及其以东康克尔一带地区），参观龙树、提婆传闻的遗迹。停一月有余，从善解因明的婆罗门学《集量论》。从此南行入南印度境，过案达罗国（今印度安德拉邦、以海德拉巴德为中心的一带地方），参观阿折罗造石窣堵波及陈那著《因明论》遗迹。南越林野千余里，至驮那羯磔迦国（今印度马得拉斯邦克里希那河河口两岸地区）。停数月，从苏部底和苏利耶二僧学大众部根本《阿毗达磨》等论，他们也从奘师学大乘诸论。过珠利耶国（在今印度马得拉斯邦）至达罗毗荼国（今印度安得拉邦南部泰密尔纳得邦北部），国都建志补罗城，访问达磨波罗（护法）的降生之处。奘师本拟与苏部底、苏利耶，从此渡海到师子国，适逢该国名僧菩提迷祇湿伐罗、阿跋耶邓瑟哳罗与三百多僧人渡海前来，因知该国正值饥乱，相与谈论，其学识"亦不能出戒贤之解"，遂中止前往。玄奘乃与师子国来的七十多名僧人，从南印度绕道西印度，一路巡视回返中印度。从此行二千余里经恭建那补罗国，从此西北经大林暴兽之野，行二千四五百里，至摩诃剌陀国（其国领域相当于今印度马哈拉施拉那），向东北行参观印度佛教艺术的"圣地"阿旃陀石窟寺。西北行千余里渡耐秣陀河（纳玛达河），经跋禄羯咕婆国（今孟买邦西北布罗奇，为其国者都旧址），西北行二千余里至摩腊婆国（约在今孟买邦 Cutch 湾以东到中央邦马尔瓦一带地区），从此西北至伐腊毗国（其地各说不一），再从此北行千八百里经瞿折罗国（今印度以北，古吉拉地区一带），转而东南行二千百余里经邬阇衍那国（今印度中央邦的乌贾因地区），又东北行千余里经掷枳陀（今印度彭德尔甘德特地区）等国，从此西行三千余里至狼揭罗国（在今巴基斯坦的俾路东南部马克兰东部沿海一带地方），为五印极西之地。

从此折回，过臂多势罗（约当今巴基斯坦的信德省的海德巴拉地区）等国，渡信度河，至北印钵伐多国（其地望各说不一），于此停两年，学正量部《根本阿毗达摩》及《摄正法论》《教实论》等论。从此东南行，仍还那烂陀寺。又到寺西低罗择迦寺，从般若跋陀罗就萨婆多部三藏及《声明》《因明》等论咨决所疑。

拳拳之心不忘祖国

贞观十三年（六三九年）春末，奘师至杖林山从胜军居士就学。居士"博通古代印度宗教、哲学、天文、地理、医方术数，为七世纪时与戒贤齐名的学者"。他承受难陀之学，对于因明学造诣甚深。据《因明入正理论疏》，谓胜军论师声名独擅五天，学艺超群，四方学者闻风来学。《慈恩传》卷四：

> 军本苏剌侘国人，刹帝利种也。幼而好学。先于贤爱
> 论师所学因明；又从安慧菩萨学声明、大小乘论；又从戒
> 贤法师学《瑜伽论》。爰至外籍群言、四《吠陀》典、天文
> 地理、医方术数无不究览根源，穷尽枝叶，既学该内外，德
> 为时尊。……法师（奘师）就之，首末二年，学《唯识决
> 择论》《意义理论》《成无畏论》《不住涅槃论》《十二
> 因缘论》《庄严经论》，及问瑜伽、因明等疑义。❶

"因思念故国，形诸梦寐，乃决意东归。"❷次年正月初，奘师
随胜军居士参观菩提寺舍利，并巡礼菩提树等遗迹；然后辞别居
士，还那烂陀寺。回寺后，应戒贤三藏之嘱，为寺僧讲《摄论》
与《唯识决择论》。作《会宗论》以折服师子光，据大乘正义以
破顺世婆罗门，以梵文著《三身论》，以酬答鸠摩罗王（童子王）
有关佛德之问，著《制恶见论》，在戒日王所主持的曲女城无遮
大会上以破正量部之说。

奘师在赴曲女城无遮大会前，已辞别那烂陀寺诸师友，决定
回国。会后次日即向戒日王辞行。戒日王坚请奘师参与其第六次
的七十五天"无遮大施"后启程。奘师无奈，只得偕戒日王往钵
罗耶伽国参与大施会。会后奘师又辞行，戒日王又坚请奘师再留
十三日之后，奘师再辞行，戒日王不便再留，决定遣使送奘师从
海道回国。奘师为了不负与高昌王麹文泰的前约，宁舍近就远，取
道北路，访问高昌，以谢当年一路相送的盛情。临行，奘师对戒

---

❶《大唐西域记校注》，第713页。

❷据《续僧传》。

日王所送珍宝服物一概辞谢，仅接受途中实际需要的曷剌釐帔，以作途中遮雨驭经之用。戒日王相饯数十里，呜咽而别。王更馈赠乌地王大象一头，金钱三千，银钱一万，供奘师旅途费用。别三日，王更与鸠摩罗王、跋吒王等各将轻骑数百又来相送。戒日王又以素氎作书红泥封印，使达官数人奉书送奘师所经诸国，令发乘递送终至汉境。❶

贞观十五年（六四一年）孟夏，奘师自钵罗耶伽国启程返国，在西南大林野中行七日经㤭赏弥国，转向西北行一月余，历经数国至毗罗那拿国，遇那烂陀寺同学师子光、师子月在此讲学，因被邀在该地讲《瑜伽决择》及《对法论》等，二月讫。复西北行一月，经数国至阇兰达那国，停留一月。乌地王遣人引送西行二十余日至僧诃补罗国，时已岁暮。

贞观十六年（六四二年），奘师四十三岁，从僧诃补罗国启程，山涧中行二十余日，又历二十余日至呾叉尸罗国停七日，又西北行三日，渡信度河时，因风浪骤起，船倾欲复，遂失五十夹经本及花种等，其余仅得保全。此次，迦毕试王闻讯，亲自到河边迎接，奘师遂同往乌铎迦汉荼城。暂寓寺内，派人到乌仗那国补抄渡河失落的迦叶臂耶部三藏，因此停留五十余天。经文补抄齐全，偕迦毕试国王继续向西北进行，一月余至蓝波国境，在道俗数千人前后围绕赞咏下，与国王徐徐进城，寓大乘寺。迦毕试国仿效戒日王之举，为奘师举行七十五日的"无遮大会"，以示敬意。会毕，奘师偕迦毕试国王由此正南行十五日经伐剌拿国，巡礼佛教遗迹。从此西北行经阿薄健国，行二千余里，出印度境，至

---

❶　参考杨廷福《玄奘年谱》，第 198 页。

漕矩吒国（今阿富汗的 Ghazni 地方）。又北行五百余里经佛栗恃
傥那国，从此始东出迦毕试国境。国王又为之举行七天大施会，会
毕至瞿庐萨谤城，才与奘师告别，另派一大臣率领百余人，护送
奘师过艰险的大雪山（即今之兴都库什山有名的塔瓦克山口）。逾
岭至安呾罗缚国（今阿富汗安多罗卜地区）。逗留五天，已进入
西突厥势力范围。

　　贞观十七年（六三四年），奘师四十四岁，从安呾罗缚西北
下山行四百余里经阔悉多国，西北山行三百余里至活国，停一
月，东行二日经瞢健国，再向东行，进入帕米尔高原的外围。又
山行三百余里经呬摩怛罗国，东行二百余里至钵铎创那国。因大
雪被阻月余，俟雪稍停，继续进发，东南山行二百余里经浮薄健
国，东南履蹑险行三百余里至屈浪拿国，从此又东北山行五百余
里至达摩悉铁帝国，参观石佛像后，又北行逾尸弃尼国，越商弥
国，在帕米尔高原向东溯峡谷而上行七百余里，至波迷罗川（今
帕米尔河），行五百余里至揭盘陀国（今新疆维吾尔自治区喀什
专区的塔什库尔罕一带）。参观访问佛教遗迹，逗留二十余日。从
此东行五日，遇群贼，商侣惊怖登山，象被驱逐溺水死。乃冒寒
履险东行八百余里，出葱岭经乌铩国。北行五百余里经佉沙国，东
南行五百余里渡徙多河，逾大岭至斫句迦国，向东逾岭越谷，行
八百余里，抵瞿萨旦那国（以上诸国均在今新疆维吾尔自治区
境内）。

　　贞观十八年（六四四年），奘师四十五岁，年初到于阗国境
之勃伽夷，停七日，于阗王闻奘师至其境，躬亲来迎，延入城中，安
置于小乘萨婆多寺。于阗王坚请奘师留住说法，遂为之开讲《瑜
伽》《对法》《俱舍》《摄大乘论》，一月四遍，听者千余人。时

高昌人马玄智来，因知麹文泰已死，遂中止去高昌；从天山南路直接回国。奘师因渡河失落经书，再派人去屈支、疏勒一带访求；还因原系违禁出国，今虽载誉归来，仍遣马玄智随商队前往长安上《表》，陈述私往天竺，历览周游一十七载，还达于阗，听候发落。奘师在于阗待命约七八月之久，始奉到敕命，即辞别于阗国王出发，东行三百余里经古战地，东行三十余里至媲摩城，从此向东进入戈壁大沙漠，望人畜遗骸以为标帜，行二百余里，经泥壤城，又行四百里经睹货罗故国，又行六百余里经折摩驮那故国，又东北行千余里，至纳缚波故国，即楼兰地（以上诸地均在今新疆境内），展转以达沙州（今甘肃敦煌西）。奘师又上《表》报告行踪，听候发落。这时，唐太宗在洛阳，表至，知奘师渐近，敕西京留守房玄龄使有司迎待。奘师闻太宗将出征，遂倍途前进，将近长安已届年终。奘师自贞观二年（六二八年）首途西行取经，往返五万公里，途经一百一十国，千难万险，百折不挠，只身奋斗十七载，终于达到了他的志愿，这种精神将永远激励着我国人民！

回国后组织完备的译场

贞观十九年（六四五年）正月，奘师倍途而进，二十四日行抵长安西郊漕上，虽官司不知迎接，而民众闻讯，"自然奔凑，观礼盈衢，更相登践，欲进不得，乃留宿于漕上"。房玄龄遣右武侯大将军侯莫陈实，雍州司马李叔慎，长安县令李乾祐前往欢迎。奘师从漕上"入舍于都亭驿"。二十五日进入长安。

奘师携回从中亚、印巴次大陆所得的佛经、佛像有：

大乘经二百二十四部；大乘论一百九十二部；上座部经、律、论一十四部（据《西域记》）；大众部经论一十五部（《慈恩传》

失载，此据《西域记》补入）；三弥底部经、律、论一十五部；弥沙塞部经、律、论二十二部；迦叶臂耶部经、律、论一十七部；法密部（即法藏部）经、律、论四十二部；说一切有部（即萨婆多部）经、律、论六十七部；因明论三十六部；声明论一十三部。共五百二十夹，六百五十七部。

如来肉舍利一百五十粒；摩揭陀国前正觉山龙窟留影金佛像一躯，通光座高三尺三寸；拟婆罗疤斯国鹿野苑初转法轮像刻檀佛像一躯，通光座高三尺五寸；拟侨赏弥国出爱王思慕如来刻檀写真像刻檀佛像一躯，通光座高二尺九寸；拟劫比他国如来自天宫下降宝阶像银佛像一躯，通光座高四尺；拟摩揭陀国鹫峰山说《法华》等经像金佛像一躯，通光座高三尺五寸；拟那揭罗曷国伏毒龙所留影像刻檀佛像一躯，通光座高尺有五寸；拟吠舍厘国巡城行化刻檀像等。

大会于朱雀街，送往弘福寺安置，阖城百姓闻声奔集，"始自朱雀街，终至弘福寺门数十里间，都人士子内外官僚列道两旁，瞻仰而立"，"所司恐相腾践，各令当处烧香散华无得移动，而烟云赞响，处处连合"，盛况空前。而奘师"虽逢荣问，独守馆宇，坐镇清闲，恐陷物议，故不临对"。

经像安置就绪，奘师兼程赶赴洛阳，二月一日谒唐太宗于洛阳宫，己亥复见于仪鸾殿。太宗殷勤慰问，广询中亚、五印情况。奘师一一酬答。太宗因此说："佛国邈远，灵迹法教，前史不能委详，师宜修一传以示未闻。"并力劝奘师还俗辅政，固辞乃止。时太宗因亲率大军伐辽，又邀师同行，师以律制不得观看兵戎战斗辞谢，惟请求敕许入嵩山少林寺翻译经论。太宗不许奘师入山，乃命在长安弘福禅院译经，"诸有所须，一共房玄龄平章"。

三月奘师自洛阳返长安入弘福寺，决心献身于佛教，从事沟通中印文化的翻译事业，请选派谙解经义，富有学识的佛佛徒，组织一空前完备的译场，以收集中人力分工合作之效。

据《开元释教录》所载，由奘师推荐当时参加他的译场并跟他学习的高僧大德有：❶

证义的十二人：京师弘福寺沙门灵润、沙门文备，京师罗汉寺沙门慧贵，京师实际寺沙门明琰，京师宝昌寺沙门法祥，京师静法寺沙门普贤，京师海法寺沙门神昉，廓州法讲寺沙门道深，汴州演觉寺沙门玄忠，蒲州普救寺沙门神泰，绵州振音寺沙门敬明，益州多宝寺沙门道因。

缀文的九人：京师普光寺沙门栖玄，京师弘福寺沙门明濬，京师会昌寺沙门辩机，终南山丰德寺沙门道宣，简州福聚寺沙门静迈，蒲州普救寺沙门行友，蒲州栖岩寺沙门道卓，幽州照仁寺沙门慧立，洛州天宫寺沙门玄则。

定字的一人：京师大总持寺沙门玄应。

证梵语梵文的一人：京师大兴善寺沙门玄谟。

其余笔受、书手等甚多，法名无可考。奘师将如此众多的高僧大德，组织成一个规模宏伟的超越前代的译场。它的工作程序是：

一、译主：是主译人，译场的总负责人；须精通梵、汉语文，彻底理解所译大小乘经典，而为全场人所信服，遇有翻译中的疑义，负抉择判断的责任。

---

❶《续僧传》所载略有出入。汤用彤先生《汉魏两晋南北朝佛教史》谓"盖古人之译经也，译出其文，即讲其义"，所谓译场之助手，均实听受义理之弟子。

二、证义：是译主的辅助者，凡是已译成的文字，审查其与梵本有无出入或错误，和译主斟酌决定。

三、证文：在译主宣读梵本时，注意他所宣读的和原文有无错误。

四、书手：一称度语，把梵文的字音写成中文。

五、笔受：把梵文的字义翻译成中文的字义。

六、缀文：因梵汉文字的结构不同，由他加以整理，以符合汉文结构。

七、参译：校勘原文是否有误，同时再将译文回证与原文是否有歧义之处。

八、刊定：由于梵文和汉文体制不同，刊定所译的每句、每节、每章须去芜存菁，使其简要明确。

九、润文：对已经译好的文字，加以润色，使它流畅优美。

十、梵呗：经过以上九道工序，翻译完毕后，还须用念梵音的方法唱念一遍，修正音节不够谐和的地方，以便传诵。❶

这种集体合作的工作程序，是吸收自东汉以来，多次翻译佛经所积淀的经验而成的，达到翻译制度的最高阶段。它与苏联的翻译经验也有相通的地方。❷不仅如此，奘师还建立了"五种不译"的翻译理论。❸而他的翻译实践又确能遵循他自己的翻译理论。这些都为祖国的翻译事业提供了一个伟大的范例。

❶ 参考杨廷福《玄奘年谱》，第219页。
❷ 参考《翻译通报》卷二第4期董秋斯《论翻译理论的建设》，及卷二第5期黄俊贤《谈玄奘与佛教译场》。
❸ 《翻译名义集序》，周敦义述，四部丛刊本，详后。

唐太宗对玄奘的翻译事业大力支持，亲自替新译的经论作了序（即有名的《大唐三藏圣教序》），并令书手写新译经论为九部，发给雍、洛等九州展转流通。太宗死后，又得高宗的大力支持。到了翻译的末期，高宗还答应玄奘的请求派了于志宁、许敬宗、薛元超等去润色译文，范义硕、郭渝、高若思等去帮助翻译。

开始沟通中印文化的翻译事业

奘师将译场组织就绪之后，于贞观十九年（六四五年）五月二日开始译《大菩萨藏经》二十卷，智证笔受，道宣证文，九月二日译毕。（此经为其后菩提流支收入所编译的《大宝积经》中）

六月十日，译无著《显扬圣教论颂》一卷，辩机笔受。十月一日，译无著《显扬圣教论》二十卷，智证等笔受。至二十年正月十五日毕。

七月十四日，译成《六门陀罗尼经》一卷，辩机笔受。十五日译《佛地经》一卷，辩机笔受。

贞观二十年，正月十七日至闰三月二十九日，译成安慧释无著撰《大乘阿毗达磨杂集论》十六卷，玄赜笔受。

五月十五日起，奘师集中精力翻译弥勒菩萨所说的《瑜伽师地论》。译此论时，几乎动员了当时全国著名的义学沙门，全力以赴，审慎再三。直至贞观二十二年译毕，共一百卷。论的第一部原文残卷，不久以前在西藏发现，其中有备忘的歌诀，分析性的说明，也有议论，目前尚未刊行。近人将《瑜伽师地论》的梵文残本对勘奘师所译，"就五体投地地佩服汉译本是那么谨严，近代翻译少有赶得上的"。❶

---

❶ 张建木《论吸收古代的翻译经验》，《翻译通报》卷二第 5 期第 54

七月完成《大唐西域记》十二卷，此书为奘师奉诏撰述。由奘师口述，辩机笔录，最后由奘师修饰润色、审定而成。

七月十三日，奘师将译成的佛经五部和《大唐西域记》上表于唐太宗，并请为所译经论作序。

贞观二十一年（六四七年）二月二十四日译世亲《大乘五蕴论》一卷，大乘光等笔受。

三月一日起，译无性的《摄大乘论释》十卷；大乘巍、大乘林等笔受，至二十三年六月十七日译毕。

五月十八日，译《解深密经》五卷，大乘光笔受。七月十三日译毕。

八月六日，译陈那弟子商羯罗主《因明入正理论》一卷，知仁笔受。又奉敕将《老子》译为梵语，交流于印度。奘师与道徒蔡晃、成玄英，往复参议，"穷其义类，得其旨理，方为译之"。又将《大乘起信论》从汉语还译为梵语。

贞观二十二年（六四八年）三月二十日，译《天请问经》一卷，辩机笔受。

五月十五日，译毕《瑜伽师地论》一百卷。

五月十五日，译慧月《胜宗十句义论》一卷，灵隽笔受。

五月二十九日，译世亲《唯识三十论颂》一卷，大乘光笔受。

六月十一日，奘师原在弘福寺译经。唐太宗敕奘师至坊州宜君县凤凰谷玉华宫。"既至，又劝逼还俗"，"翊赞功业"，奘师"掬诚坚辞"。太宗敕所司简秘书省手写新翻译经论为九本与雍、洛、并、兖、相、荆、扬、凉、益等九州，展转流通。八月，唐太宗撰《大

页，转引自杨延福《玄奘年谱》第223页。

唐三藏圣教序》成，敕冠群经之首。皇太子李治又作《述圣记》。（褚遂良书写的序和记的碑，而今仍保存在河南偃师县缑氏陈河村的奘师诞生地。）奘师均上表启谢。

十月一日，奘师在玉华宫弘法台译《能断金刚般若波罗蜜多经》一卷，直中书杜行顗笔受。奏上，并论旧译之失。

十月十六日，奘师随唐太宗返长安，居紫微殿弘法院，"昼则帝留谈说，夜乃还院译经"。

十一月十七日，译世亲《大乘百法明门论》一卷，玄忠笔受。

十二月十八日，译世亲《摄大乘论释》十卷，至二十三年六月十七日译成，大乘巍等笔受。

慈恩寺落成，令奘师充上座，进启辞之。

十二月，敕太常寺卿江夏王道宗等将九部乐及京城诸寺幡盖声乐送奘师及所译经像与众僧入住慈恩寺。唐太宗和皇太子妃等在安福门楼，执香炉临送，路旁观众达数万人，典礼极为隆重。

闰十二月二十六日，译无著《摄大乘论》三卷，二十三年六月十七日译成，大乘巍笔受。

是年窥基大师十七岁，奉敕出家为奘师弟子，先住广福寺，不久又奉敕选入大慈恩寺，从奘师受学经义并五印度语文，"识解大进"。

贞观二十三年（六四九年）正月初一日译《佛说缘起圣道经》一卷，大乘光笔受。

正月十五日至八月八日，译成小乘一切有部六足论之一的提婆设摩《阿毗达磨识身足论》十六卷，大乘光笔受。

二月六日，译小乘经《如来示教胜军王经》一卷，大乘光笔受。

四月二十五日，奘师陪从唐太宗至翠微宫，为说佛法及五印度见闻，至五月太宗疾笃，犹留奘师于宫中。

五月十八日，译大乘《甚希有经》一卷，大乘钦笔受。

五月二十四日，译出《般若波罗蜜多心经》一卷，知仁笔受。

五月二十六日，太宗卒于含风殿。太宗卒后，奘师还居慈恩寺，专务翻译。

七月十五日，译大乘《菩萨戒羯磨文》一卷，大乘光笔受。（此文出于《大论本地分·菩萨地》，内分受戒、忏罪、得舍差别）。

七月十八日，译弥勒《王法正理论》一卷，大乘林笔受。

七月十九日，译《最无比经》一卷，大乘光笔受。

七月二十日，译《菩萨戒本》一卷，大乘光笔受，十三日译毕。

九月八日，译清辨《大乘掌珍论》二卷，大乘晖笔受，十三日译毕。（清辨既承龙树的"无相皆空"学说，又杂以唯识之学。此论阐明诸法无相之义，以及反对护法的诸法有相，为非难法相宗的根本论典）。

十月三日，译亲光《佛地经论》七卷，至十一月二十四日译毕，大乘光笔受。

十二月二十五日，译陈那《因明正理门论》一卷，知仁笔受。

唐高宗永徽元年（公元六五〇年）。正月初一，译《称赞净土佛摄受经》一卷，大乘光笔受。

二月一日，译最胜子《瑜伽师地论释》一卷，大乘晖笔受。

二月三日至八日，译《分别缘起初胜法门经》二卷，大乘询笔受。

二月八日，译《说无垢称经》六卷，八月一日毕，大乘光笔受。

五月五日，译《药师琉璃光如来本愿功德经》一卷，慧立笔受。

六月十日，译圣天（提婆）《广百论本》一卷，大乘谌笔受。

六月二十七日，译护法《大乘广百论释注》十卷，十二月二十三日译毕，敬明等笔受。

九月十日，译小乘《本事经》七卷，十一月八日毕，静迈、神昉笔受。

九月二十六日，译大乘《诸佛心陀罗尼经》一卷，大乘云笔受。

永徽二年（公元六五一年），正月九日，译《受持七佛名号所生功德经》一卷，大乘光笔受。

正月二十三日，译《大乘大集地藏十轮经》十卷，六月二十九日毕，大乘光等笔受。

四月五日，译众贤《阿毗达磨显宗论》四十卷，至三年十二月二十日毕，慧朗、嘉尚等笔受。

五月十日，译世亲《阿毗达磨俱舍论本颂》一卷，元瑜等笔受。

同时又译《阿毗达磨俱舍论》三十卷，于五年七月二十七日毕，元瑜笔受。

闰九月五日，译世亲《大乘成业论》一卷，大乘光笔受。

永徽三年（六二五年）正月十六日，译无著《大乘阿毗达磨集论》七卷，三月二十八日毕，大乘光笔受。

三月，奘师奏请造塔以安置经、像及舍利，兼防火灾，经高宗许可，就在慈恩寺西院营建。

四月四日，译《佛临涅槃记法住经》一卷，大乘光笔受。

永徽四年（六五三年），正月初一日译众贤《阿毗达磨顺正理论》八十卷，五年七月十日毕，元瑜笔受。

永徽五年闰五月十八日，译《大阿罗汉提密多罗所说法住记》一卷，大乘光笔受。

六月五日，译《称赞大乘功德经》一卷，大乘光笔受。

九月十日，译《拔济苦难陀罗尼经》一卷，大乘光笔受。

九月二十七日，译《八名普密陀罗尼经》一卷，大乘云笔受。

九月二十八日，译《显无边佛土功德经》一卷，大乘云笔受。

九月二十九日，译《胜幢臂印陀罗尼经》一卷，大乘云笔受。

十月十日译《持世陀罗尼经》一卷，神察笔受。

永徽六年（六五五年）五月，吕才著《因明注解立破义图》三卷，对奘师门徒神泰、靖迈、明觉等人著作，提出四十余条不同意见，展开学术争论。历时半载，高宗请奘师出面与吕才对定，吕才词屈告退。

唐高宗显庆元年（六五六年）正月六日，唐高宗立代王弘为皇太子。二月十三日，高宗就慈恩寺为皇太子设五千僧斋，敕遣朝臣行香。黄门侍郎薛元超，中书侍郎李义府来谒，因问弘法与译经事。奘师请他们转奏高宗援以往成例，由朝廷简派大员监阅、襄理译经之事，并请高宗撰慈恩寺碑文。二十日因二人奏请，朝廷敕左仆射于志宁，中书令来济、礼部尚书许敬宗、黄门侍郎薛元超、中书侍郎李义府、杜正伦时为看阅润色译文。同时又准允御制慈恩寺碑。奘师因率徒众诣朝堂奉表陈谢。

三月二十八日，译大乘《十一面神咒经》一卷，玄则笔受。

五月，奘师因旧病复发，"几将不济"，高宗遣太医院御医蒋孝璋，针医上官琮悉心治疗。病愈后，高宗遣使迎奘师入宫，安置于凝阴殿之西供养，任彼翻译，或经二旬、三旬方乃一出。

七月二十七日，创译《阿毗达磨大毗婆沙论》二百卷。至四年七月始毕。嘉尚、大乘光笔受，神察、辨通执笔，栖玄、靖迈、慧立、玄则缀文，明珠、慧贵、法祥、慧景、神泰、普乐、善乐证义，义褒、玄应正字。

十二月五日，武则天生男满月，敕奘师进宫为佛光王（皇子）剃度。

唐高宗显庆二年（六五七年）正月二十六日，译迦多衍尼子《阿毗达磨发智论》二十卷，至五年五月七日毕，玄则等笔受。

闰正月十三日，唐高宗至洛阳，敕奘师陪从，随带翻僧五人，弟子各一人，住翠微宫继续译经。

五月九日，又陪从高宗避暑于明德宫，住飞华殿翻译。又敕奘师还积翠宫翻译，命"其所欲翻经论，无者先翻，有者在后"，奘师根据实际情况进表说明重译原因。

十二月二十九日，译陈那《观所缘缘论》一卷，大乘光笔受。

唐高宗显庆三年（六五八年）二月四日，奘师又随高宗返回长安。

六月十二日，西明寺建造完成。高宗为优礼奘师，于七月敕徒居西明寺，又令沙弥海会等十人充弟子。不久又还居慈恩寺。

十月八日至十三日，译塞建地罗（悟入）《入阿毗达磨论》二卷，释诠、嘉尚笔受。

是岁，奘师曾参与史官编撰《西域图志》。

唐高宗显庆四年（六五九年），四月十九日，在西明寺译《不空羂索神咒心经》一卷，大乘光笔受。

七月二十七日，译大目犍连《阿毗达磨法蕴足论》十二卷，九月十四日毕，大乘光笔受，靖迈序。

七月三日，译《大毗婆沙论》毕。

奘师认为前代所译大乘佛教中观宗（空宗）的根本经典《大般若经》，零星不全，且多错误。又从众人的请求，决心重译此经。藉以从瑜伽上通般若。惟以此经卷帙浩繁，住在京师每苦事务纷纭，不能专注。仍请求到玉华寺译经。

十月，奘师率翻译诸僧与弟子等至坊州玉华寺，居肃成院，将从事于《大般若经》的翻译。

闰十月，编译法相宗的主要著作，即糅合护法等十大论师（详后）集注世亲《唯识三十论》本，而成《成唯识论》；大乘基笔受，沈玄明为作序。

唐高宗显庆五年（六六〇年），奘师六十一岁住玉华寺，正月一日起首译《大般若经》。大乘钦、嘉尚笔受。此经梵本共有二十万颂，学徒每请删节译之，而奘师坚持一如梵本，不删一字。此经共有四本，奘师在印度已得其三，"翻译之日，文有疑错即校三本以定立，殷勤省复方乃著文，审慎之心，自古无比"。

同时于九月一日，译筏苏密多罗（世友）《阿毗达磨品类足论》十八卷，至十月二十三日毕。大乘光等笔受。

十一月二十六日，译舍利子《阿毗达磨集异门足论》二十卷，至龙朔三年十二月二十九日毕，弘彦、释诠等笔受。

唐高宗龙朔元年（六六一年），奘师在玉华寺主要译《大般若经》。

同时于五月一日，译弥勒《辩中边论颂》一卷，大乘基笔受。

五月十日至三十日，译世亲《辩中边论》三卷；大乘基笔受。

六月一日，译世亲《唯识论》一卷，大乘基笔受。

七月九日，译小乘《缘起论》一卷，神昉笔受。

龙朔二年（六六二年），奘师在玉华寺继续翻译《大般若经》，同时，又于七月十四日译世友《异部宗轮论》一卷，大乘基笔受。

龙朔三年（六六三年），奘师在玉华寺继续译《大般若经》，同时于六月四日，译筏苏密多罗《阿毗达磨界身足论》三卷，大乘基笔受。

十月二十三日，六百卷《大般若经》译成，合掌欢喜，告徒众曰："此经于此地有缘，玄奘来此玉华寺者，经之力也。向在京师，诸缘牵乱，岂有了时？今得终讫，并是诸佛冥加，龙天护佑，此乃镇国之大典，人天大宝，徒众宜各踊跃欣庆。"并命窥基上表请高宗为经作序。

奘师由于多年劳瘁，疾病缠绵，至玉华后，常发愿生睹史多天见弥勒佛。《大般若经》译完后，惟自策励行道礼忏。

十二月三日至八日，译法救论师解释世友《五事论》的《五事毗婆沙论》二卷，释诠笔受。

十二月二十九日，译《寂照神变三摩地经》一卷，大乘光笔受。

唐高宗麟德元年（六六四年），奘师六十五岁。正月一日译《咒五首经》一卷，大乘光笔受。

正月三日，玉华寺译经诸僧殷勤启请翻译《大宝积经》。奘师见众情专一，遂勉强翻译数行，踌躇一会，收起梵本，向众僧道："此经部轴与《大般若经》同，玄奘自量气力不复办此，死期已近，势非赊远。"从此绝笔翻译，并对徒众预嘱后事。三日，弟子等随奘师往芝兰等谷礼辞俱胝佛像。

初九日暮间，于后房度渠，脚跌倒，胫上有少许皮破，病势沉重。

至十七日，遂命弟子嘉尚具录所翻经论合七十五部，总一千三百三十五卷；又别撰《西域记》一部十二卷。又录造俱胝画像，弥勒像各一千帧，又造素像十俱胝，又写《能断般若》《药师六门陀罗尼》等经各一千部。

至二十三日，设斋飨施。又命塑工宋法智于嘉寿殿竖菩提像骨已，因从寺众及翻译大德并门徒等乞欢喜辞别，云："玄奘以毒身深可厌患，所作事毕，无宜久住，愿以所修福慧回施有情，共诸有情同生睹史多天弥勒内眷属中奉事慈尊，佛下生时亦愿随下广作佛事，乃至无上菩提。"辞讫，因默正念，时复口中诵："色蕴不可得，受想行识亦不可得；眼界不可得，乃至意界不可得；眼识界不可得，乃至意识界亦不可得；无明不可得，乃至老死亦不可得，乃至菩提不可得，不可得亦不可得。"复口说谒教旁人："南无弥勒，如来应正等觉，愿与含识速奉慈颜，南无弥勒，如来所居内众，愿舍命已，必生其中。"

二月五日夜半，与世长辞。

奘师逝世消息传到长安，文武百官以及僧俗人等莫不哀悼，高宗为之罢朝数日，二十六日敕奘师葬事所须并令官给。三月六日又敕翻译事且停，已翻成者，准旧例官为钞写，自余未翻者，总付慈恩寺守勿令损失。三月十五日又敕"玄奘法师葬日宜听京城僧尼造幢盖送至墓所"，玄奘遗柩还京，"安置慈恩寺翻经堂内，京城道俗奔赴哭泣者每日数千人"。

四月十四日，遵照奘师遗嘱葬于浐水之滨白鹿原。总章二年（六六九年），有敕徙葬奘师于樊川北原，营建塔宇。

神龙元年（七○五年），敕两京各建一佛光寺，追谥奘师为"大遍觉法师"。

翻译的质量与范围

奘师的翻译事业就数量来说，大得可惊，前无古人。据《开元释教录》的著录：唐代译经大约有译者四十六人左右，译经四百三十五部，二千四百七十六卷左右。而奘师自贞观十九年（六五四年）开始创译起直到龙朔三年（六六三年）绝笔止，孜孜不懈地努力了一十九年，共译出佛典七十五部，一千三百三十五卷，一千三百多万言。约占唐人译经的一半以上。与奘师并称中国佛经翻译四大家的鸠摩罗什、真谛、不空，再加上在翻译事业中卓著成绩的竺法护、义净诸家合计，也不过译了一千二百多卷。不如奘师所译之多。其所译书目及年代，梁任公在《佛典之翻译》一文中❶参合《三藏法师传》《内典录》《开元录》三书校定而成为一详表，可以参看，兹不赘录。唯原表中沿道宣《大唐内典录》的错误❷，把《大唐西域记》也列入了。其实《大唐西域记》是一部价值很高的旅行记，是创作而不是翻译。❸其次奘师不但译梵文典籍为中文，而且还译中文经籍为梵文，他曾应东印度童子王的请求把《老子》译成梵文介绍给印度，流传迦摩缕波国（印度阿萨密），对后来的印度学说产生了相当的影响。❹作为玄奘的整个翻译事业来说，这部书是应该特别重视。尤其因为这部书的翻译具有沟通中印文化的伟大意义。

现再就质量而论，也是空前的佳作。《祐录》谓："自前汉之末，经法始通，译音胥讹，未能明练，……是以义之得失由乎译人，辞之质文系于执笔，或善明义而不了汉旨，或明汉文而不了

---

❶《梁任公近著第一辑》，商务版，中卷。

❷ 详见贺昌群《大唐西域记之译与撰》，载今本文学古籍刊行社出版的《大唐西域记》附录。

❸ 梁任公在《中国历史研究法补编》第116页也说它是奘师亲手著的地理书。

❹ 参看吕澂《玄奘法师略传》，《现代佛学》1956年第3期。

胡意，虽有偏解，终隔圆通。"当时还用旧有的哲学名词、概念去比附和解释佛教哲学名词的"格义"方法，它既不忠实于原文，译文也粗糙拙劣。从东汉末开始，历三国、西晋所译，大都限于零星小品，从东晋到隋末开始有组织的大量译经，如道安、赵整的主持译场，分工较周密，考校亦认真，为鸠摩罗什的大规模译场打下了基础。其间译师辈出，著名的像鸠摩罗什、求那跋陀罗、法显、宝云、真谛、阇那崛多等还不能精娴双方语文，通过助手才以畅达的文字，传达原作的精神，初步建立了我国翻译文学的基础，从此在翻译方面有了急遽的发展，但这还是翻译史上的"旧译"时代。

到了唐初，才开始了翻译史上的"新译"时期，玄奘即"新译"的创始人。故《宋僧传》三《满月传·后论》云："初则梵客华僧，听言揣意，方圆共凿，金石难和，盹尺千里，觌面难通。次则彼晓汉谈，我知梵说，十得八九，时有差违。次则猛、显亲往，奘、空两通，器请师子之膏，鹅得水中之乳，印印皆同，声声不别，斯谓之大备矣。"《续传》《开元录》均谓："自前代已来所译经教，初从梵语倒写本文，次乃回之，顺同此俗，然后笔人乱理文句，中间增损，多堕全言。今所翻传，都由奘旨，意思独断，出语成章，词人随写，即可披览。"译出中国前此未有的新经典，或舍旧译本，重出新译文，开创了"新译"时期。《行状》亦称："然译经之事，其来自汉摩腾迄今三藏，前后道俗百余人。先代翻译，多是婆罗门法师，为初至东夏，方言未融，承受之者，领会艰阻，每传一句，必详审疑回，是以倒多说毗。今日法师，唐梵二方，言词明达，传译便巧，如擎一物掌上示人，了然无殊，所以岁月未多而功倍前哲。至如罗什称善秦言，译经十有余年，唯得二百余卷，以此校量，难易见矣。"

奘师在"旧译"长期积累的经验基础之上，改进翻译的程式和方法，关于音和义的问题，提出"五不翻"论。❶

> 一秘密故，如陀罗尼；二含多义故，如薄伽梵具六义；三此无故，如阎浮树，中夏实无此木；四顺古故，如阿耨菩提，非不可翻，而摩腾以来，常存梵音；五生善故，如般若尊重，智慧轻浅，释迦牟尼，此名能仁。能仁之义，位卑周孔，阿耨菩提，名正遍知。此土老子之教，先有无上正真之道，无以为异。菩提萨埵，名大道心众生，其名下劣，皆掩而不翻。

这是玄奘在道安"论五失三不易"和彦琮"明八备"的基础上所提出的经验之谈，希望译文达到"既求真实，又须喻俗"的标准，作为楷式。同时玄奘精娴梵、汉语文，深究原典，开始自任译主，不再依靠外人。他的翻译实践，在他的翻译理论指导之下进行，态度既谨严，译文又精美，都迥出乎前代译经大师之上。

章太炎先生说：

> 佛典自东汉初有译录，自晋、宋渐彰，犹多皮傅。留支、真谛，术语稍密。及唐玄奘、义净诸师，所述始严栗，合其本书，盖定文若斯之难也。❷

宜黄欧阳竟无先生说：

> 奘师以九死余生，探五分秘要，回环师授，盖亦有年，是以一语之安，坚如磐石，一义之出，烂若星辰。❸

---

❶ 见宋周敦义《翻译名义集序》。

❷ 《初步梵文典序》，浙江图书馆校刊《章氏丛书》。

❸ 《瑜伽法相辞典叙》，商务版。

熊十力先生说：

> 佛法东来，在奘师未出世以前，所有经论，总称旧译
> （亦云旧学）。奘师主译之一切理论，是谓新译（亦称新
> 学）。旧学自后汉至唐初，代有翻译，而罕能达旨。惟罗
> 什介绍般若宗大典，足资研讨。真谛传入唯识宗，颇有端
> 绪，而苦不完整。总之，旧译自罗什以外，都不曾作有计
> 划与有体系的介绍，而大典复太少，偶有大典，其能达原
> 著义旨者，盖不多见，奘师以旧译多阙多误为恨，而远走
> 天竺，……回国……以馈国人。❶

三位先生的说法，决非溢美。的确奘师翻译的精美在中国翻
译史上有划时代的意义。玄奘以前的翻译为旧译，玄奘以后的翻
译为新译，新译质量高出于旧译之上的原因，是由于两者的原本
传承有异，翻译制度有异，先后学说有异。❷

的确，奘师翻译的精美，就连今天的印度学者，也一致称赞
不已。如印度柏乐天教授对于奘师沟通中、印文化的翻译事业除了
五体投地钦佩而外，还指出他的翻译质量所以很高的原因，是在
于"他是把原文读熟了、嚼烂了，然后用适当的汉文表达出来。还
有原文比较晦涩的词句，奘师也适当地加上几个字……从许多增
益的字句中，我们可以看出，奘师如何透彻明了像梵文这样难懂
的语言，而用正确和明白的字句翻译出来。他的增益的字句并不
是没有意义，或者没有根据的，而适足以表示学识的渊博精湛"。最
后他还说："玄奘无论如何，是有史以来翻译家中的第一人，他的

---

❶《中国哲学史论文初集》，第 101 页。

❷ 参看吕澂《佛典泛论》，商务版，第 1—16 页。

业绩，将永远被全世界的人们记忆着。我感觉很荣幸的，是这位伟大的翻译家曾经践履过我自己的乡土。这位伟大的中国人值得咱们歌颂，值得咱们表扬。他的翻译是中华民族最伟大的文化遗产之一。中、印两国是兄弟之邦，假如不嫌冒昧的话，我很想说它是中、印两民族的共同遗产。"❶

其次他的翻译在中国文学革命方面也有很大的影响。"当时一般所流行的骈文体非常晦涩呆板，他们翻译却用一种特殊的文体——近乎白话的文体，一点都不带骈文的气息，在文字上起了革命的作用。因此他们所译的一千多卷经典，不仅丰富了中国佛教的内容，并增加了许多新的辞汇，给中国文学很大的影响。"❷

这还只是一方面，其实奘师的翻译，是应用六朝以来那一种字句"偶正奇变"的文体，再参酌梵文钩锁连环的方式融合而为一种"整严凝重"的风格，用以表达特别注重结构的瑜伽原典，非常调和。❸因此，他的译籍是形式与内容高度的统一的艺术表现。

再就其内容来说，这一千三百余卷的佛典，并不单是属于某一派或某一家之言，而是完完整整地把全部有关佛家哲学与逻辑的各方面都次第传入了。如前所述，奘师去印留学，主要是在摩揭陀国（今印度比哈尔省之巴特那以南的伽耶城，以及联合省的贝拿勒斯等地）的那烂陀寺学习。那时那烂陀寺的全部佛学约分为毗昙、因明、戒律、中观、瑜伽等五科。关于毗昙科，毗昙 Abhidharma，新云阿毗达磨，译曰无比法，新翻对法，论藏之总

---

❶《伟大的翻译家玄奘》，《翻译通报》卷二，第 5—6 期。

❷《谈玄奘与佛经译场》，《翻译通报》卷二，第 5 期，。

❸ 吕澂《慈恩宗上》，1953 年第 9 期，《现代佛学》。

名，智慧之名也（智慧为无比之胜法，故云无比法，又以智慧对观法，故名对法），论藏为诠显学者之智慧故也。毗昙通大小乘。声闻方面，以《俱舍论》为中心。在他以前有根本的"一身六足"❶和《婆沙》，及其后发展的《顺正理》《显宗》等论，奘师都全部译出。大乘方面，译出了《集论》和它的注书《杂集论》。显示毗昙不同于瑜伽论的特点，并指出大小乘毗昙相通的途径。于因明科，译出了《理门》和《入正理论》，树立了在议论基础上的佛家逻辑规范。于戒律科，译传大乘唯一的《瑜伽菩萨戒》，并辑出《受戒羯磨》，作为实践受戒的轨则。于中观科，特别译出护法的《广百论释》，以见瑜伽系贯通中观之一斑。于瑜伽科，则一本（《瑜伽》）、十支（《显扬》《庄严》《中边》《五蕴》《百法》《摄论》等）差不多全部译出。最后糅译《成唯识论》，以极其奥蕴。那烂陀寺最盛时期传习的五种佛学精华，基本上都由奘师译传中土了。

五科可概佛家哲学的全部，而五科奘师都有传译，都有极湛深的研究，特别是因明与瑜伽为奘师独传之学。欧阳竟无先生说：

> 相宗真传，在中国而不在印度。相宗至护法而后完备，护法之学，奘师实受之，②印土则未尝流传也。奘师

---

❶ 一身谓迦多衍尼子之《发智论》。六足谓：一、舍利弗之《集异门论》，二、大目乾连之《法蕴足论》，三、大迦多衍那之《施设足论》（此三为佛在世时之作），四、提婆设摩之《设身足论》，五、筏苏密多罗之《品类足论》，六、同人之《界身足论》（此三为佛灭后之作）。均为说一切有部之根本论典。

❷ 案：《唯识枢要》卷一，谓玄鉴居士为护法菩萨之檀越。护法没后，护持其所著唯识之释论授之奘师。

在印，立"真唯识量"，标不离之义，而后唯识安立坚固不摇。此不过出护法学之一端，①而其前陈那、安慧诸师，立说未精已可概见，至发挥护法学而光大之，更非印土学者之事矣。②

自唐中叶以后，禅宗继起，学风丕变，人皆避繁难之思辨而趋简易之实践。奘师之学，复因古籍佚亡而失传。一九二二年，欧阳竟无先生在南京创办支那内学院，大弘法相唯识之学，继起者有吕澂、汤用彤、熊十力、王恩洋、黄忏华诸先生，使奘师之学薪火相传，绝而复续者，实欧阳先生之力也。先生尝云："奘师门下，传护法学者三大家：窥基、圆测、太贤。元明以来，古籍佚亡，此学失传者千载，今幸诸家著述次第重刊（圆测著书散失特多，慧沼《了义灯》一书，系驳圆测等说而作，从反面推论，亦可见圆测解释护法立义之一斑），研学有资，重明绝学，正吾侪之责也。"

奘师不仅继承了印度古典哲学思想，而且还创造性地发展和光大了印度古典哲学思想。

同时奘师在翻译过程中，还培养出一大批青年学者，影响海

❶ 案：唯识学在印度有古学与今学，古今唯识学观点不尽相同。护法之学为唯识今学。其所谓真相，详见于藏要本《成唯识宝生论》卷一篇首标目中，可以参看吕澂先生唯识古今学："实则无著世亲唯识之学先后一贯，后人有祖述二家学说而推阐之者，是为古学。有演变二家学说而推阐之者，是为今学。古谓顺从旧说，今谓推衍新说，此其大校也。于印度十大论师求之，亲胜、火辨、难陀三家，古学也；护法，今学也。安慧则折衷二者之间。于东土唯识译家求之，则真谛，古学也，玄奘，今学也。"（载《吕澂佛学论著选集》，73页，齐鲁书社出版，1991年）

❷ 《唯识讲义笔记》，卷二，第39页。

外。其中窥基、圆测最为杰出。窥基或作灵基、大乘基,《开元录》始称窥基,字洪道。其先与拓拔氏同出鲜卑族,号尉迟部,后以部为姓。父名宗德,以功封江由县开国公,官左金吾将军松州都督。鄂国公敬德,其伯父也。十七岁出家,奉敕入慈恩寺侍玄奘三藏法师学五竺语。显庆元年,二十五岁参与译经,间为玄奘司翰牒。二十八岁笔受《成唯识论》,并遵师嘱撰《述记》及《枢要》阐扬玄旨。生平撰述极多,现存约十四部,百数十卷,号百部疏主,世称慈恩大师。

弟子慧沼,深通唯识因明,撰《成唯识了义灯论》,"此书原意,不过自固其家,观兵列敌,折冲御侮,披拓见真。而诸家学说,如圆测、普光、慧观、玄范、胜庄、义寂、道证、憬兴,本籍已亡,悼难知概,反复因兹旁引,略见其涯"。世称淄州大师。

圆测名文雅。新罗王族,姓金氏。十五岁游学上国,历事京师法常、僧辩等。通毗昙、成实、俱舍、毗婆沙等。贞观间,住京师西明寺,奉旨参与奘师译场,与基、光并肩齐辔,《成唯识论》出,测即宣讲于西明寺,多取护法菩萨之说,基师深赞扬之。世传其窃奘师讲授,与基师争胜,事属乌有,于理不合。武后礼之为师,尊崇逾恒。新罗遣使请归,后不许。历参日照、提云二师之译场,任证义。以万岁通天元年(六九六年)寂,世寿八十三。著有《成唯识论疏》《理门论疏》《仁王经疏》《解深密经疏》等。

弟子道证、胜庄、慈善等,均当世大德。奘师弟子,除基师、圆测而外,其余普光、神昉、辩机、法宝、神泰、靖迈、怀素、顺璟、道世、慧立、彦琮、宗哲、嘉尚、利涉。日本人道昭、智通,均有建树,名震当世。道昭最初传慈恩之学入日本,在日本名法相宗。以地域分,这一系为南寺传。在智周门下,还有日本人玄昉,玄昉再传法相宗入日本，此为北寺传。日本至今还有法相宗的传承。

此外奘师翻译《俱舍论》，他的门下普光、神泰、法宝以及后来的圆晖等，均深入研究，盛行一时。当时注疏和有关著作有好几家。并同陈真谛以来的俱舍师结合后，打开了这一方面的学问。日本随法相宗也有《俱舍》的传入。日本至今讲法相的还同时讲《俱舍》。

千古不朽的著述

奘师的著作最重要的，首先是《大唐西域记》十二卷，亦称《西域传》《西域行传》《玄奘行传》《玄奘别传》，贞观二十年（六四六年）由玄奘口授辩机写出来的。共收一百三十八国，此中亲身经历的有一百一十国，传闻的有二十八国。它是中国历史上一部世界闻名的伟大著作，是中亚细亚、巴基斯坦和印度古代历史地理的记载最可靠的一部书。一百多年来，研究中亚细亚、巴基斯坦和印度古代史地的人，都把它当作圣经一般地看待，对它进行研究。一致公认它是一部有价值的旅行记。近代的考古学者，更依靠它作考古发掘的指南，进行对古代印度和中亚细亚历史文化遗址的发掘工作。考古学者根据《大唐西域记》的记载已经把王舍城的旧址，鹿野苑的古刹，阿旃陀的石窟，那烂陀寺的遗迹，都探查发掘了出来，这就是铁一般的例证。❶

其次是《会宗论》三千颂（失传），它是融会中观实相论或唯智论与瑜伽缘起论或唯识论两派学说的著作。中观瑜伽两派在印度一向是对立的，两派争辩的焦点，在对真理的相对看法的二谛（真谛与俗谛，真谛犹云本质界的实在，俗谛犹云现象界的实

---

❶ 参阅季羡林《玄奘与〈大唐西域记〉》，载《中印文化关系史论文集》。

在）有无问题上，中观从孤立的一重二谛上来看问题，以为瑜伽派主张现象界的实在（俗谛）是无，本质界的实在（真谛）是有；而中观派自己则主张本质界的实在（真谛）是无，现象界的实在（俗谛）是有，所以两不相容。殊不知真理的二谛的理解是有层次的，到了认识真理（见道）的阶段以后，在面对真理（实证）的过程中，所谓现象界的实在（俗谛）是方便施设的，随顺本质界的实在（真谛），也是本质界的实在（真谛）的具体显现。它同本质界的实在（真谛）一样的是有，一样的是无，不可拘执有无，这就是中观与瑜伽两派的共通之处。

中观与瑜伽 ┬ 同 — 实证后 — 真俗亦有亦无
　　　　　　└ 异 ┬ 瑜伽 — 俗无真有
　　　　　　　　　└ 中观 — 俗有真无

义净在《南海寄归内法传》卷一中亦云，印度"所云大乘无过二种：一则中观，二乃瑜伽。中观则俗有真空，体虚如幻，瑜伽则外无（俗无）内有（真有），事皆唯识。斯并咸遵圣教，孰是孰非；同契涅槃，何真何伪；意在断除烦惑，拔济众生，岂欲广致纷纭，重增沉结。依行则俱升彼岸，弃背则并溺生津，西国双行，理无乖竞"。

梁任公说："会通般若（即中观）瑜伽，实奘师毕生大愿，观其归后所译经论，知其尽力于般若，不在罗什下也，惜梵本《会宗论》未经自译耳。"❶因此，奘师之学实不能局限于法相唯识学。缘起论或唯识论是无著瑜伽学的中心思想，实相论或唯智论是龙树中观学的中心思想，二家之学实相即相贯殊途同归。故先

---

❶《支那内学院精校本玄奘传书后》，《饮冰室合集》专集第十五册。

大师吕澂先生曾云："龙树、无著均通《般若》《华严》，皆对一切有而明空，皆对方广道人而明中道。二家之学，先后融贯，不过一相三相立说方式不同。龙树兼主《华严》（故罗什传习，亦以《十住婆沙》与《智论》并弘），并非单宗《般若》。无著造《金刚经论》，通宗《般若》《宝积》（《瑜伽·抉择》解整部《迦叶品》以见大乘宗要；《中边》亦有遵依《般若》《宝积》明文），世亲继之造《金刚经论释》，无著、世亲兄弟，并非专主六经。六经自是《成唯识》一论所依。且《如来出现》，即是《华严经》一品，何得并称为六？"❶而清辨强分空有，此乃人为的畛域，奘师的《会宗论》所以弥缝其间，而其学则不局限于中观或瑜伽也。

奘师回那烂陀寺时，这时中观学派清辨的弟子师子光也在寺中为四众弟子讲《中论》《百论》，以破斥《瑜伽》。因戒贤为护法弟子，两人师承不同，互相是非。奘师既通《中论》《百论》，又阐《瑜伽》，认为文殊弥勒之教，龙树无著之学，先后融贯，并不矛盾。学者不能会通，遂以"是其所非，而非其所是"，争论不休。奘师便几次访问师子光，当面辩论，师子光往往词屈理穷。奘师乃为和会"中观""瑜伽"二派学说，又以梵文著《会宗论》三千颂，得到戒贤和诸大德的赞许。因此奘师之学实不能局限于法相唯识。

再其次是《制恶见论》一千六百颂。奘师在印时，大乘瑜伽行派正盛行。小乘正量部亦盛。他们不服瑜伽行派，攻击唯识学的"带相说"，而主张心外有实境。心对它的认识了解，可以直接发生关系，不需"带相"而多一中间环节。在凡夫境界，"带相"说

---

❶ 1943 年 7 月吕秋逸先生《复熊十力先生书七》。

还勉强说得过去；佛的无分别智"亲证"真如，不会有所变"行相"，这时就不能说是带相了。因此，正量部归结说：唯识理论只限于根本无分别智以外的部分。这种非难正击中唯识学的要害，弄得瑜伽行派十二年不能开口。奘师回国前，正量部南部的般若毱多作七百颂《破大乘论》，重新提出上述问题。奘师参加前去辩论，写了一千六百颂的《制恶见论》，彻底反对正量部之说，戒日王在曲女城主持的"无遮大会"上宣读了奘师的论文，大会开了十八日，无人敢破，终以奘师获胜而告结束。佛教徒争着为奘师进尊号，大乘人尊他为"大乘天"，小乘人尊他为"解脱天"。玄奘的名字响彻五印，公认他是当时最有学问的人。

在无遮大会上，奘师提出的新理论究竟是什么？吕澂先生认为新理论有两条：一是唯识比量；二是挟带说。

唯识比量也叫"真唯识量"，是奘师在因明推理的具体运用中，所作的贡献。它是针对正量部提出的。正量部说唯识宗说色有时离眼识，有时又不离眼识，岂不是自相矛盾？奘师认为他们用我宗矛盾出过，我宗就可用自宗学说做解释。我宗的色有二种：相分色和本质色。本质色定离眼识，相分色不离眼识。奘师在唯识比量里加了"自许"，即特指相分色。这样就使所谓"自相矛盾"化为乌有。奘师给因明加了"自许"，即加了"简别"，这就丰富了因明学。"真唯识量"，创造因明达到了极峰的纪录。

关于挟带说。唯识学的带相说，正量部认为不适用于无分别智亲证真如。奘师在《制恶见论》中对此问题作了创造性的解释。可惜此书已佚，由窥基转述：

> 我之大师（指玄奘），戒日大王为设十八日无遮会
> 时，造《制恶见论》，遂破彼（指正量部）云："汝不解我

意,带者是挟带意。相者体相,非相状义。谓正智等生时,挟带真如之体相起,与真如不一不异,非相非非相。❶

奘师对带相说的"带"和"相"都作了新的解释,带有两重意义:一是变带,二是挟带(详下"四缘"一节中)。正量部攻击的是变带,至于挟带他们根本不知道。挟带是两物相并而起。"在根本无分别智亲证真如,是亲切的理解,认识的同时便挟带着行相(无相之相)一道起来。"❷这就是"亲证"。心、境之间并无中间环节。"相"亦有两重意义:一是相状,二是体相。正量部也不了解体相,体相与正智是一体的,并无中间环节。正智在认识事物时,是见相二分相并而起的,亦即见分挟带事物之体相而起。如缘真如,正智与真如便不一不异。不一是说正智与真如不完全是一个东西。正智是能证,真如是所证。不异是说正智与真如完全冥合一体,并无任何东西介在其间,这就是亲证。非相,是真如无相;非非相,是说真如还有个无相之相。智如一体,这就是亲证。

吕先生说:"奘师的带相说就是挟带说,挟带说为瑜伽行派解了围,堵住了正量部的口,又在无遮大会上取得胜利,足见奘师的这套理论是被瑜伽行派所承认的。所以完全可以断言,正是中国人玄奘把唯识学说提到最高峰。唯识学说是印度正统佛学的最高学说。那么玄奘便当之无愧地成为印度佛学的最高代表人。"❸《制恶见论》一面在破斥正量部(小乘学派)的"异说",一面阐

---

❶ 参考《成唯识论述记》卷四十四。

❷ 《印度佛学源流略讲》,第236页。

❸ 参考张春波《吕澂大师论玄奘在佛学史上的地位》,载《玄奘研究》1994年首刊,第25—27页。

明唯识论的真理，此书亦不传。

最后是《三身论》三百颂。这是应东印度童子王的请求赞佛功德，用来启发信仰的，也没有传译。此外散见于《成唯识论掌中抠要》卷三中有《三类境》一颂，《法苑珠林》卷十中有《赞弥勒四礼文》一篇。据说也是奘师作的。

总之，奘师不但精通当时印度各家学说，而且能融会大乘佛学诸说自成一家之言。他不仅是伟大的翻译家、旅行家、留学生，同时也是伟大的创作家。他不仅是一个虔诚的宗教家，同时也是一个卓越的哲学家，一个博大精深的立于古代世界学术之林也毫无愧色的，具有辩证法思想因素极多的学者。

第二章　哲学思想产生之理论前提

一、玄奘哲学思想的两个根源：
中观派与瑜伽派的创立与传承

"每一个时代的哲学都把一定的思想材料作为前提,这材料是它从它的先行者继承下来,而它就是从这里出发的。"玄奘哲学思想的根源,总的说来有两个:

第一个是大家所熟知的法相唯识学,即瑜伽缘起论或唯识论,另一个是般若学即中观实相论或唯智论,这是为一般人所忽略的。本来玄奘的哲学思想,可以说是集般若(中观)瑜伽之大成的,决不能以法相唯识局限它,不过他确是从法相唯识这一方面入手去探佛学堂奥的,留学的动机,初亦在乎学习《瑜伽师地论》(法相唯识学总汇之籍),归国后关于法相唯识学的翻译与讲授,也比较的多。因此,中国哲学史上一向称他为法相宗的创始者,也非无故。

印度大乘哲学思想有中观实相论或唯智论与瑜伽缘起论或唯识论二派。所谓大乘者,即一切众生皆有佛性,一切有情皆得成佛之教是也。印度大乘哲学思想的兴起是历史发展的产物。当公元二世纪时，印度婆罗门教与梵文学复兴，至第四世纪时，婆罗门教大盛，大乘哲学思想亦相应地从原始小乘佛教发展变化而与之俱盛。所以中观实相论或唯智论的思想，与小乘大众部有关，瑜伽缘起论或唯识论的思想，则与小乘大众上座二部俱有关系。两派的创立与继承是这样的：

佛灭后百余年，佛教徒内部由于对教义的见解不同遂分裂而为两大派：一派叫大众部，一派叫上座部。两派展转分裂，佛陀灭后六七百年左右，就有十八部派之多。❶这些部派它们都或多或少地继承乃至发展了佛陀教义的某些思想，譬如他们都主张"心外实有""境在心外""心境相离""心依于体"，对哲学上思维与存在的关系的基本问题作了素朴的唯物主义的解答。不过他们都有一个共通的缺点，诚如最胜子等在所著《瑜伽师地论释》上所说的是"多著有见"。"有见"就是他们不懂得辩证法，对宇宙间的事物作一概实有的形而上学的理解，这样就和佛陀所说的"缘起""无常""无我"等辩证观点违背了。

（一）中观派的创立与传承

此时，南印度毗连婆国产生了一个最伟大的哲学家叫做龙树。他的生卒确实年代还不可考，大约是佛灭后七百年（公元一百五十年至二百五十年之间）的人。当时小乘有部，譬喻、分别论等争论异常激烈，外道如胜论、数论等亦组织完成各树异帜，南传大空派方广部的方广道人一派的思想，是大小乘过渡时期的产物，见解又驳杂不纯，学术界的思想异常混乱。大乘经典，如《大般若经》《华严经》《维摩诘经》《妙法莲华经》《首楞严三昧

---

❶ 详奘师译的《异部宗轮论》。

经》《华手经》《思益梵天所问经》等，虽已甚流行，但无人弘扬，在混乱的佛教哲学思想界不发生扫荡廓清的作用。所以《龙树传》上说：

> 世界法中津涂甚多，佛经虽好，以理推之故有未尽，未尽之中可推而演之以悟后学，于理不违，于事无失，斯有何咎？思此事已，即欲行之，立师教戒，更造衣服，令附佛法而有小异。

龙树面对当时的现实，本想要推演佛理，另创"小异"于佛法的新宗。但后来继续钻研了许多前所未见的大乘经典之后，他的野心被摄伏了，于是他便根据《般若》《宝积》《华严》《法华》诸经的要义，提倡"中道"。"中道"亦名"中道观"，或简称"中观"。"中观"就是不着二边，离有离无。由"中道观"作锁钥，就把烦恼菩提的矛盾统一，生死涅槃的矛盾统一，世出世间的矛盾统一等大乘要义的法门都打开了。他的著作，可分为二类：一是释经的，如解释《大般若经·第二分》的《大智度论》，解释《华严经·十地品》的《十住毗婆沙论》等即是；一类是宗经的，如《中论》《十二门论》等即是。都是非常精深的作品。

印度大乘学说虽非创自龙树，但真正组织大乘学说使它成系统而屹然自立并传播开去，这一个伟大的历史任务是他完成的。

龙树奠定了大乘学说基础之后，他的弟子锡兰（今斯里兰卡）人提婆继续发挥，大乘教义更如日中天普照万物了。提婆的著作，有《百论》《广百论本》《百字论》等，这些著作对第一期大乘佛学思想的巩固起了极其重要的作用。

传龙树、提婆的中观学说者有罗睺罗，再传有青目、自在比丘。

龙树、提婆虽创建中观学说，犹未有学派的组织，可名之为中观原始说，实亦大乘共同之说，与瑜伽学说无有乖离。正式成立中观学派者首为清辨，清辨为众护弟子，上承龙树、提婆之说，是为中观前派。

传清辨中观前派之学者，正传有智藏，别传有寂护、莲华戒、圣解脱军三家。

众护另一弟子为佛护，佛护之说，往往为清辨破斥，其弟子莲华觉再传于月称，乃张大师说反破清辨，是为中观后派。传月称中观后派之学者，有寂天一家。

以上是印度大乘哲学中中观实相论或唯智论的创立与传承的大概情况。另一大派别，即瑜伽缘起论或唯识论。

（二）瑜伽派的创立与传承

当龙树、提婆师弟圆寂以后，印度的大乘学说，曾经一度呈现衰歇之势。龙树、提婆的中观学说，一般人不好好地理解，往往陷入"沉空滞寂"即否定一切的思想障碍之中，幸有无著、世亲兄弟崛起，继承龙树、提婆的业绩，补苴二家之说以矫正时俗，使大乘学说又走向复兴之路。

无著、世亲兄弟是北印度犍驮罗国的人，生卒的确实年代亦不可考，大约是佛灭后九百年左右（即公元四五世纪之间，后于龙树二百年）的人。

无著初习小乘哲学，一无所获，继而远宗龙树之说，近承弥勒之教，于大彻大悟之后，决心弘扬大乘瑜伽学说，便依据弥勒所说的《瑜伽师地论》编纂而成《显扬圣教论》，又将《瑜伽师地论》的部分内容加以阐发作成《大乘庄严经论》，此外还著有《大乘阿毗达磨集论》《摄大乘论》等几部重要的著作，这些著作不但集"瑜伽师"学说之大成,更重要的是巩固了二期大乘哲学思想的基础。

无著之学在中印度一带极为盛行,继承其学者为其幼弟世亲。世亲思想之发展,可分为四个阶段,即:一、小乘有部时代;二、大乘唯识时代;三、法华涅槃时代;四、他力净土时代。❶是以世亲之学较无著尤为宏肆。不过他由小乘转向大乘的时间较晚,在大乘哲学范围内,他卓越的天才还未尽量得到发挥。《婆薮槃豆法师传》上说道:"阿僧伽(按:即无著)法师殂殁后,天亲方造大乘论,解释诸大乘经。"

"婆薮槃豆"即世亲,或译天亲。据此世亲之弘扬大乘在无著之后。他的主要著作,关于大乘哲学方面的有《唯识二十论》《唯识三十颂》《摄大乘论释》《佛性论》等,因他发心著大乘论的时候,年已迟暮,《唯识三十颂》来不及自作注释(颂体必须自释始明)就去世了。无著、世亲兄弟的学说,谓之瑜伽原始说。

继承世亲之学者,有亲胜、火辨二家,然皆简略,于世亲学有发挥者,当推难陀,谓之瑜伽前派。同时有安慧、德慧师弟,亦传世亲之学,多取难陀主张,而结论与世亲不一致,谓之前派别系。世亲之后复有陈那一家,建立量论以释瑜伽,将世亲之学大大推进一步,"瑜伽师"重现量(详后),陈那现量比量并重,于量的应用,发挥尽致,谓之瑜伽后派。承陈那之学而光大者则有护法(六世纪人),为后派之正系。此外宗陈那而稍变其面目者,有法称一系,为后派之别系。❷

---

❶ 吕澂《印度佛教史略》,商务版,第63页。

❷ 两派传承关系多本吕秋逸先生《佛学派别》讲稿之说。

印度大乘哲学中，瑜伽缘起论即唯识论的创立与传承大略如此。

中观实相论与瑜伽缘起论：第一，两派都同宗"般若"，第二，两派都同出"瑜伽师"，表现形式有不同，而内容实无差异。"二者不过一法之两面，从法之本质与真相而言则为实相论，从法之所由来及其相貌而言则为赖耶缘起论。二论之不可离，盖于二宗立说者莫不致意者也。"❶

如前所述，龙树兼主《华严》，并非单宗《般若》（罗什传习，亦以《十住婆沙》与《智论》并弘）；无著通宗《般若》《宝积》（《瑜伽决择》解整部《迦叶品》以见大乘宗要，《中边》亦有遵依《般若》《宝积》明文），并非专主六经。是以龙树、无著之学，先后融贯。《般若》第九分，归结于九喻有为一颂，龙树、无著之学，均自此出。两家对一切有而明空，皆对方广道人而明中道空。不过一相三相，后先为说，方式不同而已。其后清辨作《大乘掌珍论》以破护法之有宗而立空宗。章疏家据此强分空有，形同水火，自是后来之事，与二家立说之本意无与也。

二、印度佛学的衰歇与中国佛学的昌盛

护法门下有胜友、胜子、智月、调伏光、戒贤、亲光诸家，法称之后，亦别为三支，薪火之传，虽然未绝，但大小乘各派意见纷歧，入主出奴，互相水火，加以外来势力的摧残，佛家学说从此一蹶不振，在印度几乎绝灭。在古代的中国反而得到发扬光大。

---

❶ 吕澂《印度佛教史略》，商务版，第56页。

如前所述，使佛家学说在中国发扬光大并大大地影响于中国文化的承担者，就是唐代最伟大的哲学家玄奘。他留学印度曾在那烂陀寺戒贤门下修学五年，而又展转各地求学。到伊拿钵伐多国（Irana-parana），从萨婆多部学者如来密、师子忍二师就学《婆沙顺正理》等；到驮那羯磔迦国，从精通大众部三藏的善现、日二法师学习大众部的《根本阿毗达磨》；到钵伐多国，从几位著名佛教学者学习正量部的《根本阿毗达磨》《摄正法论》《教实论》；到那烂陀寺附近的低罗择迦寺从般若跋陀罗学萨婆多部三藏及声明、因明等；又到杖林山的胜军论师处学习《唯识决择论》《意义理论》《成无畏论》《不住涅槃论》《十二因缘论》《庄严经论》等。

单从学术思想的传承关系来看，奘师继承了印度瑜伽派大乘哲学（如下表）。奘师不但精通瑜伽缘起论即唯识论，同时还精通中观实相论即唯智论，而且还能融合中观瑜伽两派学说而自成一家之言。他对印度佛家哲学思想是创造性地接受的，发展的。他的哲学思想是印度哲学思想在七世纪中叶唐帝国的具体历史条件之下而创造、发展与表现出来的。

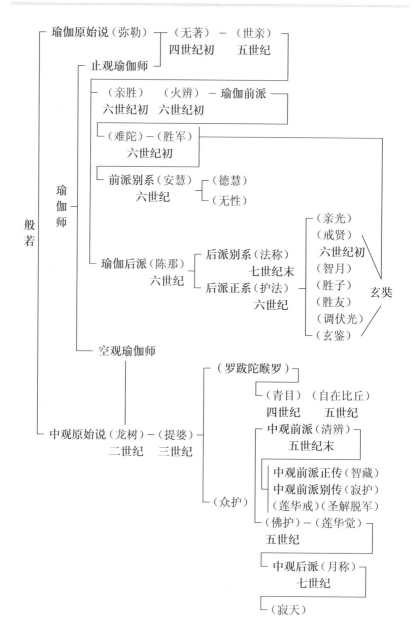

（一）印度瑜伽学的东传与分合

瑜伽缘起论或唯识论，术语称为法相唯识学，简称法相学。❶
法相学典籍传入颇早，到六朝梁代时翻译更多，南北两方都有不
少的人学习，并且还形成两大宗派。南方以真谛翻译（五六三年）
之无著所作的《摄大乘论》为主，因此叫做"摄论宗"。❷北方以
菩提流支、勒那摩提等翻译（五〇八年）之世亲所作的《十地经论》
为主，因此叫"地论宗"。❸

菩提流支与真谛二家主张，多从印度南方学派安慧之说，是
为法相宗古学派，后来奘师之学，则宗印度北方学派护法之说，是
为法相宗今学派。两宗优劣，从学术角度而言，南方优点在于真
谛"实尽输入世亲学之真传"。❹北方缺点，在乎二人别译"其间
隐没，互有不同"。❺

但是真谛的学说在南方梁陈二代，不合统治阶级的口味，或
多或少地带有些人民性，统治阶级的代言人说他"多明无尘唯
识，言乖治术，有蔽国风"。❻因此没有得到统治阶级的支持，信
奉的人很少，不能广布，后来北方"地论宗"的学者昙迁与靖嵩
二人南下，学习真谛之学，将它传布到北方去，在北方大为盛行，并
把南方的"摄论宗"与北方的"地论宗"统一起来了。（昙迁是五
七七年北周灭齐后南下的。开皇七年奉诏集长安，隋文帝提倡佛

---

❶ 法相唯识亦有分别，详见拙作《章炳麟〈支那内学院缘起〉书后》。

❷ 详见拙作《摄论师》。

❸ 详见拙作《地论师》。

❹ 汤用彤《汉魏两晋南北朝佛教史》，中华书局 1958 年版，第 848 页。

❺ 《续高僧传·菩提流支传》，亦见前书第 849 页。

❻ 转引自《续高僧传》，第 855 页。

学，主要是听信他的话。靖嵩是五七四年周武灭佛南下，学真谛学于法泰，后往彭城，大弘《摄论》。）

先大师欧阳竟无先生论流支、真谛二家之学有云：

相宗在中土首先弘传者为菩提流支及真谛三藏。更溯远源，则皆本自世亲。无著授世亲二论，俾之作释，一曰《十地经论》，二曰《摄大乘论》。菩提流支弘《十地经》，乃有地论宗。真谛三藏弘《摄大乘》，乃有摄论宗。二家主张多从印度南方学派安慧之说。（安慧与护法同时，学从古说，故《唯识述记》称之为古师安慧。护法为北方学派，学多新创。）是为中土之古学派。（玄奘学宗护法，为今学派。或又可以新旧二派分之。）

安慧之学驳而不纯，古学派宗之，率多谬解。今试就流支、真谛二家学说之误点稍详辨之。

菩提流支之学说其要有三：一、三空，二、八识即如，三、梨耶中求解脱。三空者，所谓人法我空、因缘法体空、真如佛性空是也。然因缘法体者，依他起也，识之所变也。依他是用，乌乎能空？所变有相，又乌能空？三界心心所虚妄分别所生，有见有相，见为能缘，相为所缘，见相二分依自证起，皆是依他，有大功能，云何可空？故因缘法体空云者，犹不解依他之用也。又即于此可见其学来自安慧，安慧固说见相二分是无，唯自证有也。八识即如者，唯有八识之自证分为能变，此能变识是真是实，故即是如。此说大似《起信论》以真如为缘起，八识依之而生三细六粗者。然八识唯是相体而非真体，相体有而不实（有者有种子；不实者种子是用义，唯幻相耳），岂可比于真体之有耶？梨耶中求解脱者，此盖误以梨耶为末那也，解脱当于末那中求；以末那执我是染故，执破染去方得解脱也。今误梨耶为末那者，以八识有二义，一者谓藏则曰梨耶，二者谓执则曰阿陀那。末那之执，本为执我，是染著义。阿陀那之执，则为执持，是不失义。执言是同，遂误以末那染著之执，混同阿陀那不失之执也。

至于真谛所译之书，偏重唯识，后来奘师多加重翻。以两本相较，则旧译泥守古说异义纷然，谬误之处又不胜举。……

盖真谛（流支同）所得之学，为空有过渡之学。破空而有，虽经十大论师，而安慧实为之先河。安慧之学带空宗色采，曾作《中观释论》。其于唯识，四分犹复未明。既许有识，异于清辨之一切皆空，而又不许有见相，异于护法之一切皆有。惟其学说独标识而言，故可谓为过渡唯识学。至比于护法之破立精确，则远不及矣。真谛学承安慧，于新义略窥大旨而不能精，于旧义多所粘滞而不能舍，故所译书又未能比论于奘师新译之独得护法学精髓者也。❶

奘师是七世纪初年的人，这时正是隋统治阶级大力提倡佛教的时候。隋文帝何以对佛教这样感兴趣呢？岑仲勉先生说他是受那连提耶舍翻译《德护长者经》中羼入的月光童子生大隋为国王一段预言的蛊惑所致。❷其实，这只是偶然的现象，而不是必然的

---

❶《唯识讲义笔记》卷一，第16—21页。

❷ 岑仲勉编《隋唐史讲义》。

原因。佛教主张诸法平等，无有高下，所以不但统治阶级信奉它利用它，被统治阶级也信奉它。遵守"诸恶莫作，众善奉行"的教导，便能上下协调，国泰民安，这才是隋文帝父子以及中国历史上一切封建王朝信奉佛教和利用佛教的真正原因。

由于隋文帝父子的提倡，在短短三十年中，佛教得到空前的发展，"天下之人，从风而靡，竞相景慕，民间佛经多于六经数十百倍"。❶就连一向占统治地位的儒家思想，都落在下风去了。

（二）玄奘去印留学的原因

奘师在这样佛学空气浓厚的时代里出了家。由于个人的信仰坚定，求知欲很强，于是周游南北各地，参访名师，饫闻各派学说，特别是慧休与僧辩二人对他的启发极大。慧休是昙迁的弟子，僧辩是靖嵩的再传弟子，如前所述，昙迁与靖嵩都是融合南北法相学（北方地论学，南方摄论学）的大师。本来《摄大乘论》与《十地经论》都同是无著、世亲兄弟一系的瑜伽学说，思想初无二致。传入中国后，由于南北朝的对立，反映到中国学者的思想意识里，见解就极端分歧，所以才形成南北两宗对立之势。昙迁与靖嵩二人虽然同时精通《摄大乘论》与《十地经论》并作了一番融合工夫，但是其中问题依然很多，并未能真正得到融合。奘师在这种同一学说而理解纷歧的现象面前，不免惝恍迷离，而有进一步深入的必要。如同一地论学派的学者，因为对于《十地经论》的理解不同，在义理上意见分歧而形成南、北两道。关于佛性问题，南道勒那摩提传慧光等主张"现常"（本有），北道菩提流支传道宠等主张"当常"（始起）。奘师不能不因此而感叹："去

❶《经籍志》，《隋书》卷三十五。

圣果遥，义类差舛。遂使双林一味之旨，分成'当''现'二常，析为南北两道，纷纭争论凡数百年，率土怀疑，莫由匠决。"❶

对于宇宙万法的依持上，南道主张宇宙万法，由真如缘起之所生，即以真如为依持；北道则主张宇宙万法，由梨耶缘起之所生，即以梨耶为依持。荆溪湛然在《法华文句记》卷七中，也谈到这个问题，"古弘《地论》，相州自分南北两道，所计不同，南计法性生一切法，北计梨耶生一切法，宗党既别，释义不同"。后来地论学者靖嵩、昙迁相续南下，均研究《摄大乘论》。据隋智者《妙法莲华经玄义》卷五下和吉藏《中观论疏》卷十六，言地论北派以第九识为依持，而真谛也立第九庵摩罗识，两派相合。

真谛之说，奘师不无怀疑。法相唯识学为弥勒、无著、世亲所传之学。奘师当时亦有研究，感觉旧译多有不善，如真谛在所译的《决定藏论》《显识论》《中边分别论》等书中，误以阿陀那为第七识，认为它唯有烦恼障而无法执的所知障和定不成佛的根据。以第八阿梨耶为真妄和合识，以庵摩罗识为第九识即真如。此与世亲之说显然不符。世亲在《百法明门论》中，将百法分为五聚。在心法中列识体只有八法，并无第九法。并以第八识为有为心法。在六无为中，真如列为无为法。心法与真如，前者为有，后者为无，截然不同。法相不可乱，二者焉能同日而语？

盖真谛（包括菩提流支）之学出于印度南方古唯识学之安慧（安慧与护法同时，学从古学，故《唯识述记》称他为古师），与印度北方新唯识学派护法之说不同。

其次，还有佛性问题。六卷本《泥洹经》（即《涅槃经》略

---

❶ 玄奘《启谢高昌王表》。

本），初来中国，有一阐提决不能成佛之说。竺道生不信，认为一阐提也能成佛，成为南北争论最烈的问题。后来昙无谶在北凉译出四十卷本《大涅槃经》说到阐提亦有佛性，证明道生之说正确。奘师出家后，从景法师听受《涅槃经》，对佛性问题多年不得解决。这也是他历险西征的原因之一。

他去印后，学唯识于胜军，学瑜伽于戒贤。胜军有种子新熏说，戒贤主涅槃毕竟无姓说，回国后，他根据《法华经·药草喻品》，综合二家之说，昌明佛性"五种姓"义（护法原有五姓之说）。窥基著《法华玄赞》，慧沼著《能显中边慧日论》，昌明五种姓之义，天台宗以五百问驳基师之说，赖有《佛地》《胜鬘》《无上依》三经讲种姓义以救《玄赞》而正天台之失。

先大师欧阳先生云：

> 中国天台、法相二家，于五性义争辩甚烈。然如空宗言众生皆有佛性，禅宗言狗子有佛性，又言庭前竹子瓦砾，无非般若。凡此皆就体说。又法相家著述，如《法华玄赞》《慧日中边论》等昌明无性之义，此皆就用说。故有性无性其实无诤。❶

盖言阐提无佛性者，因一类众生习气力强，不能回转，即有善行，而善仅人天，难超三界。是以就体边言，一切众生悉有佛性。若就用言，既有毕竟无障之佛，即应有毕竟有障之阐提，此自然之理也。

这些问题，除了师承不同，认识浅深而外，还有翻译上的客观原因：

---

❶《唯识讲义笔记》卷二，第46页。

佛教自东汉传入中国，佛经的翻译事业随之而兴，佛教的义学也由之而起。翻译经论要确切地传达出原典的精神面貌，必须精通梵、汉语文和佛教义学，才能胜任。印度古代的经论，大都出自口诵，而我国初期（东汉末至晋）传译者大多为中亚、印度僧人或侨民，多未娴汉文，凭借口诵，依靠"传言"的转译，这种间接的翻译，就有不少舛误、游离和遗漏的地方，如《净律经》口诵忘失数品,《阿毗昙八犍度论》忘"因缘"一品等等，均可证。同时，初期传译带来的原本多为中亚"胡本"，梵文本不多，且系零星小品，或因直译的义理晦涩，意译则失却原旨；有的还运用"格义"，即以中国旧有的哲学名词、概念去比附和解释佛教哲学名词，生搬硬套，失去本义。❶

所以当时所流行的经籍，如《涅槃经》《瑜伽师地论》《俱舍论》等，或者是翻译不善，或者是翻译不全；真谛译《十七地论》仅得五卷，相当于《瑜伽师地论》"五识身""意地"二地，只有后来奘师所译百卷的二十分之一，而有探原本重新翻译的必要。由于这些客观和主观方面的原因，再加上印度来华讲学的明友的诱导（详前）奘师才决心去印留学。

---

❶ 杨延福《玄奘论集》，齐鲁书社，1986年版。

第三章　瑜伽唯识学与世间流转净化论

　　什么是佛教？菩提涅槃谓之佛，五法三自性、八识二无我谓之教。佛教亦称佛法。佛法的要义，曰染曰净。染净均不离于世间，世间流转为染，世间还灭为净。佛法的归趣，在于使世间转染成净。三藏十二部，整个大乘学说，或中观、瑜伽学，所谓"文殊、弥勒之教，龙树、无著之学，罗什、玄奘之文"，所谓教、学和文，都不外乎此。

　　这里还须特别提出的是中观、瑜伽之教、学和文，其所表现的认识方法，无一不是辩证的。奘师不但得中观、瑜伽之真传，而且对瑜伽学的各方面都有很伟大的创造性的发展，因此，我在研究玄奘大师与世间净化论的主题时，在世间流转净化论中，还从三方面谈他的辩证法思想因素：一、缘起论中之辩证法因素；二、中道观中之辩证法因素；三、因明学中之辩证法因素。而这三方面，都是世间流转范畴以内的事情。

　　何谓世间？《大乘密严经·趣入阿赖耶品》云："赖耶由业力，及爱以为因，成就诸世间种种之品类，愚夫恒不了，执之为作者。"阿赖耶是众生同具的第八识，即深沉意识，亦即是心，赖耶流转于生死之中而形成世间，故曰世间唯心现，世间并非由任何"作者"所创造。世间有种种解释：（一）《唯识述记》一，"言世间者可破坏故，有对治故，隐真理故，名之为世。堕世中故名世间。"可破坏者，泛指有为法之五蕴（色、受、想、行、识）而言，五蕴由因缘造作，故易破坏；（二）亦曰迁流，世是迁流无常变动不居的三世时间流，入此流中谓之世间；（三）亦曰间隔义，世之事物个个间隔而为界畔，此与世界同义。故世间包括时间与空间在内。

德国哲学家康德说："时空是我们感性的先天的二大形式。由此二大形式的表现，才有现实的时空的世界出现。"所以自然界不外是心的形式表现而已。

心形式的表现在佛法中叫"缘起"，缘起表示无我无法的实相，此相即心识的现象。

识也是一种无实体的统一作用，并非有一不变之实体存在。此统一作用即我们一切活动之中心点，即我们生命的中心点。此中心点即我们各自具有的阿赖耶识。

识非有质碍之物，但指功能（故非肉团心或脑筋）。识非局限于根身（众生自体），乃交遍于法界（宇宙）。有情各有八识，各一法界而皆交遍。（西哲新实在论者，所谓心亦不局限于根身，凡耳目等识所缘者，皆摄入心之范围，名曰心之内容。惟彼皆主心外有境，此不同耳。）

识为种子之现行。种为潜在之功能，识为现行之能量。识未生时不曰识而曰种，识生以后不曰种而曰识。识之现行，为现量所极成，则此生起诸识之功能，自可以比量而推知。诸识交遍于法界，故种子亦交遍于法界，而潜藏识种之赖耶亦交遍于法界。故宇宙是一大阿赖耶，众生各为此大阿赖耶之全息缩影。而所谓世间者，即众生各自的赖耶共同发展体系的开展——无量无边的阿赖耶识所表现的系统工程。

世间，即宇宙大生命，即法界统一场。时刻在转变，转变慢者，看上去似乎有客观实在性，转变快者，则"无常""幻化"，刹那生灭。

《大智度论》卷四十七说三种世间：众生世间、住处世间、五众世间。卷七十又说世间有三种：一者五众世间，二者众生世间，三者国土世间。

（一）五众世间，即五阴世间。色、受、想、行、识五阴，十界各不相同，名为五阴世间，为依正二报之通体。（二）众生世间，又作假名世间，假五阴和合之上名为众生，上自佛界，下至地狱，十界各不相同，此能居之正报也。（三）国土世间，即住处世间，又作器世间，为众生所居之依报，十界各不相同，此于五阴中在色法之上而假立者。第一种为实法，二、三种为假法。假法之中，又分正报之内身与依报之外器。

又据梁译《摄大乘论释》卷十五说世间有三种：（一）世间，指三界之苦集者；（二）出世间，指脱离苦集之三界，而具有二乘等之无漏功德者；（三）出出世间，指八地至佛地，得成佛者。此就染净而分，与《智论》所说，并不矛盾。

此中所谓十界者：一佛、二菩萨、三独觉、四罗汉、五天、六人、七阿修罗、八畜生、九饿鬼、十地狱等十界。"一切众生未成佛，终不于此取泥恒"，必须使地狱等九界众生同趣于佛之清净法界。此乃奘师世间净化论之终极目的也。

何谓流转？流谓迁流，转谓辗转。指众生生死相续不断，辗转于三界四生六道轮回之中。流转在百法中为二十四不相应行法之一，乃色心分位假法。约有三种：（一）由善恶之业而生死相续不断，称为染污清净流转；（二）有为法之刹那生灭相续不断，称为刹那辗转流转；（三）有情之一期相续生灭转变，称生身辗转流转。

以迷悟而论，流转在四谛中为苦、集二谛，属迷界，谓之流转（染污）门；由迷而悟（由染成净）入涅槃，在四谛中为灭、道二谛，谓之还灭（清净）门。在十二缘起中，从无明缘行乃至缘老死，如是顺观为流转门，从老死灭乃至无明灭，如是逆观为还灭门。

四谛与十二缘起，乃原始佛教教理，为其后大小乘一切佛教教理之基础。佛教之三法印（诸行无常、诸法无我、涅槃寂静，再加有漏皆苦为四法印）、四谛、十二因缘，皆以缘起说为依准。缘起说为佛法之标志，乃佛教与世界其他宗教或古今任何哲学流派区别之根本特征。于原始佛教教理中，法印为缘起说之基础，十二因缘、四谛则为缘起说之一种型态。

四法印中之"诸行无常""诸法无我"系对现象及诸法之客观性观察。即就时间上而言，现象及经常变化之无常存在（诸行无常）；于空间上、理论上而言，现象界之诸法必与他物相互关联和合，无一为孤立独存者（诸法无我）。如此对现象活动情况，作法则性之观察，即一般所谓之缘起说。缘起通常即以此二命题为基础而成立；而反过来说，通过缘起之观察，才能把握诸行之无常性，诸法之无我性。

对现象、诸法之价值观，有"一切皆苦""涅槃寂静"二法印，即于现实之凡夫轮回界中，充斥着不满、苦恼、染污，而无法获得绝对之清净，故深感"一切皆苦"；反之，以脱离轮回之理想境地为绝对之清净者，称为"涅槃寂静"。

　　此种对现实之苦与其原因理由，两者间之关系，作法则性之观照，即称为"流转缘起"；而说明理想状态以及达到之方法者，称为"还灭缘起"。

　　对于苦在何种因素下发生、存在，佛陀举出十二项条件（流转缘起、顺观），称为"十二缘起"，更以还灭缘起、逆观来说明灭此条件即灭苦。

　　四谛即苦、集、灭、道，其中苦、集二谛系阐述现象之苦恼与众生苦恼之因素以及两者间之关系（流转缘起），后之灭、道二谛则明示理想涅槃与达到清净目的之方法，及两者间之关系（还灭缘起）。❶上述四法印、十二缘起、四谛等三大教理之关系，如下表所示：

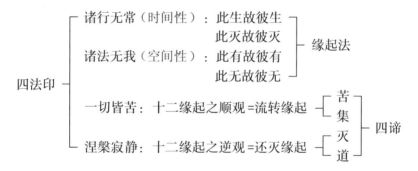

　　十二缘起顺观为流转，流转为迷，为众生；十二缘起逆观为还灭，还灭为悟，为诸佛。佛与众生之别，在于迷悟。迷悟对真理（真如）之觉与不觉而言，觉为悟，不觉为迷。觉为正智，不觉为无明，无明为迷，正智为悟。迷悟之机在于心识。心识由无明缘行，行缘识乃至缘老死——顺观为迷，为染；心识由老死灭则

_____

❶ 以上参考《佛光大辞典》，1988 年初版，第 2688 页，"佛教教理"条。

生灭，乃至无明灭——逆观为悟，为净。净为法界，染为世间。法界与世间，不一不异。法界在缠，染化，为世间；世间出缠，净化，则为法界。染净皆由心造。

众生之心，由浅深不同分为四个层次：一、前五识，眼、耳、鼻、舌、身；二、第六意识；三、第七末那识；四、第八阿赖耶识即藏识（详后）。藏识为心之主体。染净之种皆依藏识。迷则染种发生作用，妄生分别，执我执法，堕入世间，谓之流转；悟则净种发生势用，无分别，无我执，无法执，生入法界，谓之还灭。

欧阳竟无大师云：

> 缘起义是依义，建立末那（第七识），六识有根依，建立赖耶，转识（前七识）有共依，转（前七转识）依于本（第八阿赖耶识为本识），本依于转，有若束芦交依不仆。染净依于识藏，相见（四分中之相分见分）依于自证（自证分）。因亦有其依，缘亦有其依，因果以三法展转（种生现，现熏种）而相依，心所依于心王，诸法依于二十二根（眼、耳、鼻、舌、身、意六根；男女二根；命根；苦、乐、忧、喜、舍五根；信、精进、念、定、慧五根，未知当知根、已知根、具知根等三无漏根），乃至地依金、金依水、水依风；人物依于大地，造色依于大种；法不孤独，而仗托（仗因托缘）是资，大乘缘无不生心，独影亦依法起。……变（变非动词，乃识之异名）非刹刹离依，依非息息离变，本是幻形，缘至斯起，是为唯识。知彼相（唯识相）幻，乃见性（唯识性）真，复修而依转（转依义详后）变身土以化万灵（转依以后，生身变为法身，世间净化而为佛土。无

住涅槃，利乐有情，穷未来际），此之谓唯识学。**❶**
此之谓玄奘大师之世间净化论。

一、缘起论及其辩证法因素

以奘师为首的瑜伽学者，把客观存在的宇宙间的一切事物，概括为"我"（自体）与"法"（客体、事物）二种。"我"与"法"各有种种变化发展的状态，都不实在，都是为言说方便起见而假立的名称。这些假名和它的种种变化发展的状态，都是人们（原为"众生"）的精神的总体——"识"——所变现出来的。除人们的精神的总体——"识"——以外，无所谓"我"，也无所谓"法"。

《唯识三十颂》说：

> 由假说我法，有种种相转，彼依识所变。

"我""法"和"识"的关系，是一能一所的关系。"我"与"法"是所变的东西，"识"是能变的东西。

人们精神的总体——"识"——有种种不同的名称：从人们的精神的活动方面而言叫做"识"，从集起精神的事业而言叫做"心"，从精神的思维方面而言叫做"意"。"心""意""识"三者名异而实一，总不外乎就精神的各种不同状态而命名，特别是"识"，它概括人们的精神活动的统一的总体。

变现"我"与"法"的这个精神总体——"意识"——总称为"心法"（即精神、思维、意识等），"心法"之外还有"色法"（即物质、存在等），"心法"与"色法"的关系，相当于精神与物质的关系。不

---

❶《竟无内外学·成唯识论叙》。

过所谓"色法"绝没有客观存在的意思。

《瑜伽师地论》（卷三第十五页）云：

> 数可示现，在其方所，质量可增，故名为色。

又云：

> 问：何等是色自性？答：略有十一，谓眼等十色处，及
> 法处所摄色（即眼、耳、鼻、舌、身、色、声、香、味、触、法）。又
> 总有二：谓四大种（即地、水、火、风）及所造色（即眼根、
> 耳根、鼻根、舌根、身根，色声香味所触一分，及无表色），如
> 是一切皆变碍相。

物质存在的形式，是它们彼此互相排斥，互相外在，这就叫
"碍"。有"变碍相"的叫做"色"，人们的根本意识即"阿赖耶识"变
现的客观世界（色等器世间）有共变不共变二种（详后）：在共变
中，如山河大地等是人类乃至一切动物共同变现共同感受的，但
并不是许多人和动物共同变作山河大地共同感受，实际上是他们
各自变现一个山河大地而各自感受。不过因为他们在主观方面能
变现的精神动力相似，在客观方面所变现的山河大地的相貌也就
相似，同在一处不相障碍，如在一间大厦里，燃着万盏明灯，它
们的光线交织在一起也不相障碍一样，这叫做"共变"。所以宜黄
欧阳竟无先生说道：

> 或疑器界触碍，如何有情各变，如光相涉。不知色法
> 以缘显种种相无实物质，同处各变，固可无碍。❶

因此，我们把以奘师为首的瑜伽学者所说的"色法"当做"物
质"，仅仅认为它是意识所认识的对象的意义，并无客观实在的

---

❶《唯识讲义笔记》卷二，第3页。

意义。

　　不过以奘师为首的瑜伽学者虽然否定了物质，认为它们是人们的精神总体——"意识"——所变现的，但对待物质的态度却是严肃的、认真的、分析的。把物质一再分析，分析到再不能分析，叫它做"极微"。并说：虽然分析到了再不能分析的"极微"，它依然有空间（方分），有体积，却是再不能分析了，如再分析便等于零，就不成其为物质了。所以"极微"是物质的边际。

　　在奘师晚年所编译的《成唯识论》（一名《净唯识论》）是一部解释《唯识三十颂》的书。颂文是世亲晚年的杰作，他自己来不及作注解便去世了。当时很多瑜伽学系的学者为它作注，著名的有十家：一亲胜、二火辨、三难陀、四德慧、五安慧、六净月、七护法、八胜友、九胜子、十智月。这十家注释共有四千五百颂，奘师在印度全都搜集到了；他初拟将十大论师释论全部译出，后来采纳窥基的意见，乃以奘师自己学说思想所宗的护法一家之释论为本，对其余论师之说有所取舍裁决而编译成的。

　　据说护法著书，由玄鉴居士珍藏而传玄奘，在印度未曾流传。所以《成唯识论》一书，与其说是翻译，毋宁说是创作，与其说是印度之学，毋宁说是奘师之学。因此我们谈到玄奘哲学思想的许多论点，都根据此书，其理由即在于此。

　　《成唯识论》卷一，十三页说：

　　　　诸瑜伽师，以假想慧，于粗色相渐次除析，至不可析，假说极微，虽以极微犹有方分，而不可析，若更析之便似空现不名为色，故说极微是色边际。

　　此外在《瑜伽师地论》第三、第五十四卷，《显扬圣教论》第五卷、第十四卷，《二十唯识论》等处对"极微"也有详细的叙述。

瑜伽学者分析物质的目的不在乎承认物质的客观实在性，相反地，恰巧在乎否认物质的客观实在性，而论证物质对主观的依存性、附属性与派生性。不过他们对待物质这种严肃的认真的分析的态度，以及主张物质分析至再不能分析的"极微"，犹有空间，犹有体积。这种精神和理解，甚至与现代自然科学亦有相通之处，因此章太炎先生说：

> 佛家既言唯识，而又力言无我，是故惟物之说，有时亦为佛家所采。❶

吕秋逸先生更具体地说：

> 他们的理论常常含蓄着可向唯心或唯物发展的论点……在缘起说上承认业感缘起为实践的基础，重视"存在"为所缘缘的意义，而又依照"般若"的法空无自性说，平等地看待一切事象的性质，这一类的见解，可说是更接近于唯物的。❷

我们可以说，作为集"中观"与"瑜伽"学说之大成的玄奘哲学思想体系中，除了具有丰富的深刻的而不只是初级形式的辩证法思想因素而外，还有唯物主义因素存在，或有导致唯物主义思想产生的可能性存在。

（一）从变与依的道理来建立缘起论的世界观

色法与心法（物质与精神）的生起，都不是自然生起的，而一定要依靠其他的"缘力"（根据与种种条件）才能生起，所以叫做"缘起"。(《成唯识论述记》解变为转变，转是起义，转变即是

---

❶ 章太炎《无神论》，载浙江图书馆校刊《章氏丛书》中。

❷ 吕澂《观行与转依》，《现代佛学》，1954 年第 7 期。

缘起，至于变现而后则缘生矣。）

色心诸法的依靠根据与条件而生起的道理，可以从两个重要的原理来说明：第一是内在的互相联系与规约，叫做"缘"和"依"；第二是变化发展，叫做"变"。从"依"这个范畴来说明物与心的本体，从"变"这个范畴来说明物与心的作用。

1.主从心理学

人们的精神形态亦即各种心理作用，由浅到深由粗到细分为八种，叫做八识。"八识说"是玄奘哲学思想的心理学基础，关系非常重大。因此我们有略为叙述这种心理学的必要。

八识的"识"又叫心，又叫做意。总之，不外乎是指的种种精神作用或意识作用。现在我们通通把它叫做意识，有时也简称为"识"。八种意识依照浅深的次序来分，析为四类：

第一，前五：一、眼识，二、耳识，三、鼻识，四、舌识，五、身识。这五种意识作用的本质（体性）与活动状态（行相）完全相似，所以把它们连在一起总称之为"五识"。这五种意识作用各有自己的机能作为活动的依据，眼识有眼识的机能乃至身识有身识的机能。这五种意识所依据的五种机能，通常叫做"五官"（术语叫五根）。

其次，这五种意识还各有自己的境界作为认识的对象，眼识以青紫赤白等"色境"作为自己的认识对象，乃至身识以坚湿等"触境"作为自己的认识对象。这五种意识各自所认识的对象，总称为"五境"（术语同）。以上是就我们凡夫而言，若是圣人的话，五识就没有这样的局限性，眼识不但可以认识各种颜色，还可以认识各种声音等等，毫无限制，其余意识也是一样，这叫"诸根互用"。

《成唯识论》云：

> 若得自在，如诸佛等，于境自在，诸根互用。

八地以上，有漏五根，亦可互用。先师欧阳先生谓法相不可乱。六根互用，以为耳见者，耳中具眼种；耳带之发现，而实眼见。❶现在气功流行，出现了各种特异功能，如耳朵识字等。据《宗镜录》卷十五说有五通，此种特异功能如出现在孩子身上，谓之"报通"，如出现在气功师身上，谓之"依通"。

第二，第六识。比前五识较为深细的意识就是第六意识。在八个识中，它的活动力最强，活动范围最广。它有时和"前五识"一起活动认识外界的一切事物，使前五识所得到的印象更加清晰明白，而它自己也把这些印象保存起来以便引起回忆，这叫做"五俱意识"。它有时又单独发生作用，起着种种的思想活动，叫做"独行意识"，或"独头意识"。

"独行意识"又分为三种：

（一）散位独行意识：就是一般人平常脑子里此起彼伏相继不断地所起的种种思想活动，这种思想活动多半是散乱不定的。

（二）定位独行意识：这种意识活动与前一种恰恰相反，是"专注一境"而没有种种胡思乱想的心理状态。

（三）梦位独行意识：就是一般人在睡眠时候做梦的那种意识活动。

第三，第七末那识。比第六识更为深细的意识，就是第七末那识。"末那"是梵语，意译为"染污"。这种意识作用，主要是思量，从无始以来它时时刻刻一分钟也不间断地（第六意识在睡

---

❶《与章行严书》。

眠、闷绝、无想定、无想天、灭尽定等五位时就间断）执着第八根本意识的"见分"（内心的主观作用部分，详后）为自内我。

同时，当它思量"我"的时候，还有四种烦恼随之而起。

第一"我痴"，是一种不明事理的心理作用。

第二"我见"，是一种本来无我无事物（在第八根本意识的现象上说）而妄生有"我"有"事物"的"无中生有"的心理作用。

第三"我慢"，是由有"我见"为根据而傲慢贡高的一种心理作用。

第四"我爱"，是耽著自我的一种心理作用。

这四种都是主观不符合客观实际的谬误的心理作用。第七识常常和这四种谬误的心理作用联系在一起，所以叫"染污"。而它自己也不好，就是它妄生"我执"。人们在劳动过程中所以不能有"忘我"的精神者，其病根就在于此。

第四，第八根本意识。一切意识中，惟此第八根本意识最深最细，不是一般人所能知道的。它的作用最大，关系最广，涵义最深，非一义所能表达，由于观察的角度不同命名亦异。

从它的"自相"来说，叫"阿赖耶识"。"阿赖耶识"具有"三藏"的意义：

一、能藏，第八根本意识能将前面七种意识在活动过程中反映给它的无穷无尽的事事物物的印象（种子）摄持起来，那些无穷无尽的事事物物的印象叫"所藏"，第八根本意识就叫"能藏"。

二、所藏，就第八根本意识能接受（受熏）前七意识在活动过程中所反映给它的无穷无尽的事事物物的各种印象（种子）而言，那些事事物物的印象（种子）是"能藏"，第八根本意识又叫"所藏"。

三、我爱执藏，第八根本意识虽是人们（原为"有情"）的主体，但它是由因缘和合而生（详后），刹那刹那相续不断，势如瀑流，并非永恒不变。第七意识不明此理，妄执为"常一主宰"的"实我"。从它常被第七意识妄执为实我的这一点而言，叫"我爱执藏"。

其次，从第八根本意识的"果相"来说，又名"异熟识"。就是说这个第八根本意识是一切众生从无始以来各自所造作的善业或恶业为因、所招感的现实的非善非恶的果报体。业因是善或恶的，而果报体则是非善非恶的"异类而熟"，所以名"异熟识"，它是趣生三界六趣之果报自体。

从第八根本意识的"因相"来说，又名"一切种识"。种就是"种子"。前七意识在活动过程中所反映给它的无穷无尽的事事物物的印象，这些印象遇到它所需的条件具备时，又复发生作用。由于印象有此种潜在能力，就把它叫做"种子"，第八根本意识能执持这些"种子"，所以叫"一切种识"。

第八识又名"阿陀那识"，梵文"阿陀那"，此云"执持"。谓此识能执持诸法种子，并能执受根身故。

又名"所知依"，所应可知故名所知。依谓一切染净法，染净诸法，用此为依而得有故。

又名"根本依"，即前七识或宇宙森罗万象，通依此识为根本故。

又名"本识"，以其为诸法之根本故。

又名为"心"，具集、起二义，前七识熏发种子，积集藏识中，是为集义，诸种子于藏识中既积集已，遇缘即起当来现行法，是为起义。唯第八识具集起二义，故独名为心。

又名"初刹那识"，因宇宙万有生成之最初一刹那，唯有此第八识故。

又名"无没识"，执持诸法而不迷失心性故。

又名"无垢识"，第八识有染、净二分，从有漏种而生者，是染第八识，即名阿赖耶等；从无漏种而行者，是净第八识，此转依以后之事，第八识净即心净，心净即土净，即世间净，此时之第八识，乃名无垢识。

在《成唯识论》中，第八识又名"初能变"，第七识为"二能变"，前六识为"三能变"。（变是静词，不可作动词解；此变非是奇，但识之异名故。变又非不由正轨，有因果可寻故。变又非圣者达变之事，一切众生平等具有故。）变即识之异名，第八识居变之首，故为初能变。

以上这八种意识皆为主体，有自在的能力，叫做"心王"。然封建王国必有臣民随从，所以"心王"亦有帮助它发生作用，隶属于它，而不能自在的，随八识而起的种种心理活动，叫做"心所"，亦名"心所有法"，即"心王"所有之物的意思。

"心所有法"有五十一种，它帮助"心王"作用时，"心王"一呼，"心所有法"随之而应，不会相违，叫做"相应"。

五十一"心所"，分为六种类型：

第一类"遍行心所"五种：触、作意、受、想、思。

第二类"别境心所"五种：欲、胜解、念、定、慧。

第三类"善心所"十一种：信、惭、愧、无贪、无瞋、无痴、勤、轻安、不放逸、行舍、不害。

第四类"根本烦恼心所"六种：贪、瞋、痴、慢、疑、恶见。

第五类"随烦恼心所"二十种：不信、掉举、昏沉、懈怠、散乱、放逸、不正知、失念、无惭、无愧、忿、恨、覆、恼、嫉、悭、害、诌、诳。

第六类"不定心所"四种：睡眠、恶作、寻、伺。

以上六类共五十一心所。五十一心所与八种意识（心王）相应，看活动的情况如何而多少不等。如下表：

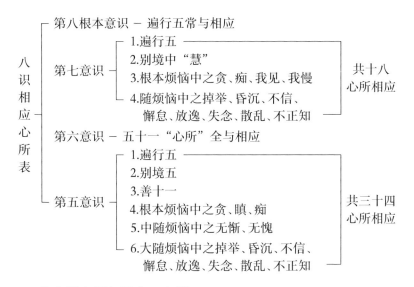

八识相应心所表

第八根本意识 — 遍行五常与相应

第七意识
1. 遍行五
2. 别境中"慧"
3. 根本烦恼中之贪、痴、我见、我慢
4. 随烦恼中之掉举、昏沉、不信、懈怠、放逸、失念、散乱、不正知
共十八心所相应

第六意识 — 五十一"心所"全与相应

第五意识
1. 遍行五
2. 别境五
3. 善十一
4. 根本烦恼中之贪、瞋、痴
5. 中随烦恼中之无惭、无愧
6. 大随烦恼中之掉举、昏沉、不信、懈怠、放逸、失念、散乱、不正知
共三十四心所相应

Ⅱ.八识心王与五十一心所

（A）遍行心所五种

一、触，《成唯识论》（省称《识论》，下准此）三云："触谓三和，分别变异，令心心所触境为性，受想思等所依为业。"

三和者，根、境、识三法，从自种同时生已，不相乖反，名为随顺。根境起时，识必俱起。根为识所依，境为识所取，识依根而取境，无有乖反，谓之三和。变异者，三法从自种生起，在和合位，才有顺生心所的作用，名为变异（未和合无此作用）。如但三法和合，而不起一切心所时，无受便无情味，无想便无了别，无思便无动态。识于取境,但任运自然而已。故唯三法和合,顺生一切心所,识于取境,才显出种种形相,名为变异。触心所领似(分别义)根等三法,有能顺生心所变异作用,名为分别(非识之异名)。言此触心所依三和生,而有似彼三法顺生心所之作用,即有似彼三法之变异力,故名分别变异。又此触心所,不唯有似三法顺生一切心所之作用而已,且能和合心及诸心所不相离散,同趣一境,即能为受想思等一切心所之所依止。要之,此触心所,以和合及心所令同趣境为其自性,能为受想思等一切心所作所依止,为其业用。

二、作意,《识论》三云:"作意谓能警心为性,于所缘境引心为业。"

言识未生时,必待作意心所警觉其自类心及余心所之诸种子令同起现行,趣所缘境。窥基谓作意警心,有二功力:一者令心未起正起,二者令心起已趣境。《俱舍论》卷七将作意分为三种:(1)自相作意,谓观某物有独自之相时之作意,如观色有变碍之相;(2)共相作意,谓观苦集灭道四谛之十六行相是共通于诸法之相时之作意;(3)胜解作意,即作不净观等种种观想时之作意。

《瑜伽师地论》卷三十三载,诸瑜伽师若欲离于欲界之欲而勤修观行者,须经由下列七种作意方能离欲,即:(1)了相作意,于对治方便之能所二相,仗闻思力明了无疑故;(2)胜解作意,起粗细观,由观至禅,欣净妙离,厌苦粗障,此为六行伏惑,修以此为初步故;(3)远离作意,远离上品惑故;(4)摄乐作意,得静妙断中惑故;(5)观察作意,审察烦恼已断或未断,静妙已得或未得,为进修对治故;(6)加行作意,欲界一切烦恼不行故;(7)

果作意,证初静虑根本故。

作意实为引发定之根本,定即作意,盖必策心警心念念相续乃能得定。故《显扬圣教论》卷三谓,修无量之三摩地门,会生起有情无量作意、世界无量作意等五种作意。又缘七种遍满真如,则会生起流转真如作意、实相真如作意等七种作意。

三、受,《识论》三云:"受谓领纳顺、违、俱非境相为性,起爱为业。"

受之自性为领纳。心缘境时,必有领纳的作用与心俱起,此即受心所。故"受"为外界影响于生理、心理,而产生相应的苦、乐等主观感受,而引起远离违境(不利)、追求顺境(有利)等一系列爱憎活动。关于受之分类,《杂阿含经》十七记载:受有一受、二受、三受、四受、五受、六受、十八受、三十六受、百八受、无量受等。五受又称五受根,依身、心受之自相而有别。(1)乐受,又称乐根,指五识相应之身悦,及色界第三静虑与意识相应之心悦。(2)喜受,又称喜根,指初二静虑及欲界与意识相应之心悦。(3)苦受,又称苦根,指与五识相应之身不悦。(4)忧受,又称忧根,指与意识相应之心不悦。(5)舍受,又称舍根,指身、心之非悦非不悦。

又十二缘起之第七支,称为"受支",为幼年少年时期对苦乐等之感受。十二支中,"无明"与"行"二支为"能引支",识、名色、六处、触、受等五支为"所引支"。无明及行为能熏,识等五支为所熏之种子,亦即识、名色、六处、触等,由于无明、行而影响阿赖耶识之种子,称为"受"。

四、想,《识论》三云:"想谓于境取像为性,施设种种名言为业。"

想之自性为取像,缘境之时,想象其为善恶美丑、青黄赤白,取其共相而产生种种之名言。与第六识相应之想心所,略当于观念与概念,在心理学上属于知的范围。相当于表象之知觉,乃次于受(印象感觉)而起的心所作用。其所依之根为眼、耳、鼻、舌、身、意六种,而由眼触所生之想,乃至由意触所生之想,计有六想,亦称"六想身"。又想亦为观想之意,故有三想、六想、九想、十想、十一想之别。

五、思,《识论》三云:"思谓令心造作为性,于善品等役心为业。"

思,一名行(在五蕴中属行蕴),一名业。思以造作为性(与通常所谓思想不同),即由前想心所取像,了别善恶、美丑等境之后,而由思心所役使心王及余心所同作善恶等事,在心理学上属于"意"的范围。《识论》卷一载,思有三种:(1)审虑思,先对境取正因、邪因、俱相违等因之相,另以审察考虑;(2)决定思,审虑之后,决定其意;(3)动发胜思,决定其意之后,发动身、语二业,使其发生作用。三者同于《瑜伽师地论》卷五十四所说之加行思、决定思、等起思。前二者相当于《俱舍论》所说之思惟思,后者相当于作事思。惟《俱舍》等主张思惟、作事二思以心所法之思为体,别于以色声为体之身语二业;而大乘则主张身、语、意三业皆以思心所为体,此不同也。又大乘依思乃造作之义,而以眼触所生乃至意触之六界身,为五蕴中之行蕴。而《俱舍》则谓行蕴不限于思,广摄其他心所及"不相应行法"。此不同二也。

(B)别境心所五种

一、欲,《识论》五:"云何为欲?于所乐境,希望为性,勤依为业。"

欲以希望为性。所乐境方起希望，于非所乐境必不希望。欲心所是缘别境而有，故非遍行。欲有善、恶、无记等三性，善欲为生起精进心之动力；恶欲中之希欲他人财物者称为贪，为根本烦恼之一。欲有多种：（1）五欲，爱著我色、声、香、味、触五境之欲，与爱著财、色、名、食、睡之欲，为五欲；（2）六欲，对色、形貌、威仪、姿态、言语音声、细滑等人相之欲为六欲；（3）三欲，于六欲中对形貌、姿态、细触之欲，为三欲。

二、胜解，《识论》五："云何胜解？于决定境印持为性，不可引转为业。"

胜解以印持为性，言吾人于事物或义理，当念印可审持，作出肯定之判断，无有怀疑，不可动摇，谓之胜解。犹豫心中，无有胜解，散心为性。专注不散者，言所观境虽迁流不息，刹那万端，而心力凝聚，不随境迁，故曰专注，专注即定。由定力故，智慧产生。散乱之心，便无智慧，故非遍行。

三、念，《识论》五："云何为念？于曾习境，令心明记不忘为性，定依为业。"

凡吾人感官所接触之事物及所思之义理，皆名曾习。由念力故，令心及余心所，于曾习境明记不忘，此即心理学上所谓"记忆"。由于忆念所知正理，精神专注，遂生正定；若忆念不正，则无定生。于事物没有接触，于义理没有构思，即于曾末习，决无忆念，即曾习亦有不忆者，故念非遍行。又念指观念、口念、心念，诸经论中常言"十念"，即观想、思念十个对象，以止息妄想，令心不散乱。即：（1）念佛，（2）念法，（3）念僧（四双八辈之圣众，此为小乘佛教声闻修道之阶位，即四向四果之并称，或称八补特迦罗、八贤圣、八圣、八辈），（4）念戒，（5）念施，（6）念天，（7）念休息，（8）念安般（念出入息），（9）念身非常，（10）念死。初三为三念，初六为六念、六随念、六念处，初八为八念。

四、定，《识论》五："云何为定？于所观境，令心专注不散为性，智依为业。"

定以专注不散为性。专注不散者，言所观境虽迁流不息，刹那万端，而心力凝聚，不随境迁，故曰专注，专注即定。由定力故，智慧产生。散乱之心，便无智慧，故非遍行。

定，梵语"三摩地"，意译为定，或等持。等言离开心之浮沉，而得平等安详，持即将心专于一境，称为心一境性，即定。定之种类诸经论所言有多种。定之异名亦有多种，《成唯识论了义灯》卷五，列举七种：（1）梵语"三摩呬多"，译为"等引"，言心离沉掉，保持平衡，而引起功德，此定通于有心无心二位，但不通于散位；（2）梵语"三摩地""三昧"，译为"等持"，又作正心行处，此定通于定、散，只限于有心位，而不通于无心，此为定之本体；（3）梵语"三摩钵底"，译为"等至"，言修此定，正受现前，处染不染，以至身心平等之境，此定通有心无心二位，不通散位，为定之自相；（4）梵语"驮那演那"，译为"静虑"，或以音略译作"禅"，为镇静念虑之意，此定通有心无心，有漏无漏，唯限于色界，不通于无色定；（5）梵语"质多翳迦阿羯罗多"，译为"心一境性"，即将心专摄于对象之意，此为定之自性；（6）梵语"奢摩他"，译为"止""正受"，即灭一切散乱烦恼，心止于寂静之意，仅限于有心之净定；（7）现法乐住，谓修习净定、无漏定，即于现在世享受之乐而安住不动之意。又传说佛陀说法之前，即曾入定，此为导它而入之定。

五、慧，《识论》五："云何为慧？于所观境，简择为性，断疑为业。"

慧以简择为性。《瑜伽师地论》卷八十三谓"审定解了"为简择，即比量智。言于所观境，由推度而至决定，如实了知，此名胜慧，即此胜慧，可以断疑。邪见者多痴，即无简择，故非遍行。慧实通于"善""不善""无记"三性。恶慧中作用强者称恶见，为五见之一。善慧又作正见正慧。慧与智为相对之通名，达于有为法之智相称智，达于无为法之空理称慧。由闻思修而得者，分别为闻慧、思慧、修慧。三慧再加与生俱来之慧，即生得慧，为四慧。《菩萨璎珞本业经》卷上，菩萨阶位可分为六种智慧，即：闻、思、修三慧与无相慧（已证悟空无自性）、照寂慧（以中道之慧观照见中道之理）、寂照慧（寂照不二、定慧平等）。以上六者依次与十住、十行、十回向、十地、等觉、妙觉等六位配合。

（C）善心所十一种

一、信，《识论》六："云何为信？于实德能深忍乐欲，心净为性，对治不信，乐善为业。"

信以心净为性。此性澄清，能净心等。性是能净，余皆所净，故名心净。信之差别有三：1. 于诸法真实事理，深信实有；2. 于佛法僧三宝、真实清净之德，深信喜乐；3. 于一切善法深信自己及他人，皆能得能成。此信以对治不信为其业用。信为入道之基，故菩萨五十二阶位中即以十信为第一步，五根、五力，亦以信根、信力为首位。诸经论中有关劝发信心之处甚多。如《六十华严经·普贤菩萨品》称"信为道元功德母"，《大智度论》卷一称"佛法大海，信为能入，智为能度"。关于所信之法，诸经论中亦各不同,《杂阿含经》卷三十谓"佛法僧及圣戒等四证净信"。《俱舍论》则谓信四谛、三宝、善恶业果等事理之法。

二、惭,《识论》六:"云何为惭?依自法力,崇重贤善为性,对治无惭,止息恶行为业。"

言吾人能依自尊心力及闻正法之力,即能崇重贤能之人及一切善法,是之谓惭,惭能对治无惭而止息恶行。

三、愧,《识论》六:"云何为愧?依世间力,轻拒暴恶为性,对治无愧,止息恶行为业。"

有恶者名暴,不善法名恶,内怀羞耻之心,外依世间舆论之力,轻视有恶者而不肯亲,拒绝不善之法而不肯为,此之谓愧。愧能对治无愧而停止恶行。

惭与愧皆羞耻罪过之心理作用,二者能使一切诸行光洁,故称之为二种白法。《俱舍论》卷四,对惭、愧举出二种解释:(一)谓崇敬诸功德及有德者之心为惭,怖罪之心为愧;(二)自省所造之罪恶而感羞耻之心为惭,以自己所造之罪面对他人时引为耻之心为愧。如上所述,《成唯识论》并取《俱舍论》之二释,而主张羞耻为惭愧二者之通相,崇善与拒恶则分别为惭愧之别用。又据北本《大般涅槃经》卷十九载:惭即对自己不造罪,愧为不教他人造罪;惭为在自心中感觉羞耻,愧为自己之罪向他人披露而感觉羞耻;惭为对人之羞耻心,愧为对天之羞耻心。皆以羞耻为二者通相。

四、无贪,《识论》六:"云何无贪?于有有具无著为性,对治贪著,作善为业。"

有谓三有,即欲界、色界、无色界等三界之异名。三界为众生所依,众生恒系着于此,以为实有,故三界亦名三有。具谓资具,即

能生三有之因，三有之因即惑业。众生由起惑造业而生三界之中
故。熊十力先生谓："众生贪爱系着世间，念念不舍，是为着有。……
于诸惑业爱染固缚，不能自释，是为着有具。……难言哉，着之
一字也！如胶之沾物，尚不足形容万分之一。马蹄着于泥则不行，飞
鸟着于网罗则死，走兽着于陷阱则杀，人心之着于我及我所，更
非此等可喻。（着我者，坚执有自我，而自私自爱，深自藏护故。我
所者，具云我所有法，如自身及妻子财物名位权势乃至器世间并
所持偏见等，一切皆名我所。由执我故，遂执我所。一切渴爱缠
缚，牢不可解，是则名执我所。）着者，惨毒之至也。贪之至性为
着。反乎着者，即无着。人心本有无着之势用。廓然顺应，绝无
留碍。而人不自保任，竟至放失，是其自甘颠倒也。"❶无贪以对
治贪着，作一切善法为其业用。四无量心中之舍无量心，以此无
贪为体，能对治欲界之贪及瞋。

五、无瞋，《识论》六："云何无瞋？于苦苦具，无恚为性，对
治瞋恚，作善为业。"

窥基《成唯识论述记》云："苦谓三苦。"一由苦事之成而生
苦恼者名苦苦，二由乐事之去而生苦恼者名坏苦，三由一切事物
之迁流无常而生苦恼者为行苦。苦具，指一切能生苦恼之事物。处
世接物，虽遇横逆，而常存悲悯，无有憎恚，谓之无瞋。无瞋以
对治瞋恚作一切善事为其业用。四无量心中慈无量心，即以此无
瞋为体而对治瞋烦恼，遍于一切有情非情皆无恚害之心。

六、无痴，《识论》六："云何无痴？于诸事理，明解为性，对
治愚痴，作善为业。"

---

❶《佛家名相通释》卷上，30页。

无痴以明解为性，即聪明睿智。别有自体，并非别境中之"慧"。由明解力，于真谛理，远离一切虚妄分别；于俗谛中之事理，如实了知，不以私见变乱真实。故能对治愚痴，作诸善业。此中所谓真谛理者，指无分别智所缘之境。俗谛中之事者，即吾人见闻觉知所缘之境。理谓佛所说苦、空、无常、无我等诸法共相之理。

上述无贪、无瞋、无痴，一切善法皆以此三法为根本而得生起，故名三善根。

七、勤，《识论》六："勤谓精进，于善恶品修断事中，勇悍为性，对治懈怠，满善为业。"

言于修善断恶事中，勇猛精悍，为勤自性。勇表胜进之意，悍表精纯之意，均非对作恶而言，所以勤亦名精进。精进差别有五：一被甲精进，如被甲入阵，无所畏惧；二加行精进，坚固其心，长自策励；三无下精进，谓不自轻蔑，亦无怯惧；四无退精进，虽遇艰苦，决不后退；五无足精进，自强不息，无有止境。由于精进，故能对治懈怠，成满一切善法。精进乃自强不息，为修道之根本。故精进为三十七道品中之四正勤、五根、五力、七觉支、八正道之一。又为六波罗蜜、十波罗蜜之一。精进种类除上述五种而外，《大乘庄严经论》卷八，举出六种精进，即增减、增上、舍障、入真、转依、大利。《大智度论》卷十六，则将菩萨之精进分为身精进与心精进二种。《大方广十轮经》卷八，又举出世间与入世间二种精进。勤修布施、持戒等有漏业为世间精进，勤修灭一切烦恼、惑障等为出世间精进。《瑜伽师地论》卷四十二，举出自性、一切、难行、一切门、善士、一切种、遂求、此世他世乐、清净等九种精进。

八、轻安，《识论》六："安谓轻安，远离粗重，调畅身心，堪任为性，对治昏沉，转依为业。"

粗重谓一切染污法，言轻安能远离一切染法使不复起，对大法自然堪能任受。轻安以对治昏沉转去粗重，依于安稳为其业用。使身心轻利安适，对所缘境优游自在之精神作用。此作用主要在禅定中出现，使修习能继续进行。《成唯识论述记》卷六将轻安分为有漏与无漏二种，有漏轻安远离烦恼之粗重，无漏轻安远离有漏之粗重，共使身心通畅温和，随所缘之境安适以转，共在定位。

九、不放逸，《识论》六："不放逸者，精进三根于所断修，防修为性，对治放逸，成满一切世出世间善事为业。"

此不放逸依精进及无贪、无瞋、无痴等三善根假立。于所应断恶法，防令不起；于所应修善法，修长增长，故云防修为性。依精进等三根功用假立，无别自体。

十、行舍，《识论》六："云何行舍？精进三根，令心平等，正直无功用住为性，对治掉举，静住为业。"

言行舍者，行蕴中舍，以别于受蕴中舍也。心或沉没（昏没），或掉举（浮起），皆名不平等。离沉掉为平，离染污为正直。行舍能令心平等正直，无功用而住。此亦依精进及三善根假立，无别自体。言行舍心所中具有之平等、正直、无功用等三种作用，实为一念中之三用，仅就其显而立其先后之别也。

十一、不害，《识论》六："云何不害？于诸有情，不为损恼，无瞋为性，能对治害，悲愍为业。"

不害即无瞋，对有情不为损恼，假名不害，无别自体。不杀伤一切生物，乃为印度宗教包括佛教之伦理道德的基本思想，原始佛教之根本教义，八圣道之第四"正业"即作说明，五戒中之第一戒即不杀生，八斋戒、沙弥、沙弥尼戒之十戒，比丘、比丘尼之波罗提木叉，皆有严格之规定。不害虽于无瞋之作用上假立，《成唯识论》卷六，言无瞋与不害亦有差别，谓无瞋与乐，属慈性；不害拔苦，属悲性。

上述十一善心所，惟不放逸、行舍、不害三是假有，余皆实有。

（Ｄ）根本烦恼心所六种

一、贪，《识论》六："云何为贪？于有有具，染着为性，能障无贪，生苦为业。"

如前所述，有即三界，有具即生于三界之因。谓由爱力、耽着此生，执为自我，缠缚趣求，轮回三界，谓之染着。贪即染着，染着能障本有无著之心生种种苦。即于己所好之于欲、财物、名誉等，生起染污之爱著心，引生五取蕴而产生诸苦。又作贪欲、贪爱、贪著，略称欲、爱。《俱舍论》卷二十二将贪分为四种，显色贪、形色贪、妙触贪、供奉贪，可修各种不净观以对治之。《瑜伽师地论》卷五十五谓贪系由取蕴、诸见、未得境界、已得境界、已受用之过去境界、恶行、男女、亲友、资具、后有及无有等十事而生。经由以上十事所生之念，依序称为事贪、见贪、贪贪、悭贪、盖贪、恶行贪、子息贪、亲友贪、资具贪、有无有贪。贪为根本烦恼之一，于喜、乐二种感受外，若于逆境中亦能与忧、苦二种感受相应，并与"见"皆同缘无漏法而生。贪通于三界，其中欲界之贪称为欲贪，其性不善，为十恶、五盖、三不善根之一；色界、无色界之贪，称为有贪，其性为有覆无记，作用微弱，其过甚轻，故不招感果报，与欲贪同为六根本烦恼、十随眠、九结之一。

二、瞋，《识论》六："云何为瞋？于苦苦具，瞋恚为性，能障无瞋不安隐性，恶行所依为业。”

如前所述，苦谓三苦，苦具指一切能生苦恼之事物。憎恚即瞋之自性，其行相（心及心所缘所起行解之相，名行相）最宽，于一切处皆得生起。《瑜伽师地论》五十五云：“瞋事亦有十种，一己身、二所爱有情、三非所爱有情、四过去怨亲、五未来怨亲、六现在怨亲、七不可意境、八嫉妒、九宿习、十他见。瞋亦有十：如其次第，依彼而生。依前六事，立九恼事，缘彼一切瞋，皆名有情瞋，余名境界瞋。若不忍为先，亦有情瞋。若宿习瞋若见瞋。如是十瞋，略有三种。一有情瞋，二境界瞋，三见瞋。三种中，见瞋为害尤烈。”如“固执己见，便憎他见。程朱派之学者，诋阳明以洪水猛兽。西方哲学康德之学，当时亦有人詈为狂犬妄吠。印度人辩论，动以斩首相要。诸如此类，不可胜数，是名见瞋。见瞋本于一有情瞋中别出言之。其行相甚遍，而亦甚隐。于一切所知事若理，皆得起瞋故。故甚遍。凡人恒是己见，憎他见，方且自谓事理本如是，而不自承为憎他也。故甚隐。见瞋为害之烈，足以障真理起斗争。人类之不幸，莫大乎此也。”❶瞋能障蔽无瞋之心，令身心热恼，故云不安隐性。瞋又作瞋恚，瞋怒、恚、怒为三毒与六根本烦恼之一。瞋唯属欲界所系之烦恼，于色界、无色界则无。贪从喜爱之境而生，瞋则从违逆之境而生，其为入道之障亦最大，《大智度论》卷十四谓：“瞋恚其咎最深，三毒之中，无重此者；九十八使中，此为最坚；诸心病中，第一难治。”

三、痴，《识论》六：“云何为痴？于诸理事，迷暗为性，能障无痴，一切杂染所依为业。”

---

❶《佛家名相通释》卷上，第33—34页。

痴以迷暗为性，即是无明。众生由无明而生，复由无明之力，于事于理，戏论分别，长夜沦迷，终古随转。故云能障无痴，一切杂染所依为其业用。诸烦恼之生起必由痴，故痴必定与其余九根本烦恼相应。《瑜伽师地论》卷八十六，谓痴有无智、无见、非现观昏昧、愚痴、无明、黑暗等异名。同论卷五十五，谓随烦恼中，覆、诳、谄、昏沉、妄念、散乱、不正知等，皆以痴之一分为体。三界系中，于四谛及修道中断之。《成唯识论》卷九，谓菩萨之十地以及佛地，各有其应断之二种愚痴，合为二十二种愚痴，又称二十二愚。

贪、瞋、痴三法为根本，一切染法依之而生，故名三不善根，又名三毒。

四、慢，《识论》六："云何为慢？恃己于他，高举为性，能障不慢，生苦为业。"

持己凌他为慢，慢以高举为性。《五蕴论》云有七种，《俱舍论》云有九种。七种者：一慢，谓劣于己者而言己胜，等于己者而言己等。二过慢，谓与己相等者而言己胜，对胜于己者而言与己相等。三慢过慢，谓胜于己者而反言己胜。四我慢，即于身心五蕴执有我及我所有而使心高举者。五增上慢，谓未证得圣道而言己证得者。六卑慢，于他多分胜己者，而言仅少分不及。七邪慢，于己无德而言己有德者。慢以障碍不慢生苦为其业用。慢即比较自己与他人之长短、高低、胜劣、好恶等，而生起轻蔑他人的自持之心，亦即轻蔑、自负之意。除上举七慢而外，尚有八慢、九慢、十慢等种种分别。

五、疑，《识论》六："云何为疑？于诸谛理，犹豫为性，能障不疑善品为业。"

谛谓苦集灭道四谛，随顺流转，生死轮回，说苦集二谛，随顺还灭，超脱生死轮回，说灭道二谛。于诸谛理，深怀犹豫，是名为疑。对佛教教理犹豫而不能决定之心，小乘预流果以上，菩萨初地以上乃能断除。《异部宗轮论述记》，谓疑有二种：（一）迷于理之随眠性的疑结，即对于诸谛理犹怀疑惑，阿罗汉已断除之；（二）于事犹豫不决之处非处之疑，即对事疑惑，如于夜见树疑为人或非人等，阿罗汉未断除之，然独觉于此已有成就。一般广泛地非烦恼性之疑，凡犹豫不决之心理，多以网比喻，谓之疑网。此外疑自、疑师、疑法，总称为三疑。

六、恶见，《识论》六："云何恶见？于诸谛理，颠倒推度，染慧为性，能障善见，招苦为业。"

慧通善、不善、无记三性。恶见是染慧，不善性摄，依别境中慧心所而假立，故云染慧为性。《识论》谓恶见行相，差别有五：

一萨迦耶见，"谓于五取蕴，执我我所，一切见趣所依为业"。萨迦耶见，译曰有身见（经部师以萨为伪义，迦耶身义，萨迦耶见即虚伪身见，与有部和大乘主张不同）。五取蕴，谓有漏之色受想行识五蕴也。取以贪为体，取着于贪爱之烦恼事物，曰取。五蕴以烦恼为因而生，故云五取蕴。依于五取蕴而执为我，同时于我所有之亲属、财物、名利，乃至见解，执为我所。以此我见为所依之本，诸见得生。故云："以一切见趣所依为其业用。"

二边执见，《识论》："谓即于彼随执断常，障处中行出离为业。"边执即偏执，言以身见为依，见物灭坏，即起断见，见物暂住，即起常见，皆谓之偏执见。非断非常名中行。出离言灭谛，灭谛以涅槃为体。边见以障处中行即出离为其业用。

三邪见，谓毁谤善恶等行之因及果报，毁谤作用及事实，以及四谤以外的其他邪执，统名邪见。

四见取，《识论》："谓于诸见及所依蕴，执为最胜，能得清净，一切斗争所依为业。"言于萨迦耶、边执、邪见等三见及此三见所依之五蕴，执为最胜，能得涅槃清净法，谓之见取。

五戒禁取，《识论》："谓于随顺诸见戒禁，及所依蕴，执为最胜，能得清净，无利勤苦所依为业。"言依前所言三见及见取等谓见所受戒禁（窥基谓如一切外道受持拔发等），及禁戒所依之五蕴，而执为最胜，能得涅槃清净之法，是名戒禁取。此五恶见，于九结中，前三见为结，后一见为取结。

以上所云烦恼六种贪、瞋、痴、慢、疑、恶见，又将恶见分为五种——萨迦耶、边见、邪见、见取、戒禁取，共十烦恼。十种中除五种恶见系依别境中慧心所假立而外，贪等五种皆是实有。

此十烦恼是一切惑（即烦恼之异名）之根本，诸随烦恼依此而生，故名本惑。此诸本惑，依现起之不同，略分为二：一曰俱生，二曰分别。行相深细，不假外缘，不待思索，与生俱起者，名俱生烦恼。行相粗显，由恶友引诱，或由不正确之学说思想及不良之社会风气影响，经考虑思索而引起之种种虚妄分别，名分别烦恼。十烦恼中，贪、瞋、痴、慢、身见、边见等六种通俱生、分别二烦恼，疑、邪见、见取、戒禁取等四种唯属分别烦恼。

（E）随烦恼心所二十种

一、忿，《识论》六："云何为忿？依对现前不饶益境，愤发为性，能障不忿，执仗为业。"

依现在所闻所见于己为不饶益之事，勃然发怒，是之谓忿。忿即以瞋恚一分为体，离瞋无别忿之相用。不忿即谓无瞋。忿以障蔽无瞋，并发动身语恶行，执仗争斗为其业用。忿为欲界所系之烦恼，乃修道所断之惑。其性刚烈而强猛，然无余势，故不能长久持续。

二、恨，《识论》六："云何为恨？由忿为先，怀恶不舍，结怨为性，能障不恨，热恼为业。"

恨即宿怨，亦以瞋恚一分为体，离瞋别无恨之相用。不恨即无瞋，恨以障蔽无瞋，而使身热心恼为其业用。恨即指对忿怒之事历久不忘，但余势极强，经久不灭。

三、覆，《识论》六："云何为覆？于自作罪，恐失利誉，隐藏为性，能障不覆，悔恼为业。"

覆以隐藏为性，犯罪恐为人知损失名利，则自隐藏掩饰。然覆罪者必自忧悔而心不安住。覆依贪、痴假立，离贪痴别无覆之自性。《大毗婆沙论》卷四十，谓覆为贪著名利，或由无知，故覆藏自罪，为贪痴二者之等流。又因自在起之故，乃为修道所断除之烦恼，与五受中之忧、喜二受相应。

四、恼，《识论》六："云何为恼？忿恨为先，追触暴热，狠戾为性，能障不恼，蛆螫为业。"

谓由忿恨为先导，追怀往日之宿恶，接触当前之横逆，便起狠戾嚣暴之心，发凶鄙粗犷之言，损害他人，犹虺施毒（蛆螫）于人也，此亦以瞋恚一分为体，离瞋别无恼之相用。恼与舍根相应。《俱舍论》卷二十一解释，所谓恼，即虽自知其罪过，而犹豫坚持不改，不听他人劝诲，一味使心神懊恼烦闷。

五、嫉，《识论》六："云何为嫉？殉自名利，不耐他荣，妒忌为性，能障不嫉，忧戚为业。"

言嫉妒者，为自名利，见他尊荣，则忧戚不安。此亦以瞋恚一分为体，离瞋别无嫉之相用。嫉又为八缠之一。

六、悭,《识论》六:"云何为悭？耽著财法,不能惠舍,秘吝为性,能障不悭,鄙畜为业。"

耽著犹贪恋。资产名位,皆名为财,一切知能和学术思想真理,皆名为法。贪恋财法者,秘藏吝惜,不肯舍人。是以能障蔽不悭,鄙啬蓄积为其业用。悭以贪一分为体,别无相用。悭为八缠、十缠、九结之一。《成实论·杂烦恼品》列举五悭,即住处悭、家悭、施悭、称赞悭、法悭。又财悭与法悭称为二悭,即指吝于财物与教法,心存独占,而不肯施舍与人。

七、诳,《识论》六:"云何为诳？为获利誉,矫现有德,诡诈为性,能障不诳,邪命为业。"

诳谓欺骗、诡诈。无德而诈现有德,谓之矫现。诡诈即虚伪,矫现者必虚伪。邪命者,《瑜伽师地论》卷二十二云:"或依矫诈,或邪妄语,或假现相,或苦研逼,或利求利,种种状相,而从他所非法希求所有衣服饮食卧具病缘医药诸资生具,非以正法而有所求。由非法故,说名邪命。"总之,用种种欺骗手段,诳惑别人,妄求财物以养活自己,谓之邪命。诳能障蔽不诳,从事邪命为其业用。诳依贪痴一分为体,离贪痴别无诳之相用。诳乃欺惑之意,以种种手段惑乱他人,以达到其自私自利的目的。

八、谄,《识论》六:"云何为谄？为罔他故,矫设异仪,险曲为性,能障不谄,教诲为业。"

罔与网同,言为贪图名利,遂网罗他人,使堕其术,则矫设异仪。《瑜伽》所谓"不明不显,解行邪曲"。《显扬》所谓"诈现恭顺"。《杂集论》所谓"隐实过恶,托余事以避余事"。总之,曲徇时宜,善投人意,皆谓之矫设异仪。谄以险恶不直为性,以障蔽不谄、不堪师友教诲为其业用。为图名利故谄,即是贪。谄者必无智,故是痴。所以诳亦以贪痴一分为体,离贪痴别无诳之相用。诳与讨好、阿曲、谄媚同义。诳与诳同为欲界及初地所系,与诸受中之忧喜相应,而自在生起,故属于"修所断"。

九、害,《识论》六:"云何为害?于诸有情,心无悲愍,损恼为性,能障不害,逼恼为业。"

害以损害逼恼为性,此亦瞋恚一分为体,离瞋别无害之相用。

十、憍,《识论》六:"云何为憍?于自盛事,深生染着,醉傲为性,能障不憍,染依为业。"

自盛事者,《杂集论》谓:"族姓、色力、聪睿、财富、自在等事。"《法蕴足论》谓:"种姓、家族、色力、工巧、事业、若财若位、戒定慧等,随一殊胜。"对此等事,深生染着,以至昏迷瞑眩,偏傲无惮,此能障不憍(无贪),为一切杂染法生长之所依。此亦贪爱一分为体,离贪爱别无憍之相用。憍即恃己之盛而心高气傲,凡有八种:(一)盛壮憍,因元气盛而生;(二)性憍,因血统尊贵而生;(三)富憍,因财物丰盛而具生;(四)自在憍,因行为自由而生;(五)寿命憍,因己命长寿而生;(六)聪明憍,因世智辩聪而生;(七)行善憍,因利人善行而生;(八)色憍,因容貌端庄而生。

十一、无惭,《识论》六:"云何无惭?不愿自法,轻拒贤善为性,能障碍惭,生长恶行为业。"

不顾自己所闻正法,轻视有德者而不尊重,拒绝善道而不愿闻。无惭以障碍惭,生长一切恶行为其业用。无惭即对诸功德即有德之师长不崇敬,或对自己所造之罪而无羞耻之心。此法为欲界所系,其性不善,为见、修所断。

十二、无愧,《识论》六:"云何无愧?不顾世间,崇重暴恶为性，能障碍愧，生长恶行为业。"

不顾世间者，言对社会舆论，毫不顾虑，无所忌惮。不但轻贤拒善，而更崇敬暴徒，尊重恶行，视无惭尤甚。无愧以隐蔽愧生长一切恶行为其业用。对现世、未来之恶报不生怖畏，及对世法亦不畏惧，而恣意为恶，谓之无愧。此法为欲界所系，性唯不善，为见、修所断。

十三、掉举，《识论》六："云何掉举？令心于境不寂静为性，能障行舍，奢摩他为业。"

不寂静者，《瑜伽》卷十一所谓"喧动腾跃"。言众生常追念往昔所经不正寻求之乐事，心遂喧动腾跃，不堪凝掇，即掉举性。掉举以障蔽行舍（即善心所之一）及奢摩他（止义）为其业用。掉举即心中浮躁不安之精神状态。有部及《阿毗达磨杂集论》《识论》等，皆言此心所障定；而经部及《瑜伽师地论》，则以之障慧。又在《发智论》卷二，《大毗婆沙论》卷三十七中，皆将掉举与恶作二法就相应与不相应之关系，分为四种：心虽掉举与恶作不相应，心虽有恶作与掉举不相应，心有掉举亦与恶作相应，心无掉举亦与恶作不相应。

十四、昏沉，《识论》六："云何昏沉？令心于境无堪任为性，能障轻安，毗钵舍那为业。"

昏沉别相即是蕾重。凡心为物役，甚至完全物化，则成庄子所谓心死状态，令俱生法不堪任受，为其自性。昏沉以能障蔽轻安（善心所之一）及毗钵舍那（观义）为其业用。此心所使身心沉迷、昏昧，丧失进取积极活动之心。以痴为根本而生起，痴以迷暗为性，故此心所以蕾重为性。属十缠与五盖之一。禅家以此为禅之障碍，比喻如黑暗尘坑，无明山鬼窟，虾蟆窟里，乃五十禅魔之一。

十五、不信，《识论》六："云何不信？于实德能不忍乐欲，心秽为性，能障净信，堕依为业。"

不信三相，恰与信三相相反：即不信诸法真实事理实有，不信佛法僧真实清净之德，不信自己及他人于一切善法能得能成。不信自相浑浊，更能浑浊余心及心所，如极秽物，自秽秽他。故云不信以心秽为性，能障碍信及为懈怠所依之业用。

十六、懈怠，《识论》六："云何懈怠？于善恶品修断事中懒堕为性，能障精进，增染为业。"

于善法应修而不修，于染法应断而不断，谓之懒堕，懈怠即以懒堕为性。以能障蔽精进、增长染法为其业用。懒堕即为善不勤，然勤作恶者，何以亦谓之懒堕？《识论》释云："于诸染事而策勤者，亦名懈怠，退善法故。"《菩萨本行经》卷上，谓懈怠为众行之累，居家而懈怠者，则衣食匮乏，产业不举，出家而懈怠者，则不能出离生死。此法有其别体，为勤（精进）所对治。

十七、放逸，《识论》六："云何放逸？于染净品，不能防修，纵荡为性，障不放逸，增恶损善所依为业。"

于染品法不能防，于净品法不能修，唯纵恣流荡，故名放逸，此依懈怠及贪瞋痴三毒假立，非别有体。

十八、失念，《识论》六："云何失念？于诸所缘不能明记为性，能障正念，散乱所依为业。"

于诸所缘者，《五蕴论》谓"染污念于诸善法不能明记"。染污念，即别境心所中之念与不善心心所相应者。善法即《显扬圣教论》所谓"于久所作所说所思若法若义"等正教授，不能忆持，忘失正念，谓之失念。此依痴及染污念假立，无别自体。失念指对于所缘之境及所学善法，不能明记不忘之精神状态。失念之体，《大乘阿毗达磨杂论》卷一所说"以念为体"，《瑜伽师地论》卷五十八所说，以痴之等流为体，《成唯识论》并取二说，故云依痴及染污念假立。

十九、散乱，《识论》六："云何散乱？于诸所缘令心流荡为性，能障正定，恶慧所依为业。"

流荡谓流失放荡，亦即躁扰。散乱与掉举有何区别？《识论》谓："彼令易解，此令易缘。"言掉举能令心心所，于一境起多解（对于一事理左思右想，莫衷一是），散乱能令心心所于一念更缘多境（于一念间对此事理，思之不得，更思其他）。《集论》谓散乱有六种："谓自性散乱、外散乱、内散乱、相散乱、粗重散乱、作意散乱。云何自性散乱？谓五识身。云何外散乱？谓正修善时，于妙五欲其心驰散。云何内散乱？谓正修善时，沉掉味著。云何相散乱？谓为他归信，矫示修善。云何粗重散乱？谓依我我所执及我慢品粗重力故，修善法时，于已生起所有诸受，起我我所及于我慢、执受间杂取相。云何作意散乱？谓依余乘余定，若依若入，所有流散，能障离欲为业。"此依贪瞋痴三法假立，能障碍正定及为恶慧所依为其业用。恶慧者，盖别境心所中之慧通三性，凡与染污心心所法相应之慧即恶慧。是以凡染污心起时，由掉举、散乱之力，常于一境中起多解，及一念中缘多境，与所谓心猿意马者相似，只能由正定之力方能制伏。

二十、不正知，《识论》六："云何不正知？于所观境，谬解为性，能障正知，毁犯为业。"

言于所观境，不正观察，谬误邪解，此能起恶身、语、意业，致犯律仪。此依恶慧及痴假立。

此二十烦恼，随根本烦恼而起，故名随烦恼，亦名随惑。二十随惑又分三类：从忿至憍十种，各别生起，名小随烦恼。无惭无愧二种，一切不善心俱有，名中随烦恼。掉举至不正知凡八种，遍行于一切染心，名大随烦恼。

（F）不定心所四种

一、悔，《识论》七云："悔谓恶作，恶所作业，追悔为性，障止为业。"

嫌恶即是追悔。悔通三性：悔先所作不善，此属善性；悔先未作不善，此属恶性；悔先所未作事，属无记性。此悔即无记性。悔能令心心所不安，故以障止为其业用。悔与其余心所行相不同，故别有体。

二、眠，《识论》七云："眠谓睡眠，令身不自在，昧略为性，障观为业。"

身为外力系缚名不自在。昧言与定中之心有别，定心有观察妙用，非如睡眠之昏昧。略言与寤时有别，寤时之心行相极广，非如睡眠之心行相粗略。睡眠之性，昏昧粗略，故云以障观为其业用。睡眠亦即梦心所。睡眠本可以恢复精力消除疲劳，与休息同义，如染有烦恼之睡眠，则令心中暗昧，障碍善心，故常与昏沉合称昏眠。昏眠为五盖之一，又为十缠之一。睡眠为五欲之一，又为欲界三欲之一，谓凡夫不图精进，唯耽睡眠者，故宰予昼寝，孔子谴责他为朽木不可雕。悔与眠二心所，与其他心所行相有别，故各有其体。

三、寻，四、伺，《识论》七云："寻谓寻求，令心匆遽于意言境，粗转为性。伺谓伺察，令心匆遽于意言境，细转为性。此二俱以安、不安住身心分位所依为业，并用思慧一分为体。于意言境不深推度及深推度义类别故。若离思慧，寻伺二种体类差别不可得故。"

此二皆以遍行中之思心所与别境中之慧心所一分为体，无别自性，不深推度为思，故名寻，深推度为慧，故名伺。于意言境上有不深推度及深推度的"义类差别"，故分为寻、伺二种。寻伺二种若离思心所与慧心所，其"体类差别"根本"不可得故"。意言境者，意中所取之相，即分别相，与言说相相似，故名意言。此意言为意所取之境，名意言境。令心匆遽者，匆迫遽急也。于所欲知事理之境，依思慧而起推度，努力超境，故云"令心匆遽"。此二者于推度事理，若与心相违，则身心不安；若顺益，或既不相违亦不顺益，则身心安稳。故云"此二俱以安不安住，身心分位所依为业"。

此五十一心所，若依三性分别：遍行五法、别境五法、不定四法，俱通善、染、无记三性；善十一法、唯是善性；烦恼六法与随烦恼二十法，虽是染法而不成恶，故亦与无记相通。

熊十力先生对旧师于心心所不加根本区别，持有异议。他说：

心是本有，心所是后起；心即性（易言之即本体），心所即习；心是虚壹明静，心所是无始时来累集经验而成。六位心所，都可分属知、情、意三方面。如五遍行中，想属知，受属情，触、作意、思三数均属意。别境以下，皆可准知。苦乐等情，是习所成，知亦习所成，此皆易知。意亦习所成，人或犹有疑也。实则本随诸惑，及余染数，若总合而言，只是盲目的意志力。此不是固有的东西，即不是本体显现。唯是无始有生以来，串习所成。即一切善数，亦皆由习故有。故一切心所法实只分知、情、意三方面，而此三方面皆即习所成。

又说：

> 至以心为本有，即本体之流行，此与佛家大旨本相吻合。试即本体论而言之，佛家说真如，即是本体之异名，而涅槃又是真如之异名。涅槃者，寂静义，即斥指本心而名之也（本有之心，非后起故，故曰本心）。即此寂静的本心是真如，即此寂静的本心是实体显现。须知佛家不同西洋哲学以本体为外在的事物，用理智去推求。而其诣极，在即心见体。不独涅槃如是，一切经论，不外此者。故《新论》指出心即本体，与佛家相传意思未始有异。不过佛家谈心心所处，未尝分别心即体，心所即习。因此，要分别有漏心心所，及无漏心心所。然又说众生一向是有漏流行，必至成佛，无漏心心所始得现起。试问众生既是一向有漏，完全找不着无漏之体，如何成得佛来？此在其本体论及方法论上，皆自为冲突也。又就人生论言之，如不了心所是习，即亦不了何谓本心，终古不见自性。又就知识论而言之，佛家本立真俗二谛。就俗谛言，知识不可遮拨；就真谛言，知识必须遮拨。此二谛义，乃名相反而实相成也。然若不了心所是习，则于俗谛中，何以成立知识？（须知由于境有熏习故，方得有知识。）于真谛中，何故遮拨知识？（知识成于后起之习故，故不与真理相应。）将皆不可明也。又就心理学言之，知心所是习，则知科学（谓心理学）之所谓心，只相当于吾书之心所法，而与吾所云本心者，不得相滥。今之学子稍治心理学，便诋

象山之本心，阳明之良知为无据。……总之，《新论》区
别心即性（性谓本体），心所是习，自谓析千古之疑滞，无
违诸佛。❶

熊先生所谓心是本有，心所是后起。心即性，心所即习。心
是虚壹明静，心所是无始时来，累集经验而成。这些话纯是儒家
特别是宋明理学的观点，所以有人诋毁"象山之本心，阳明之良
知"，他斥之为"不知类而妄议"。

首先，性与习之分，最早出自孔子"性相近也、习相远也"。伊
川谓此言气之质性，非言性之本也。若言其本，则性即理，理无
不善，孟子之言性是也，何相近之有哉？❷又云："心即道也，在
天为命，在人为性，论其所主为心，其实只是一个道，苟能通之
以道。又岂有限量？天下更无性外之物，若曰有限量，除是性外
有物始得。"心即道，在人为性，心即性也，性即理也，理无不善，此
心即象山所谓本心，杨敬仲问象山如何是本心？答："恻隐仁之端
也，羞恶义之端也，辞让礼之端也，是非智之端也，此即是本心。"阳
明谓"良知即是天理"，又云："心即理也。此心无私欲之蔽，即
是天理。不须外面添一分，以此纯乎天理之心发之事父便是孝，发
之事君便是忠，发之交友治民便是信与仁，只在此心去人欲存天
理上用功便是。"又云："至善是心之本体，只是明明德，到至精
至一处便是，然亦未尝离却事物。"伊川谓"心即道"，阳明"心
即理"，伊川"天下更无性外之物"，阳明"不须外面添一分"，初
无二致。由此可见熊先生之说，全是儒家观点，用儒学说修正佛

---

❶《佛家名相通释》卷上，第50—52页。

❷《论语集注·阳货》。

家，宋明人援释入儒，熊先生援儒入释。

熊先生又谓佛家言真如、涅槃皆本体之异名。心为本有，即本体之流行。自佛学观点言之，正如吕秋逸先生所说，他"完全从性觉立说，与中土一切伪经伪论同一鼻孔出气。佛家重在离染转依，由虚妄实相以着工夫，故立根本义曰心性本净。净者，妄法本相非一切言执所得扰乱，此即性寂之说也（自性涅槃，法住法位，不待觉而后成，故着不得觉字），性寂就所知因性染位以言，而性觉错为能知果性已净。由性寂知妄染之为妄染，得有离染去妄之功行；由性觉则误妄染为真净，极量扩充，乃愈沉沦于妄染。性寂之功行为革新，性觉之功行为返本。唯其革新，故鹄悬法界，穷际追求，而一转捩间，无住生涯，无穷开展，庶几位育，匪托空谈。唯其返本，故才起具足于己之心，便已毕生委身情性，纵有安排，无非节文损益而已。等而下之，至于禅悦飘零，暗滋鄙吝（指口头禅），则其道亦既穷矣。流行一义，佛家视之，原极平常。《般若·第九分》归结于九喻有为一颂。龙树无著之学，均自此出。迁流诸行，佛家全盘功夫，舍此又何所依？问题所在，乃在此流行染净真妄之辩，与相应功行革新返本之殊耳"。❶

Ⅲ.根据与条件

八种意识又分三部分：第一部分即第八根本意识，叫初能变；第二部分即第七意识，叫第二能变；第三部分即前六意识为一起，叫第三能变。八识总称为"三能变"。因为八种意识都具有一种变化发展的能力，所以叫做"能变"或"能动"。

"三能变"都要依靠其他的根据与条件（缘力）而后才能生

---

❶《与熊十力先生论学书》。

起，因此叫做缘起。所以有人说："佛教的最高级和最终形式非常近似黑格尔的唯心主义学说。瑜伽宗的哲学认为观念（识）是能动的，非物质的。"跟黑格尔一样，佛教的瑜伽家也认为观念或心灵是基本的现实。"佛教哲学的能动论，即万物都变幻的学说，启示了一种崭新的世界观⋯⋯它们不包含任何永恒的东西——'我'或'梵天'；世界上是没有任何永恒质素的。""能动论和没有永恒物质的理论迫使佛教徒把世界看作事件的混合体。旧的因果律思想的摈弃必然地引起了缘起的观念。也就是说，缘起的看法代替了旧的因果理论。"❶

缘起的"缘"共有四种，包括根据与条件在内。《成唯识论》卷七说：

> 一因缘，谓有为法，亲办自果。此体有二：一种子，二现行。种子者，谓本识中善染无记诸界地等功能差别，能引次后自类功能，及起同时自类现果，此唯望彼是因缘性。现行者，谓七转识（即前七意识）及彼相应（即心所有法），所变相见性界地等，除佛果善，极劣无记，余熏本识生自类种，此唯望彼是因缘性。

因缘有严格的定义，亲自产生自己的结果的这种原因，方叫做"因缘"（主要的唯一的根据）。

因缘共有二种，第一种"因缘"是种子（潜力）。它有两种作用，第一种作用是它能引发后一瞬间自己同类的种子，此种子生种子的关系（种生种），前一个瞬间的种子对后一个瞬间的种

---

❶ 拉胡尔·桑克里特雅扬《佛教辩证法》，《学习译丛》，1957 年第 3 期。

子而言为"因缘"。第二种作用是它能生起同一瞬间自己同类的现行（现实），即种子具备了各种条件时，发生现实作用，此种子生现行的关系（种生现），种子对现行（现实）而言，也是因缘。第二种因缘是现行。现行是由种而生的前七识，前七识现行，必依第八识，即念念熏第八识，第八识持之变弱业为强业而为果（现行非即果，必现行为第八摄持乃为果）。故前七识为能熏，第八识为所熏；前七识为所持，第八识为能持。第八识性是无记，前七识善恶无记三性之业，熏入第八，皆成为无记。能熏与所熏，俱生俱灭，但其性存，能生后法，第八持种，即持此性。前七现行能熏，非即种子（故因缘虽依种子而立，但因缘非即种子），必为第八摄持，而后为种，盖种合能持所持而言也。

前七识现行熏入第八而成种子的这种关系（现生种），从现行这方面来说，也是因缘。因此，有几种情况不是因缘：

（一）种望异种（如甲种望乙种）；

（二）种望异现（如甲种望乙种所生现行）；

（三）现望异种（如甲现望乙现所生之种）；

（四）现望现（如前念现望后念），前念现行虽为同类因，但现行唯生种子，种子乃生现行，现望现，中有间隔，故非因缘。

另外，此现望彼现，如根尘识同时相望，亦非因缘。《俱舍论》所说小乘六因，俱依现行而立，即现望现，彼无功能，虽说为因缘，实是增上缘）。《成唯识论》又说，凡人们日常所见闻觉知的有强盛势力的现实事物，它的名言概念都可以留印象在人们的根本意识上，而成为一种潜在能力即种子。包括一切现象界诸事物在内，它也是物质和精神生起的主要根据。因缘有上面所说的这两种——种子与现行。《成唯识论》又说：

二等无间缘，谓八现识及彼心所，前聚于后，自类无间，等而开导，令彼定生。

前一瞬间的意识活动避开自己的位置让给后一瞬间同一种类的意识活动使它们生起（它说明同时不能有两种心理作用生起）。即是说现在意识的生起以过去意识的灭亡为条件，前意识与后意识它们的本体与作用都是相同的，中间没有其他的东西间隔，因此叫等无间。此缘只限于心理活动，物质现象是不会有的。它是意识生起的主要条件之一。前面因缘依种子立，此第二等无间缘乃依现行而立。

现行终古不息，无有穷尽（诸佛无漏现行无尽，阐提有漏现行无尽），七识八识相依无有断时，六识除五位（睡眠、闷绝、无想天、无想定、灭尽定）无心而外，余时亦复不断。凡此皆等无间缘的作用。如理《唯识义演》卷十五，以四义谈等无间缘：

（一）前念于后。此简同时心和后时心。并时无二心并起，后念心对于前念心，无有开导作用。此二种俱非等无间缘。

（二）自类无间。显非他识为缘，如眼识，前刹那方灭即已引后自类眼识令生（其余诸识皆然），是为自类无间。心所与心和合似一，可作此缘；一身八识，有时俱起（七八恒起，前六与七八识有时亦俱起），故八识不得互为此缘（难陀、安慧二师执异类识可作等无间缘，此非正义）。又无间者，前为后缘，顺次相生，名为无间。八识中，七与八识，恒时俱起，无有间断。前六识各自前后相望，虽经百年中断，前念各识望后念各识，仍为等无间缘。

（三）等而开导。等有二义：一者体等，每一心王心所，前后皆无多类并生，名为体等；二者用等，前念心王心所，有胜势用，都能齐引后念心王心所令起，王所和合似一互能望后为因，齐等开导，故名用等。开者，避义与后处义。导者，招引义。即前念识避开其处，即招引后念识令其能生，唯心能缘法，具此开导二义。色法有开义而无导引力，故非此缘。

（四）令彼后念定生。前法开导，后果定生（后法望自类前法为果），若非后果定生，即不得说前为后缘。具上四义，得名等无间缘。《成唯识论》又说：

> 三所缘缘，谓若有法，是带己相，心或相应，所虑所托。此体有二，一亲二疏。若与能缘体不相离，是见分等内所虑托，应知彼是亲所缘缘。若与能缘体虽相离，为质能起内所虑托，应知彼是疏所缘缘。亲所缘缘，能缘皆有，离内所虑托必不生故。疏所缘缘，能缘或有，离外所虑托亦得生故。

什么叫"所缘缘"呢？"所缘缘"就是意识所认识的对象（内心的非外界的）。意识的产生和它的认识对象是分不开的。意识认识对象时，如果两方面是面对面地接触，中间没有任何东西作媒介，那对象就叫"亲所缘缘"；如果中间有媒介，两方面不能面对面地会见，那对象就叫"疏所缘缘"。它也是精神（心法）生起的主要条件之一。论文中"有法"即有体法（境界，认识对象），此法具有力用（如色等法），能牵引诸识（如眼识等）令其生起，此境界对识而言，即为所缘缘。"带己相"者，"带"有变带、挟带二义。"己"即境界自身。"相"有体相、相状二义。即一影像相分，指其法（影像相）本身为体相；此影像相对其所托之第八本质而言，则为相状。带此相者，即诸识心王与心所。诸识心王心所带己相之"带"有变带与挟带二义：

（一）能缘识变带所缘相状，名为相分，对疏缘本质而言，名影像相，亦名亲相分。此相有仗质与不仗质二种仗质者，如前五眼识等见分仗第八器界相为本质，而变似色等亲相分而缘；如第六识见分，仗第八识见分，变现相分，依之而缘我；缘一切尘时，即仗第八器界相，变现相分，依之而起尘解；缘诸心法及无为法时，亦仗心法及无为法为本质，而变现相分，依之起解。如第七识见分，仗第八识见分，变相而缘，即依所变相分而计执为我。他心智缘他心时，亦仗他心为本质，而于自识上变现一似他心之相分而缘之。（乃至后得智缘真如时，亦于见变似真如之相分而缘之，非亲证真如。）自识所变名影像相，其所仗托者名为本质。影像相定与本质相似。

不仗质者，如第六识缘过去（已灭）未来（未生）法，或缘龟毛兔角，或构思义理，皆自心见分变似过未等（龟毛兔角、义理等）法之影像相而缘之，此相皆不仗质，过去等法皆无体故。前七识相分，无论仗质或不仗质，皆由见分（含自证分）变现，名为变带。次言挟带。

（二）挟带者，逼近亲附义。言能缘识挟带所缘体相而起，能所不分，冥合若一。如四分中，自证分缘见分，自证与证自证二分互缘，皆名挟带；五识俱意等，见分缘自相分，现量证境，以及正智缘如，皆是挟带。挟带义如前所述，乃奘师为破正量部般若毱多，在所撰《制恶见论》所发明的创义。❶

次释所虑、所托义。所虑者，虑是缘虑，即思惟义。言有体法（境界），虽能为缘，令心心所带己相（境界）而起，亦即心心所能以己相为所虑，若心心所不以此境界己相为所虑，此相即非心

---

❶ 参阅基师《唯识述记》卷四十四。

心所之所缘缘。所托者，托言仗托，所托者定有体法，无体法不为所托。言心不孤起，必仗托境界方能生起。

所缘有亲、疏二种。若疏所缘，则前五识见分，必须仗托第八识相分而生起，第六识见分或仗托（第六识相有不仗质者）第八识相见等为本质而生，第七识见分托第八识见分为本质而生，第八识见分或托他身识及他人根身器界为本质而生。若亲所缘，则见分以相分为所托，自证分以见分为所托，证自证与自证分，互为所托，正智以真如为所托。

所虑为所缘，所托为缘，必具此"所缘"与"缘"二义，方为所缘缘。论言所缘缘有亲、疏二种。

亲所缘缘有三义：

（一）与能缘体不相离，此复有二，一能缘亲变名不离，见（摄二分）变相是，二能缘亲挟名不离，此义《宗镜录》作四句分别：一体挟体，言内二分互缘，内二分为相见二分之体；二体挟用，自证分缘见；三用挟用，见分缘相分，见相二分为内二分之用；四用挟体，正智缘真如。（二）是见分自证分等内所虑（见分以相分为内所虑，自证分以见分为内所虑，所虑即所缘）。（三）是见分、自证分等内所托（所托即缘）。具此三义，为亲所缘缘。

疏所缘缘亦有三义：

（一）与能缘体相离（不能亲取），如前五识疏缘第八识器界相为尘，此第八相，即与前五识能缘体相离；第六识疏缘第八识相见等为尘为我，此第八相见，与第六能缘体相离；第七识疏缘第八识见分为我，此第八见与第七识能缘体相离；自识疏缘他身识，此身识与能缘自识相离；后得智疏缘真如，真如与后得智亦相离等等。（二）为质能起内所虑。（三）为质能起内所托。内所虑与内所托，皆言相分。于一相分之上具所虑与所托二义。具此三义，是为疏所缘缘。又复应知，以质为缘，则直接起彼影像相，间接起彼能缘识。能缘识，仗质变相，则直接以相为所虑所托，即间接以质为所虑所托。复次，疏所缘缘，望他名疏，望自仍名亲。如第八器相，望前五识见分名疏，望自第八识见分，即名亲。乃至他心智缘他心，其理亦尔。以故一切心心所皆无外取，唯识义成。

《成唯识论》又说：

> 四增上缘，谓若有法（即依他有为法与无为法，详后），有胜势用，能于余法，或顺或违。虽前三缘，亦是增上，而今第四除彼取余，为显诸缘差别相故。

什么叫"增上缘"呢？就是因为它有很大的势用，除它本身外，它对其余一切事物（包括物质的精神的）有两种相反的作用：一种是它能帮助别的事物，令其生起，这种作用叫做顺益作用；一种是它能障碍别的事物，令其不能生起，或者是生起之后，也要使它破灭，这种作用，叫做违损作用。具备这两种作用的，就叫"增上缘"（包括通常所谓因果关系），"增上缘"通用于一切事物，从广义上说，即前三缘（因缘、等无间缘，所缘缘）亦可叫做"增上缘"，此处是就狭义而言，除上述三缘外，凡具有违损或顺益两种作用的东西都属于"增上缘"范围之内。

四缘的简单意义，略如上述。四缘与物质和精神（色心诸法）等事物生起的关系是怎样的呢？物质和精神等事物的生起，必定要以因缘为唯一的主要的根据，以其他的一缘或二、三缘为条件。自己的意识和别人的意识又互相作为疏所缘缘（有媒介的认识对象）。这样来说明自然界与人类社会相互依存相互规约的关系。

以上是谈作为物质与精神世界相互联系相互规约的链条之"所缘"，其次谈作为物质与精神世界相互联系相互规约的结节之"所依"。

IV.俱有所依

所依有二种：一能依的东西与所依的东西同时而有，叫"俱有所依"；二能依的东西与所依的东西不同时而有，叫"不俱有所依"。下面主要谈俱有所依。

俱有所依，又分四种：

一、同境依，即五根（眼根、耳根、鼻根、舌根、身根等五种。五根，皆第八阿赖识所变相分，而各有二：一胜义根，以清净四大为性，非现量所得，以能发识比知是有；二扶尘根，即胜义五根之所作托）。根相当于心理学上所谓神经，眼根就是视神经，耳根就是听神经等等。五根是眼耳鼻舌身等五种意识认识事物的据点，主观方面的认识作用从此出发，客观方面的物质现象由此映入，五根与五意识同以现在的"五境"（眼所觉的色，耳所觉的声等为五境）为认识对象，所以叫"同境依"。

二、分别依，即第六意识。前五意识（眼、耳、鼻、舌、身）性迟，认识事物的时候虽有明白显了的作用，不能正确地了解事物，所以必须依靠第六意识。借第六意识的分别理解的能力，前五意识才能明确地认识和了解事物。因此第六意识叫做前五意识的"分别依"，或"明了依"。

三、染净依，即第七末那意识。第七意识时常执着第八根本意识的见分为我，而有"自我"的观念产生，叫做"我执"。其余意识被它染污受它的坏影响，也成了染污不净的东西；如果第七末那意识远离"我执"成为清白纯净的精神作用时，其余意识受了它的好影响，亦离开染污而成为清白纯净的状态。除它自己外，其余意识的或染或净，关键全在乎第七末那意识的或染或净，所以叫它做其余意识的"染净依"或"分位依"。

四、根本依，即第八阿赖耶识。它是根本意识，其余意识都要依靠它作根本依据才能生起，所以它是其余意识的"根本依"，或"依起依"。

一切意识作用都有三种"所依"，作为依据：

一、因缘依，即各种意识的潜力——种子。一切物质和精神等现实的东西，都须依靠各自的潜力——种子——作为依据方得生起。所以它又叫做"种子依"。

二、增上缘依，即六根。各种意识的活动都要以眼、耳、鼻、舌、身、意等六根为依据，没有六根作依据，意识不会凭空活动的。所以它又叫做"俱有依"。

三、等无间缘依，即避开自己的位置使后一瞬间的意识得以生起的"前灭心"，即意根。因为在同一时间不能有两种心理状态并起，所以必须等待前一个意识灭掉，让开它的位置作为条件，后一个意识才得生起。前灭后生，前后相等，中间没有其他的心理活动间隔，所以叫等无间，此依又叫做"开导依"。

以奘师为首的瑜伽学者分别"所依"，略如上述。人们各种意识活动的内在的相互联系相互规约的密切关系，完全体现在"依"上。

第一，前五意识（眼耳等）的生起，以"五根"（视神经、听神经等）为"同境依"（眼意识与视神经同一认识对象），以第六意为"分别依"（有第六意识参加才能正确地了解事物），以第七意识为"染净依"（染净都以第七意识为转移），以第八根本意识为"根本依"，以前一瞬间自己的意识为"开导依"。

第二，第六意识的生起，以第七意识为"不共依"（即是独为此意识的依据，不为其余意识的依据，叫"不共依"），以第八根本意识为"共依"（即是不独为此意识的依据，亦与其余意识为依据，叫"共依"），以前一瞬间自己的意识为开导依。

第三，第七末那意识的生起，以现实的第八根本意识为"不共依"，以第八根本意识中的潜力（种子）为共依，以前一瞬间自己的意识为开导依。

这些条分缕析的辩证的思维方法，是非常值得注意的，它在中国哲学史上开辟了一个为儒道两家哲学所不能企及的新天地。范文澜先生说："佛教含有神秘而又丰富的哲学，修道证功的理论和方法。从来统治中国思想界的儒家各学派，哲学成分极其贫乏，远不是佛学的敌手，就是专门谈玄的老庄学派，规模狭小，对抗佛学，仍不免'鲁班门前弄大斧'，一接触势必败退。"❶这些话如果单独用来说明奘师哲学思想在中国哲学史上的地位，也是非常适当的。

（二）变的动力是种子内在矛盾的进展

其次，缘起论中有关辩证法思维的第二因素是运动变化发展的思维方法，叫做"变"，"变"是"意识"的异名。

第一，"变"有一定的规律，不是杂乱无章的。

第二，"变"，一切"众生"平等共有，不是哪一种人或物特

---

❶ 范文澜《中国通史简编》，人民出版社，1951年，第1019页。

别有的。❶

第三，"变"的动力在乎"种子"（意识的潜在力）的内在矛盾，及"种子"（潜力）与"现行"（现实）的内在矛盾。

黑格尔说："若只就'无'之为这样的自身相等的直接性而言，则反过来说，'无'与'有'正是同一的东西。因为'有'与'无'之真理，乃是两者的统一。这种统一就是'变易'。"❷

他又说："变易这个表象，包含有'有'的属性，时复包含与'有'正相反对之'无'的属性，而且这两种属性在变易这表象里，又是不可分离的。所以变易就是有与无的统一。"

又说："变易不仅是有无的统一，而又是内在的不安息——统一既不仅是没有运动的自我关系，而乃是由于包含有'有'与'无'的殊异性于其内，而自己反对自己的。"❸

又说："有过渡到无，无过渡到有，为变易的原则……"❹

黑格尔认为"有"与"无"两者的对立的统一叫做"变易"。其次有与无两者的相互过渡叫"变易"的原则。

黑格尔的"有"相当于唯识家所谓"现行"，所谓"无"相当于"种子"。现行与种子统一于"识"叫做"变"。现行与种子相

---

❶ "'变'是静词，不可作动词解。此变非是奇，但识之异名故。变又非不由正轨，有因果可寻故。变又非圣者达变之事，一切有情平等具有故。"（参看《唯识讲义笔记》卷二，第 2 页。

❷ 黑格尔《小逻辑》，1954 年，三联版，第 204 页。（作者在本书中所引黑格尔的文字，皆出自此版本的《小逻辑》，故以下作者引用此书时都简称"前揭"。——编者注）

❸ 前揭，第 207—208 页。

❹ 前揭，第 208 页。

生就是变的法则。

不过亦有不同之处，黑格尔说"今'有'既只是纯全无决定性者，而'无'亦复同样的没有决定性"❶，"种子"则是"性决定"的。

有与无是一般的抽象的概念，所以没有决定性，种子与现行是特殊的具体的因果，所以其性是决定的。

不过有与无，或种子与现行，都同是现象界的事物，同是变化无常的，黑格尔说："有限事物的变灭无常不是别的，即是有限事物的辩证。"❷

"种子"的范畴，黑格尔亦有，他说："人具有两种特性，有生亦有死。但这事的真正看法应该是说，生命本身即具有死亡的种子。凡有限之物即是自相矛盾的，由于自相矛盾而自己扬弃自己。"❸

二、种子为宇宙本质

"欲明佛学，须于空有二字上求。说空犹易，说有最难。因须知有而不实之义，关键全在种子。有种子一义，则谓其有实在相貌欤，然寻不着痕迹。谓其纯属空虚欤，然又有其功能。如是方能有而不实。空劫以前之种，刹那刹那，等无间缘，持至末劫，遇缘发生，发生以来，展转因果，转依时灭。"❹

---

❶ 前揭，第204页。

❷ 前揭，第190页。

❸ 前揭，第188页。

❹ 欧阳师《摄论大意》。

气功师认为宇宙间一切存在过的东西，皆留下永恒的信息，这些信息以某种形式存在于浩瀚无边的空间。可以说，宇宙空间是储存各种信息的大仓库。❶

种子说源于弥勒菩萨所说之《瑜伽师地论》,亦称《大论》《大论》（卷五十一页），就因缘果三展转推论而言七因：一、常法不能为因；二、无常法与他性后念为因；三、他性后念须已生末灭；四、必须余缘；五、须成变异；六、与功能相应；七、必相称相顺。

后人本此义而立种子。肇端于《摄大乘论》，至《成唯识论》而益精密。

《识论》先就种子来源，竖说本始，次就种子内容平说六义。

（一）种子的来源：本有、始起、本始

竖说本始者，在十大论师中有三家不同的主张，即护月论师之"本有说"，难陀论师之"新熏说"，护法论师之"本始说"。

1.护月"本有"说

《识论》云："此中有义，一切种皆本有，不从熏生。由熏习力，但可增长。"护月主张第八阿赖耶识中所摄持的有漏无漏一切种子，皆是法尔本有，不是新熏成的。诸论中讲熏习有者，是讲熏令增长，能熏的染法，熏令本有有漏种增长；能熏的净法，熏令本有无漏种增长。熏习不是讲新熏成种子。如说种子本有，岂不是与僧佉论师主张自性本有说相同吗？不同，僧佉本有是常法，此有生灭，故与僧佉之说不同。护月并引经论证其说：

（一）如契经说："一切有情，无始时来有种种界，如恶叉聚，法尔而有。界即种子差别名故。"此所引的是三乘通信之《无尽意

---
❶《中国慧莲气功》，第100页。

经》。经中所谓"界"，即种子之异名。说一切众生，阿赖耶识中，从无始以来，便摄持多种类型的种子，如恶叉聚（印度果子）落地时之纷纷集聚。

（二）又契经说："无始时来界，一切法等依。"此引大乘通用之《阿毗达磨经》。经中所谓"界"，界是因义。此经亦言种子无始本有。

（三）《瑜伽》亦说："诸种子体，无始时来，性虽本有，而由染净新所熏发。"种子虽然无始本有，而由有漏杂染现行的熏习，使有漏种增长（现行果法未生名熏增，现行果法已生名熏长）；由有漏及无漏现行的熏习，可使无漏本有种增长。此中有漏熏无漏，发心以后，在资粮、加行二位中，生起有漏加行善现行，即可熏本有无漏种增长。

《论》又云："诸有情类，无始时来，若般涅槃法者，一切种子皆悉具足；不般涅槃法者，便阙三种菩提种子。"

基师云："法者，道理义也。有般涅槃之义，名般涅槃法。其中意说有漏无漏并有名具，非无法尔种，而可言具足不具足故。即二论证有无漏种，皆是本有。"此中所言"三菩提种子，指声闻、缘觉、佛果等三种"。

（四）《论》又云："诸有情，既说本有五种性别。故应定有法尔种子，不由熏生。"此又引《楞伽经》《般若经》《无上依经》《瑜伽师地论》等本有五姓各别的教义，证明定有法尔无漏种子，不由熏生。

（五）《瑜伽师地论》云："地狱成就三无漏根是种非现。""又从无始展转传来，法尔所得本性住姓。"此言未知、已知、具知等三无漏根，在地狱、畜生、饿鬼诸趣中，现行没有，但有种子。又从无始展转传来，法尔所得本性住姓，即是菩萨本性住姓。阿赖耶识中有此种子故。由此等证，无漏种子法尔本有，不从熏生。

以上所言经论，前三种通证有漏种与无漏种，都是法尔本有，不从熏生；后二种单独证明无漏种法尔本有，不从熏生。

II.难陀新熏说

《识论》云："有义种子皆熏故生。所熏能熏俱无始有，故诸种子无始成就。"

此言种子都是由新熏而生的。所熏能熏都是无始以来就有的，所以有漏无漏种，都是无始以来熏习而生。什么原因呢？因为"种子既是习气异名。习气必由熏习而有，如麻香气，华熏故生"。此言种子又名习气，习气必然是由熏习才有的，如像胡麻的香气，是由蕡葡花的香气熏习才有的。他也引了几种经论证明其说：

（一）契经说："诸有情心（心以积集为义），染净诸法所熏习故，无量种子之所积集。"此引《多界经》言众生心中所积集的无量种子，皆由染净诸法熏习而成。

（二）"论说内种定有熏习，外种熏习或有或无。"此无著菩萨之《摄大乘论》言内种定由熏习而生，外种熏习或者有或者无。基师谓："华熏苣胜，香气是有。从炭、牛粪、生苣胜青莲华根及蒲……或无熏习。"外种之中，如华熏苣胜，是由熏而生的；如果是从炭中生苣胜、牛粪中生香莲花、毛发里生蒲等，便非由熏习而生的。内种为什么定由熏习而生呢？他的理由是"名言等三种熏习（按：谓名言熏习、我执熏习、有支熏习）总摄一切有漏法种（护法正义是：我执、有支唯有漏，名言总摄有漏无漏），彼三既由熏习而有，故有漏种必藉熏生；无漏种生，亦由熏习"。

（三）同论又云："说闻熏习，闻净法界等流正法而熏起故。"法界等流正法者，基师谓"正法从法界平等而流出，从正智等次第生故"。《疏钞》解云："由佛大定故，遂起根本智证真如，从根本智流出后得智，从后得智起大悲。大悲观诸众生，即起化身，八相成道，说十二分圣教。此教法是真如家平等流出，相相邻近，犹如智证真如能断惑，若有闻此教法伏烦恼共真如相似，由闻此教遂熏得出世心种子性。"道邑《义蕴》云："诸如来以真如为所缘缘，即从真如流出大定、智、悲，即是如来报身。复从报身流出化身，从此化身流出十二分教，此名等流正法。众生闻十二分教，熏成解脱法种，故能生出世无漏现行。"此于出世心据本而论，从真如生，假说真如名为种子，故言从真如所缘种子生，与《摄论》意同。

综上所述，正法所生有七次第：一佛有大定，二正智缘如，三根本智出后得智，四后得智生起大悲，五大悲观诸众生而应起化身，六八相成道，七说十二分教。正法闻熏出世种生者，教法是真如家平等流出，相相邻近，智证断惑出世种生，闻教能伏，其相相似，亦熏种成。地前闻熏，有漏得生出世无漏也。

（四）同论又云："闻熏地前，既是有漏，为出世法之种子性。"意思是说，出世无漏心的生起，即初无漏心生，也就是以地前有漏的闻熏所熏成的种子为因，所以无漏种子，也无本有种，是由熏习而生的。

难陀论师，根据以上经论，主张一切有漏无漏种子，皆由新熏而生，定非本有。

Ⅲ.护法本始说

护法论师主张能生现行的染净诸法种子，共有两种：一为本有，二为始起（新熏）。《识论》："有义种子各有二类。一者本有，谓无始以来异熟识中，法尔而有，生蕴处界功能差别。世尊依此（在《无尽意经》等中）说诸有情，无始时来有种种界（因义），如恶叉聚，法尔而有。余所引证，广说如初（如第一护月论师所引经论）。此即名为本性住种（法尔有故）。""二者始起，谓无始来数现行，熏习而有。世尊依此（在《多界经》等中）说有情心，染净诸法新熏习故。无量种子之所积集。诸论亦说染净种子，由染净法熏习故生，此种名为习所成种（此与第二难陀论师所引相同）。"

本有、始起两类种子，相待而生起现行。但在见道位最初一刹那生起的无漏智，与修道位上所起的妙观察智与平等性智，以及佛果位上所起的成所作智与大园镜智，其最初一刹那现起时，必从本有种生。因在此以前，未曾有过一度的无漏现行，因而没有新熏的无漏种子。但此乃圣佛界。如一般众生，皆本有新熏两类种子相待生起现行。

护法折衷二家之说，并对二家主张提出责难。先难护月唯本有种义。种子若唯本有，即犯二种过失。一是违于七转识与第八识互为因缘的过失。他引《阿毗达磨经》颂说："诸法于藏识，识于法亦尔。更互为果性，亦常为因性。"颂文的意思是说，由赖耶为种子，生起转识杂染诸法的现行，是赖耶为杂染诸法的因。在同一时间，杂染诸法（转识）的现行，又熏成赖耶中的种子，是杂染诸法亦为赖耶的因。惟此种子与现行互相为因，是真正的因缘，其余皆非因缘。如善恶业招感异熟果，只能作为增上缘，而非因缘。二是违于如来所说多种圣教的过失。

次难难陀唯新熏种义。种子若唯始起，亦犯二种过失。一是有为无漏无因缘过；种子若唯新熏而无本有，则见道位时，最初一念无漏正智的现行，应不得生，无因缘故。因为在此以前无漏种子的熏习从来没有过，哪来的因缘呢？二是违于如来所说多种圣教的过失。

宜黄大师有云："种子来源凡分三说，本有、始起（新熏）以及本始。道理实际即须自证；若在言诠，则以简过存真而止，故本始之谈，折衷二说，未为矛盾。"❶

（二）有漏种如何转成无漏种

唯识相明依他起，即依业种与识种而生起宇宙万法。种子言势用，但有势用，一切即可发生。故学佛从熏习种姓开始，熏习必依于诸佛法界等流之正法。学佛的目的在乎将有漏转成纯无漏。有漏如何依熏习而转成无漏，三家之说不同：

一、护月本有说：加行位，有漏种生现行，亦熏无漏种令其增长转变。加行入见道位，本有无漏种方生现行，现行生起又资助本有种，更不新熏。

二、难陀新熏说：加行位，多闻熏习，令有漏种殊胜转变。加行入见道位，有漏种转成无漏种而生现行，二念已去，无漏现行又熏成种。

三、护法本始说：加行位，有漏种多闻熏习资助无漏种，无漏种由多闻熏习转变而成。加行入见道位，从本有无漏种生起现行以入初地，入初地已，又起现行，此又起之现，既能资助旧种，亦

---

❶《唯识讲义笔记》，卷二，第44页。

能形成新种。无漏种在十地以前还未发心，名未熏习。发菩提心以后，有漏熏无漏，与本有种性相随顺。地上见道以后，无漏熏无漏，现行成始起。必有漏种，避出地位，无漏乃得现行，此一避让，即是增上缘的意义。

各种意识的潜在力，叫做"种子"，"种子"可分为两大类，亦可分三类：八种识心王心所为名言种，七识心王心所别开为我执种，此二俱属识种，性是无记；十二有支种为业种，性通善恶，业种与识种相凑合乃起现行果。

"名言种子"的活动是连续的，"业种子"的活动是非连续的。连续是常，非连续是断，一断一常，两者是矛盾的，而两者又都不外是意识的潜在能力，所以两者又是统一的。"常"黑格尔叫"连续"，"断"他叫"分离"。连续与分离二者是矛盾的，同时又是同一或统一的。他说："因此连续的和分离的体积必不可视作两种不同的体积，好像其一的性格并不属于其他似的。"❶

以奘师为首的瑜伽学者又把自心的各个意识分为主观与客观两方面，主观方面又分一个客观，"知觉与对象的分别，及知觉对象的知的功用"。由此区别立为四分，"分"是分限或区域的意思。

第一，即认识的对象，叫做"相分"（喻如绢），相分的相是相状的意思。相分是外界的客观事物映现在主观认识作用之前的相状。例如眼意识认识色境，有青黄赤白的相状，耳意识认识声境，有高下抑扬的相状等等。前五意识认识分别各自的对象时，并非直接认识分别对象的本身，必定先在自己的主观意识内映写客观对象的相状，然后才认识分别它，总之，不外乎把主观意识内

---

❶ 前揭，231 页。

的相状作为客观的存在而认识分别。此仅就前五意识而言，其余意识亦各有其相分。

第二，即认识能力本身，叫做"见分"（喻如丈尺）。见分的见是照见的意思。心性明了，能照见当前的认识对象名之为见。即是说对于映写在主观意识内的客观影象，见分有明了照见的作用，把"心""心所"照见相分的这种作用，总称做"见分"。

欧阳先生说："唯识在解明能变，即就见相分而言，见是分别，相是所别，二皆有生灭之用名之为分，所以简于常一之体也。又所谓见分者，非视见，乃见解，乃虚空玲珑之用，凡与事相交涉者皆见也。见由相起，相由见生，此就能所别之为二，其实皆一识而已矣。讲唯识者，有二事最当辨别清楚。其一，境识不同虽亦理许，但执有外境妄分畛域，则不当理。其二，虽说唯识，但不可即谓无境，无境对执外而言，非并遮识内之境。但说境识为条然两物又不合，境是相分，在在不能离见。此不离义是唯识立足之点，自玄奘法师真唯识量始特别提出之。"

第三，即能证明认识不谬的那种认识能力，叫做"自证分"（喻如了解丈尺的智）。证是证知。所谓自，指前见分而言，"见分"是第三分（自证分）缘外之用，体即第三分，非他物，所以叫作自。此第三分，更证知前"见分"的作用，所以叫做"自证分"。"见分"虽能认识"相分"，而不能认识它自己，所以另有认识"见分"的作用，叫它做"自证分"，又叫"自体分"，因为它是各个意识的自体之故。

第四，即能知道这个能证明认识不谬的那种能力，叫做"证自证分"（喻如证明知几丈几尺之数的人）。自证指前"自证分"，此第四分能认识证知前"自证分"的作用，叫做"证自证分"。

任何一个意识，都具备有这"四分"的作用。上面所说的"名言种子"与"业种子"，一常一断，一有力一无力，是矛盾的、对立的，但两者都同属于第八根本意识的"相分"（客观部分），所以两者又是统一的。由于种子的这两种不同性质的（矛盾的、统一的）矛盾的进展，意识才能开始活动。种子矛盾的进展是因，意识开始活动是果，由因生果就叫做"变"。所以"变"的动力，是种子内在矛盾的进展。

《唯识讲义笔记》卷二五页云："因果公例有三：一能生种子是因，所生现行是果；二生他为因，从他生为果；三对后果而言为因，对前因而言为果。"

欧阳竟无先生说："谈种子有数义宜明：一、种子为力，非色非心。二、力遍宇宙，故种子亦遍宇宙。一念起用，宇宙森然；种子无尽，宇宙亦无尽。三、种子无长短大小之分。现行起时，相由见带，故识心分别一生，即摄全宇宙，无小不摄大，亦无一处不摄法界也。以是生灭源头不易窥测，世典一元二元之论特猜想之谈而已。"

（三）有漏种子为宇宙人生的最后本质

种子的产生来源于熏习，变化的原因也由于熏习，由"熏习"的道理来解释"变"。"熏习"即多闻熏习。此义于学佛最为重要。吕澂先生云："彼不满意闻熏习，完全未解为道功夫应着重个养字（内典通言长养，乃资以为生之义，一竿到底之谈，与宋人言存养有异）。得养而后心悦气充，新鲜活泼，此岂一勺无源之水而能为之哉！不汲之圣言，又岂能源源不竭！孔言时习，孟言集义，所以为养者须何等功夫，然何如闻熏之展转增长（言增长者自是本有），更说得的当（程朱于此不会，乃谓时习，是时复思绎，集义是逐事合宜。零碎支离，全无活意，故于真实处，始终隔一层）。华严十地，见佛闻法，地地胜进。楞伽八地，沉涵定海，有待提撕。无闻熏之养，又安得圣胎成熟欤？然拘泥于文字者，不足以语此也。大乘小乘般若瑜伽，凡真佛说无一不从闻熏下手，般若功夫，始终不离善友，始终闻法无怖，始终校量功德。二分（《般若》）文末，且以《常啼》《法上》两品结之，其意可见，非仅瑜伽说闻熏也。"❶

　　闻熏的道理，如前所述，第八根本意识中所含藏的万事万物的潜在力—"种子"—凡有两种类型：第一是"名言种子"。"名言"即概念，因为前七意识的活动，必定要依靠第八根本意识才有可能。前七意识所见闻觉知的东西，留印象在第八根本意识上，这就叫"熏习"。前七意识为"能熏"，第八根本意识为"所熏"。能熏与所熏，虽然同时生起同时消灭，但它有一种潜势力存在，作为后来发展变化的因，这就是"名言种子"。"名言种子"的性质是非善非恶的，这是因为第八根本意识的性质是非善非恶的，所以前七意识映入第八根本意识的潜势力，也同第八根本意识一样成为非善非恶的东西。"名言种子"的性质既是非善非恶的，因此它的势力便羸弱拙劣，不能自行开展发生作用，必须借助于另一"种子"（潜力）的感动，才能开展发生作用，这就是第二"业种子"的任务。即第六意识作一切善恶事业都留它的痕迹在第八根本意识中，它并且能感动其余诸事物的"名言种子"，增加它的势力，看造业的种类程度如何，而展开·个森罗万象的局

---

❶ 吕澂《复陈证如书》，1943 年 4 月 28 日。

面。由过去第八根本意识所藏的"名言种子"与"业种子"继续显现而有现在的第八根本意识；由现在的第八根本意识又变起种子、五官、外界，及前七意识以至于形成宇宙的全体。然后再由"名言种子"及"业种子"熏习的力量，而有未来的第八根本意识显现。这样从过去到现在以至于未来，整个的宇宙都是由我们内心里的第八根本意识所变现的。其义如图（此图采自《唯识讲义》，略加改造）：

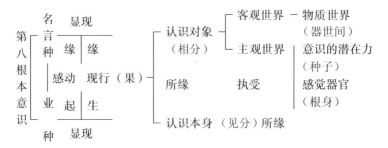

唯我论者，以为整个的世界包括所有的人在内，都是人们的意识想象创造出来的，实际上并不存在，存在的只有人及其意识。一切主观唯心主义者，他们断定世界就是我的感觉或表象，必然会认为其余的人也是"我"的感觉或表象，只有"我"一个人才是真实的存在。所以一切主观唯心主义者都不可避免地要陷入唯我论。

以奘师为首的瑜伽学者既然认为客观世界是"有情"（一切动物）的第八根本意识所变现的，是不是也会陷入唯我论呢？不会。瑜伽学者认为客观世果不是任何一个"有情"的第八根本意识变现的，而是一切"有情"的第八根本意识共变的。于自己以外，同时也承认其他有情的存在，所谓"意识"并不局限于一身，乃交遍于一切世界，所以不同于唯我论。正如章太炎先生所说：

> 一切众生同此真如，同此阿赖耶识（即第八根本意识），是故此识非局自体，普遍众生唯一不二，若执着自体为言，则唯识之教即与神我不异。❶

再说佛家的基本教义即"三法印"，第一"诸行无常"印，就是说一切存在的事物都是刹那生灭变幻不居的。由这个观点又必然产生了第二"诸法无我"印。

拉胡尔·桑克里特雅扬说："佛教哲学否定了'永恒的'和'固定的'事物的存在。……神或灵魂的否定是这个原则的必然推论。否定灵魂这一点是佛教哲学值得自豪的地方。……佛教被称作'无我论'，跟《奥义书》的别名'有我论'相反。"❷

汤用彤先生也说："'无我'是佛教的基本学说。'我'就是指着灵魂，就是通常之所谓鬼。'无我'就是否认灵魂之存在。我们看见佛经讲轮回，以为必定有一个鬼在世间轮回。但没有鬼而轮回，正是佛学的特点，正是释迦牟尼的一大发明。"❸

以奘师为首的瑜伽学者的哲学思想不同于"唯我论"。那么，现在要问：每一人的感觉器官（根身）是否也是一切人共同变化的呢？不是的。

（四）共变与不共变

第八根本意识变现客观物质世界（术语叫色等器世间）的

---

❶ 《建立宗教论》，浙江图书馆校刊《章氏丛书》。

❷ 拉胡尔·桑克里特雅扬《佛教辩证法》，《学习译丛》，1957 年第 3 期。

❸ 《往日杂稿》，第 123 页。

相，有共变与不共变二种。因为第八根本意识所执持的"名言种子"，有物质种子与精神种子等等的区别。物质种子又分"共相种子"与"不共相种子"二类："共相种子"即是产生人我共同受用之果的种子，"不共相种子"即是产生人我不共同受用之果的种子。但这两类种子仍须借助于善恶"业种子"的共业与不共业来感动（为增上缘）才能产生自己的果。

共不共中，总分为四：第一是共中之共，即共同的意识潜力（种子）之所变共同感受的，如山河大地等。不过所谓"共变"，并不是一切"有情"共同变作一个物质世界（器世间），自己也可以感受其他的人所变世界的意思，实际上是说"有情"各自变作一个物质世界（器世间）而各自感受。不过因为"有情"能感的"业力"相似，所感的物质世界（器世间）其相亦相似，同在一处不相障碍，并互为存在的条件（增上缘）使人我共同感受，叫做"共变"。第二是共中之不共，即共同的意识潜力（种子）所变不共同感受的，如自己的田宅衣服等。第三不共中之共，即不共同的意识潜力（种子）所变，共同感受的，如感觉器官（扶根尘）等，自己的第八根本意识所变，然有一部分（少分）他人感受之义。第四不共中之不共，即不共同的意识潜力（种子）所变而又不共同感受，如视神经（胜义根）等，自己的意识所变唯有自己才能感受。如表：

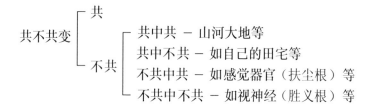

共不共变
- 共
- 不共
  - 共中共 – 山河大地等
  - 共中不共 – 如自己的田宅等
  - 不共中共 – 如感觉器官（扶尘根）等
  - 不共中不共 – 如视神经（胜义根）等

（五）认识对象不离认识本身

以奘师为首的瑜伽学者，第一从转变的道理，第二从熏习的道理来解释识变的意义，略如上述。此中要义有三：

第一，一切人（有情）的思想意识的全体分为八个识。每一个识有一个"心王"有多少不等的"心所"——即种种心理活动（如第八根本意识有五种心所相应，第六意识有五十一种心所相应等）。

"心王"与"心所"又各有四分，"相分"有"相分"的潜力（种子），"见分"有"见分"的潜力（种子），相见二分它们均各从自己的潜力（种子）产生。"相分"是认识对象（所缘），"见分"是认识作用本身（能缘）。认识对象（所缘）是境，认识作用本身（能缘）是识。

识之外既承认有境，何以叫做"唯识"呢？意思是，"境"与"识"不同，互相对立，并非完全否认有境，然而平常所谓"唯识无境"（旧言无尘唯识）而否认境的存在者，是指外界的境，至于意识内的境，即心中所分别的境，则是肯定的。

第二，境与识虽然是对立的，但又不可认为是条然二物，因为境是认识对象（相分），识是认识本身（见分），两者都是识自体（自证分）所变现的，所以境与识两者是对立的而又是同一的。

第三，既然是认识对象（相分）有认识对象的潜力（种子），认识本身（见分）有认识本身的潜力（种子），两者均各从自己的潜力（种子）而生。总之，境与识都是一种实在而又同时存在的东西，为什么单叫做识变呢？为什么叫做唯识呢？岂不明明是二元的吗？意思是说，所以叫"识变"而不叫"境变"者，因为识变化时，境才发生，所谓"由心分别，境方生故，非境分别心方得生故"。其次唯识的"唯"并不是唯独的意思，而是不离的意思，即认识对象（相分）不离认识本身（见分）。就是说宇宙间的万事万物为"所知"（所应知），既以所知为对象，这样的对象，自然离不开认识的了别（知觉）。这样所谓唯识，就纯粹从认识上立论了。奘师在印度立的"真唯识量"，对认识对象不离认识本身（相不离见）的道理，可谓发挥尽致。

三、因果原则与种子的关系

如前所述，意识的潜在力即种子，种子之发生与成长，靠"熏习"的力量。种子之产生，必待熏习而后成，有熏习而后有种。又待种子而后起熏习。此非有实物可指，法相法尔如是而已。既言熏习，应知有能熏与所熏两方面。《识论》云："如是能熏与所熏识，俱生俱灭，熏习义成，令所熏中种子生长。"基师《述记》释熏习二字云："熏者，发也，或由致也；习者，生也、近也、数也，即发致果于本识内，令种子生，近令生长故。"总结上面的意义是说，能熏法与所熏法俱时和合，能熏法刺激所熏法，便能令未生的有无漏种，新生起来，令已生固有的有无漏种，增长起来。《摄论》无性释卷三云："出世心昔未曾习，故彼熏习决定应无，既无熏习从何种生？是故应答：从最清净法界等流正闻熏习种子所生。"《识论》云："闻正法时，亦熏本有无漏种子，令渐增盛。展转乃至生出世心，故亦说此名闻熏习。"

熏习有亲熏疏熏二种。竟无师谓：闻正法时，亦熏本有无漏种子，令渐增盛者，此熏为疏熏。如下图：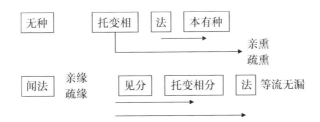❶

《识论》以能熏四义与所熏四义，谈熏习与八识的关系。

所熏四义者：

一、坚住性义。《识论》云："若法始终一类相续，能持习气，乃是能熏。此遮转识（七转识及彼心所）及声风等（根尘法处色等），性不坚住，故非所熏。"凡为所熏的法，必须是从无始之始，乃至究竟之终，其性一类相续不断，并有能持习气的作用，才是所熏之法。这就排除前七转识，和与它相应的心所法，以及根尘法处等色法。因它们是转变易动的，非坚住性，没有执持所熏成的种子的作用，所以不是所熏。

二、无记性。《识论》云："若法平等（无覆无记中容平等），无所违逆（不违善恶品法），能容习气，乃是所熏。此遮善染势力强盛，无所容纳（善不能容纳染，染不能容纳善，善染亦不能自容纳善染），故非所熏。由此如来第八净识（虽是坚住相续，而唯是善性，违于善恶等性，不能受熏、故非所熏法），唯带旧种，非新受熏。"

《佛地论》卷三云："如是（佛果）四智相应心品种子本有，无始法尔不从熏生，名本性住种姓；发心以后，外缘熏发渐渐增长，名

---

❶《唯识讲义》卷二，第19页。

习所成种姓。初地以上随其所应乃得现起,复数熏习,转增转胜,乃至证得金刚喻定。从此以后,虽数现行,不复熏习,更令增长,功德圆满不可增故,持种净识;既非无记,不可熏故;前佛后佛,功德多少,成过失故;如是四智相应心品,一向是善,一向无漏,道谛所摄,诸佛无有一切种子法故。"

"佛果圆满不再熏习者,诸佛果位之法,皆由因位之识积生熏习所成。如神通三世,一念三时平等显现,故曰圆满。然此但就不生灭之理言之,若其生灭之相,仍不倾动。由此而论,诸佛说法,各各圆备,决无后佛超于前佛逐渐进化之义。菩萨说法,虽较佛说为精密,亦只是发挥佛说之奥义而已,更无超过佛说之处。"❶

三、可熏性。《识论》云:"若法自在(若法为王,而体自在,不依它起),性非坚密(谓有为法,体是虚疏,易可受熏,非如石等;前面坚住性,重在住,指一类相续;此坚密重在密,指不虚疏),能受习气,乃是所熏。"此遮本识俱时心所五法。心所不受熏,凡有四义:1. 依心王而不自在;2. 非报主;3. 无执待之力;4. 顿多果妨。此又遮无实体的假法及常住坚密的无为法,皆不受熏。

四、与能熏和合义。《识论》云:"若与能熏同时(同一时间)同处(同在一身),不即不离,乃是所熏。"此遮他身,如许他身可为所熏,则自己造业,他人受果,他人造业,自己受果,便违自作自受的因果规律。

所以唯有第八异熟识,具此四义,可是所熏。四义者,如前所述:1. 一类相续无间有坚住性;2. 性非善恶而是无覆无记性;3.

---

❶《唯识讲义笔记》卷三,第25页。

唯第八心王，其体自在，不如依他而起之心所，性非坚密，体是虚疏，又是有为法，有可熏性；4. 众生各有赖耶，容受自己现行所熏成的种子，所以有能所和合义。

能熏四义者：

基师谓能熏四义，诸论所无。乃护法特别提出。

一、有生灭。《识论》云："若法非常（非常住之无为法。此与种子六义中的"刹那灭"同一意趣，否认无为法为因），能有作用，生长习气（犹如种子，有生灭用，故能生果），乃是能熏。此遮无为（法），前后不变，无生长用，故非能熏（此所以不承认《起信论》之真如内熏义）。"

二、有胜用。《识论》云："若有生灭势力增盛（唯七转识及其相应心所），能引习气，乃是能熏。"基师谓胜用有二："一能缘势用（唯主观能动的心心所法的善恶有覆无记性，有能缘势用），即简诸色（色法有强盛用，无能缘用）为相分熏，是（是字，原为非字）能缘熏；二强盛用，谓不任运起，即简别异熟心等（等谓第八异熟心及相应五心所，第六异熟生业果无记心），有缘虑用，无强盛用（不相应法二用俱无），为相分熏，是能缘熏。"试问：色法不能熏，色种从何而来？答：色体虽不能熏，而心体能熏，由此心体带彼相分熏成色种，谓之相分熏。《述记》谓相分熏者，即第八为六七识之所缘，即为相分熏。然能熏仍为自证分，但带见相而熏，以自证是体，见相依之而起故。其义如图：

若种子所生的现行是色法，又是业果，且具备能熏的资格（即有胜用），则为相分熏而熏习。

《识论》谓："此遮异熟心心所等，势力羸劣，故非能熏。"等指下列诸法：（1）因位上的第八识的心王及相应五心所；（2）前六识中异熟生心法执（业果），即前六识中善恶无记三法，无记中业所感者（如法执）非能熏，非业所感者为能熏；（3）果位上的一切识，皆非能熏。

三、有增减。《识论》云："若有胜用，可增可减；摄植习气，乃是能熏。"就是说不但要有胜用，还要有胜用的法，有增有减，可以熏生种子果法，乃是能熏。故非善非恶的无记法，及不增不减、平等圆满的佛果善法，皆非能熏。佛果如能熏，便非圆满，而且先佛后佛的功德，便有多有少，有胜有劣，此不合理。

四、与所熏和合。《识论》云："若与所熏，同时同处，不即不离，乃是能熏。"为能熏法者，除具备上面三法而外，还要与所熏法同一个时间，同一个处所，相应和合，不即不离，才有能熏的作用，熏成种子。所以他身与刹那前后，无和合义，皆非能熏。

归纳上面所说所熏四义与能熏四义，剋实而言：具备能熏法四个条件的，唯有前七转识及其相应心所；具备所熏法四个条件的，唯是第八阿赖耶识的心王。除此以外，再没有其他的法可以为能熏和所熏法的了。如下表：

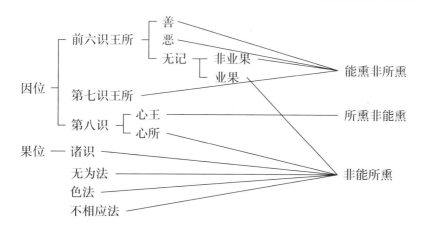

此中所谓"业果者"，第六识无记法中，善恶业所感之人、天、鬼、畜等果报。"非业果"者，即六识中的异熟无记（第六无记中之非业果者）。

能熏法与所熏法确定以后，具体的熏习情况又是怎样的呢？《义演》云："第七熏彼第八见分种子（第七恒缘见分为我），前五熏彼第八相分种子，第六通熏第八见相二分种子。以第六通缘十八界故。"

前七意识是"能熏"，第八根本意识是"所熏"。能熏生种子（因）于第八根本意识中，第八根本意识中的种子（因）复起"现行"（现实，果）。这样的因生果起，是一个时间的事情不分前后。《成唯识论》卷二说：

> 如是能熏与所熏识，俱生俱灭，熏习义成。令所熏中，种子生长。如熏苣藤，故名熏习。能熏识等（即现行果）从种生时（指前种因）即能为因（指现行又为因），复熏成种（后种又为果）。三法展转（指从种生能熏识，复能为因，复熏成种），因果同时。如炷（喻前种）生焰（喻

现行、果），焰（现行、果）生焦炷（喻后种）。亦如芦束，更互相依，因果俱时，理不倾动。

先师欧阳竟无大师云："三法展转指正熏时而言（熏有三时：将熏、正熏、已熏），新熏种但为果（对种因言）。"

中之所熏，必后一刹那已熏义边为后法因，乃得为种子。（否则一时有因果，与上座部执何异。）其义如次：

芦束喻种现依及能所（熏）依。基师谓是二法为喻，盖合此两种二法言之。以其中现行望因为果，望所为能，还同一法，故实是三法也。如解此喻必取二芦者，即违经文。《杂阿含经》卷十二云："譬如三芦立于空地，展转相依而得竖立，若去其一，二亦不立，若去二，一亦不立，展转相依而得竖立，识缘名色亦复如是，展转相依而得生长。"如基师解，义是而文非，殆于四《阿含》未尝留意欤。

又云："能所熏义，其最重要之关键则一依字而已。何以言之？世间无单独能立之法，佛必依众生，众生亦应依佛，故有依义。又法遍法界，必相依乃能广遍，故有依义。又可总结前说曰，就依义乃足显法体，就变义足显法用。"❶

---

❶《唯识讲义笔记》卷三，第 25—26 页。

种现相生，四种关系如次所述

一、种子生种子。名言概念种生名言概念种，善恶业种生善恶业种，自类相生是等流果。生者结果已生之谓也。其义如图：

因就自性言种，果就能变言现。"种子发现而为现行，种子为因，现行属果。然现行非即果，必现行为第八摄持乃为果。有如强业引满生现为弱业，复熏第八，第八受之而后成果，故果与现行不同。对前为果，对后为种为因，此即种子循环之义，亦即六义中之恒随转。❶

二、种子生现行，善恶业种子击动名言概念种子，名言概念种子与善恶业种子皆有向前发展的趋势，在发展过程中两相结合，就生现行（现实、果）。如上图所示。又种生种非即此一刹那，种生现即此刹那。

三、现行生现行，前现行果生后现行果，由现行果熏习种子，由种子起现行果。合前后而言，叫做现行生现行。盖前七能熏，非即种子，必为第八执持，而后为种，由种生现。中间有一间隔。

四、现行生种子，此前现行果生后种子。

这四种因果关系，第一种是原因生原因的因果关系；第二种是原因生结果的因果关系；第三种是结果生结果的因果关系；第

❶《唯识讲义笔记》卷二，第10页。

四种是结果生原因的因果关系。如前所述因果公例有三：（一）能生种子是因，所生现行是果（种子法体为用，用未发现，喻名种子；用已显明，称为现行）；（二）生他为因，从他生为果；（三）对后果而言为因，对前因而言为果。上述种现相生四种内在关系的划分，不外根据以下几个辩证的原则：第一因果关系的内容是同一性的（所谓同类因）；第二因果关系是相对性的；第三因果关系是互相转化的。而这些原则是固执着因与果的区别的人所不能理解的。

德国哲学家黑格尔说："如果我们固执着因果关系的本身，则我们便得不到这种关系的真理或真相，而只看见有限的因果，而因果关系的有限性即在于固执着因与果的区别。但这两者并不仅有区别，而乃复是同一的。即在通常意识里，我们也可以看得出这种同一性。我们说一物为因，仅因其有果，说一物为果，仅因其有因。由此足见因果两者乃是同一的内容，而因果的区别乃原只是假定其一则另一相随的区别。而这种形式的区别亦复扬弃其自身，因为原因不仅是他物的原因，而又是它自身的原因；同时效果亦不仅是他物的效果，而又是自身的效果。……因为在相对性的抽象思想里，我们总是停滞于两个范畴在相对关系中的区别里，因此颠倒过来，我们复将原因界说为假定的依他的东西或效果。这个作为效果的原因又有另一原因，依此递进，由果到因，以至无穷。同样亦可有一递退的历程，即效果既与原因同一，故自身亦可认作一原因，同时亦可认作另一足以产生别的效果的原因，如此递退，由因到果，以至无穷。"❶

---

❶ 前揭，第 324 页。

又说："交互关系表明为因果关系的充分的发展。……这样一来，原因及因其在这关系里是原因，所以同时是效果，效果即因其在这关系里是效果，所以同时是原因。……交互关系无疑地是由因果关系直接发展出来的真理，亦可说是因果关系之切近的真理，且亦可说是快走进总念的门阈。❶

黑格尔的辩证法与玄奘大师的辩证思想如出一辙。

因果关系，至为重要。先师宜黄大师曾言因果之大用云："法界至赜，因果赅之。幻相难形，因果析之。能变极玄，因果显之。无因果则无能变、无幻相、无法界；顽冥不灵，是一合相，断灭之苦，妙于何存？能变至妙，妙于因果。能变之因，一类而相续，果似其因，因曰等流。多类而搀和，果异其因，因曰异熟。因则由流而溯其源，能变则一类多类，不守本位，发动而将趋。等流非断，异熟非常，非断非常，所以至妙。能变之果由种生现，由等流因生因缘果，由异熟因生无记果。莫妙于异熟，异时而后熟，变异而后熟，异类而后熟，俶诡陆离，不容思议。引弱而生，酬满而强；妙用合离，尽在酬感。设有问言唯识何事，应告之曰：唯识事是因果事，法界法相，诸佛语言，都无谁何，一因果之妙用而已矣。"❷

（一）充满辩证规律的种子六义

以奘师为首的瑜伽学者谈种子有六义，亦充满了辩证法的意义。

《成唯识论》卷二说：

> 然种子义，略有六种，一刹那灭，谓体才生，无间必

---

❶ 前揭，第 327 页。

❷《唯识讲义》卷一，第 9 页。

灭。有胜功力，方成种子。此遮常法，常无转变，不可说
有能生用故。

此中要义有二：（一）种子的自体，必须是变化无常的，随生
随灭的有为法，方能为宇宙万物之因（这是唯识学的基本原
理），即生灭有为现象，不外是摄藏于赖耶中种子的作用，这就
是赖耶缘起义；（二）因为有生灭（《仁王经》上，一念中九十刹
那，一念中一刹那经九百生灭），方有转变，有转变，才有取果
（为因义生于现行，名为取果）与果（酬因名为与果）的功用，才
能成为种子。若是不生不灭、常住不变之法，无取果与果的功用，不
能为宇宙万法生起之因，便非种子。基师谓"刹那灭"否定四法
为因（种子）：（1）否定大众等部以无为法为缘起，无取无与，无
转变故；（2）否定正量部长时四相，非刹那灭故；（3）否定外道以
自性、神我等常法为因，无转变故；（4）否定真如常住之法，亦无
转变故。

黑格尔对无常与不变的看法是这样的："感官事物是个别
的,是变灭的,而其中的永久素质,则我们须借反思才能知道。……
个体生灭无常,而类则长住不变,且重现在每一个体中,类的存
在只有借反思方能认识。"❶又说："举凡任何事物莫不具有一长住
的内在的性质和一外在的存在。万物生死,兴灭；其本性,其共
相即其类,'长住不变',而类不仅是可认作各物共同之点而已。"❷

《成唯识论》卷二又说：

　　二果俱有，谓与所生现行果法，俱现和合，方成种

---

❶ 前揭，第86页。

❷ 前揭，第91页.

子。此遮前后及定相离，现种异类互不相违。一身俱时有能生用，非如种子自类相生，前后相违必不俱有。虽因与果有俱不俱，而现在时可有因用。未生已灭，无自体故。依生现果，立种子名。不依引生自类名种，故但应说与果俱有。

种子第二义为"果俱有"，"谓与所生现行果法，俱现和合，方成种子"。此中有三义：（1）"俱"，就是说种子要望所生现行果法、同时存在而不相离，俱时现有，方名种子。（2）"现"，基师说"现"有三义：显现、现在、现有。显现义，否定无性人第七识为种子，果不显现故；现在义，否定因果前后相生为种子（如上座部，因在灭、果在生、灭时引果、生时酬因）；因为未生的东西与已灭的东西，没有自体，所以过去与未来无有"因"的作用，不能成为种子；惟有现在的东西，才有"因"的作用，方能成为种子。（3）"和合"，即种现相生，三法展转。因与果，即种子（潜力）与现行（现实）是两个不同的相反对立的范畴。因与果同时而有，现在而有，和合而有，所以种子与现行、因与果在对立中是统一的。其义如图：

又种现和合者，种能生现，为因果和合；现能生种，为能所熏和合。又《摄大乘论》第二云："不生现行，名为种类，生现行时名为种子。是以种有二义，种生种名为种类，种生现名为种子。"故《识论》："依生现果立种子名，不依引生自类名种，故但应说与果俱有。"

种子第三义为"恒随转"，《成唯识论》卷二云：

> 三恒随转，谓要长时一类相续，至究竟位方成种子。此遮转识，转易间断，与种子法不相应故。

宇宙间一切物质（色法）与精神现象中，恒时相续无有间断转易者，惟有第八阿赖耶识。种子未现行时，要常随这个能执持它的阿赖耶识（不同意经部六识等能执持种子），转变生起，直至佛果位以前，都无间断、无转易、一类相续，可为宇宙万有诸法之因者，方为种子。此义即否定七转识与色法等为种子。因为转识中，第七末那识，虽亦到究竟位断尽，但在入地见道时，即已开始有无漏转易，而有间断。如第六识入法空观时，第七识便与平等智相应。故非长时一类相续至究竟佛果位，不能为种子；亦否定色法为种子者，到无色界，根身等色法间断而不相续故。

种子第四义为"性决定"，就是说种子要随其能熏因力的善恶等性质各别决定，从此物种还生此物。善种子决定产生善现行（现实），而不产生恶现行；恶种子决定产生恶现行（现实），而不产生善现行。因为"结果不包含原因中所没有包含的"（黑格尔语）东西。小乘"有部"（一种学派）等说善的东西与恶的和非善非恶的东西为因，这是不对的。《成唯识论》卷二又说：

> 四性决定，谓随因力，生善恶等功能决定方成种子。此遮余部，执异性因，生异性果，有因缘义。

这是说要随其能熏因力的善恶等性质各别决定，从此物还生此物。能熏的现行因是善，所熏的种子亦是善，此善种子所生的现行亦是善，名性决定，恶与无记也是这样。黑格尔说："结果不包含原因中所没有包含的东西。"这点以玄奘为首的唯识学与黑格尔的辩证法观点完全一致。此义否定小乘有部执三性互为因果并谓善不善业感无记根身果，亦有因缘义，所以称五根身为异熟果。此有二失，一不办自体，二性不相随，故非种子。

《成唯识论》卷二又说：

> 五待众缘，谓此要待自众缘合，功能殊胜，方成种子。此遮外道执自然因，不待众缘，恒顿生果；或遮余部缘恒非无，显所待缘，非恒有性，故种于果非恒顿生。

就是说现象界一切事物的生起必有一个主要的根据，此主要的根据即是种子。

种子第五义为"待众缘"，就是说现象界一切事物的生起必有一个主要的根据，此主要的根据是种子，而种子发生现行果又必有其条件。根据是因，条件是缘。主要根据只有一个而条件则有多种，所以叫"众缘"。种子要待"众缘"和合，它自己发生转变作用以后，才能生起现行果。"果的产生就是质的变化。除非所有的因聚集起来，达到必须的限度（量），这种质变（与因完全不同的果产生）就不会发生。因此，这种因果观包含了质变（果），也包含了引起这种质变的条件——量（和合因缘）。""众缘"究竟指些什么东西，如就意识而言则有三种：一作意（相当于注意），二根（感觉器官），三境（认识对象）。因此意识的生起，必定要以意识自己的潜力（种子）为主要根据，还要有注意、感官以及认识对象三者为条件，乃能生起。

此义批判的对象有二：第一如印度诸外道（佛学以外各学派）说只消"自然"一因，不必待众缘，即能顿生结果，这是不对的。第二缘既然是条件，那么，条件有时是具备的，有时又没有具备，种子不一定生现行果，就是所待的缘（条件）有时缺少的缘故，所以小乘有部（一种学派）说"缘体恒有"，这也是不对的，是一种形而上学的观点。《成唯识论》卷二又说：

> 六引自果，谓于别别色心等果，各各引生方成种子。此
> 遮外道执唯一因生一切果，或遮余部执色心等互为因缘。

种子第六义为"引自果"，这是色法种子但能引生色法现行自果，而不引生心法，心法种子但能引生心法现行自果，而不引生色法，叫做引自果。此义否定对象有二：一、否定外道执宇宙唯有一个原因，能产生宇宙森罗万象、林林总总差别不同的果法；二、否定小乘有部执色法可为心法的因缘，心法可为色法的因缘。两者都非引自果之义。宜黄大师谓："余部互为因缘者，此指有部五与因之一计也。五与因如次：（一）色与色，心与心（今此不破）；（二）四蕴（受、想、行、识）与色，色不与四蕴，心法强，色法弱故；（三）色与四蕴；（四）色与四蕴，四蕴与色；（五）五蕴更互为因（今此正破）。"❶

《疏钞》云："彼宗由现在四蕴，能招未来色蕴，作因缘性，由色蕴为因生余四蕴，为因缘性也。"基师《述记》批判："此即不然。唯引自果，因果随顺，功能同故，名为因缘。若增上缘，义则可尔。如何色等与心为因，不相随顺，功能异故。"

种子先就来源，竖说本始；次就种子内容，平说六义。其实概括不尽，如遮外种，应再加极隐微一义。如但言种子之自相，则一刹那灭明其体之有生灭，三恒随转明其体之不同兔角龟毛，有此二义已足。其余四义，皆因遮遣余法而立。如单言遮遣实则六义皆有简别：第一刹那灭，是简执真如；第二果俱有，简执前后因果定相离异；第三恒随转，简七转识等；第四性决定，简有部

---

❶《唯识讲义笔记》卷三，第18页。

执异性因生异性果等；第五待众缘，简执恒常不动的自然因等；第六引自果，简执唯一因生一切果等。所以种子定义不可死执六义求之，因具六义，亦不必为种子。论谓不见真如不了诸幻，今特恃义解而知其影相，安可执为死法乎？

基师云："上六义中言唯内种具有六义。然世亲《摄论》亦通外种。"❶故基师又云，六义遮简之中"不遮色者，色法外种亦具此六义，故假名种子"。❷外种六义者：

一、刹那灭，种子生已无间必灭。

二、果俱有，如莲花根，非因灭坏其果方生，根茎同时故。

三、恒随转，根住乃至成熟，就一期言，前后相续亦名恒转。

四、性决定，从此物还生此物，如谷种还生谷种。

五、待众缘，若于此处此时有日光水土等，即于此处此时得生。

六、引自果，如谷麦等种唯能生谷麦等果。

外种子虽亦具此六义，但是假名种子。凡自相安立的缘性名胜义实有，在缘起上依名计义而假相安立的名世俗假有。外种假名种子者有三义：一无实体；二唯识所变，三是现行，故谓之为假。

上面说明内外种六义，唯内种是实，外种是假，但是这具有内种六义的，究竟是谁呢？《识论》云："唯本识中功能差别，具斯六义，成种非余。外谷麦等，识所变故，假立种名，非实种子。"这是说具备六义的是指含藏在阿赖耶识中，能生宇宙万有诸法的功能，不是指现行的阿赖耶识。赖耶虽名"一切种子识"，但基师有云："言一切种子识，含藏一切法，能生一切法，名一切种。非彼

---

❶《述记》卷十四，第 10 页右。

❷《述记》卷十四，第 1 页左。

现行能生自种，种虽依识现行，自体是识所缘不同于识。故识现行，非名种子。"❶种依于持种者，即赖耶之现行，现行之谓持。然种子是所缘，持种之现行赖耶是能缘，故现行赖耶不名种子。

唯本识中功能差别，具斯六义，成种非余。

具备上述六义的，唯有第八根本意识中能生结果的那种功能（潜势力），故名此功能为种子；至于外界的日常所见的谷种麦等种子，是依世俗见解假立种子之名，其实它们都是从第八根本意识中的谷、麦等种子而生，都是现行果（现实），并非种子。

以奘师为首的瑜伽学者分析八识中的种子与现行的因果关系以及种子六义，具有非常丰富的辩证地思维方法，是肯定的。

（二）种子为生引二因

种子与人生（泛言众生）的关系，可为生引二因。《识论》云："此种势力，生近正果，名曰生因；引远残果，令不顿绝，即名引因。"玄奘大师谓："世亲约法体解释，有情无性，皆有生引因。"❷无性解释种子与现行，都通胎、卵、湿、化四生有情。我们此处只言人生。生引二因，即言十二有支，如图可解：

---

❶《述记》卷十四，第10页左。

❷《唯识讲义》卷三，第7页。

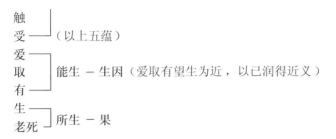

十二有支为说明生死因果而建立。生死非他，五蕴种子生现行之种种分位（阶段）而已。有情死后，尸骸犹在者，第八执持，但无觉受，故非顿见消灭，又不同于生时之有知觉也。

以上根据《识论》，（1）说明种子的产生，由于熏习、谈所熏、能熏各具四义；（2）种子的来源，谈本有、新熏（始起）与本始三家，而以护法本始之折衷说为优；（3）种子的内容有六义，内外种都具足六义，所以具六义不必即为种子，而真正具六义的种子，乃摄藏于赖耶中，而为产生宇宙万法的功能。

种子学说源于弥勒菩萨所说之《瑜伽师地论》，亦称《大论》。《大论》卷五就因缘果三法展转推论，而"建立有七种相"：

一、谓无常法是因。

二、虽无常法与无常法为因，然与他性为因，亦与后性为因。

三、已生未灭方能为因。

四、虽已生未灭，然得余缘方能为因。

五、虽得余缘，然成变异方能为因。

六、虽成变异，必与功能相应，方能为因。

七、虽与功能相应，然必相称相顺，方能为因。

《大论》七因与《识论》六义对应如下表：

无著根据七因于《摄大乘论》建立种子，至《成唯识论》，而益臻精密，以十门辨之。

种子关系宇宙人生的奥秘，极为重要，故《识论》以十门辨种子，今略言之：

一、出体：为种子体者，功能也，能量也，力也。一切山河大地，皆能与力为之，八识见分相分，亦能与力为之。又种为功，果为德，合种果而成功德。

二、一异：前辨其体，此状其相。世间法皆幻有，种子与赖耶识，不一不异，乃见其为幻。就体用而论，赖耶是体，种子是用。体是用之体，用是体之用，摄用归体，性皆无记，故二者不异；若以体用各别而论，赖耶是无记，种子熏于三性诸法，又现行为三性诸法，必然通于三性，赖耶与种又异其性，二者又不一。虽然，此就有漏种子而言，若是无漏种子，其体性纯是无漏。赖耶唯是无记，其性又各不相同。

三、假实：种子与诸法，虽不一不异，而与诸法为因缘，故是实有，非如瓶等，是色法所生之果体，故是假有。

四、二谛：种子依道理世俗谛说为实有，虽亦通胜义实有，如入真胜义谛中则是假有；真如在胜利谛与世俗中皆是实有，故《识论》说"不同真如"。《瑜伽师地论》说四重二谛，可见种子安立之处，如下表：

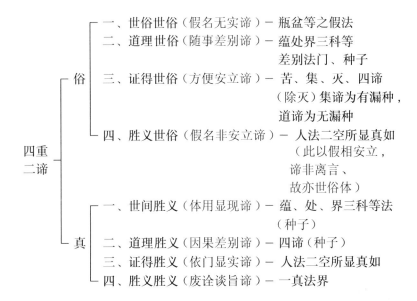

《识论》云："种子唯依世俗说为实有，不同真如。"这里有二义须说明：一是有，二是实有。（1）有：依表中四重二谛来分析，则俗谛中有第二"蕴处界三科"种，第三"四谛"，除灭谛而外，集谛有有漏种，道谛有无漏种；在真谛中，有第一蕴处界种，第二集谛道种。（2）实有：种子在四种俗谛中是实有，在四种真谛是假。初之蕴处界三科，依缘而起，为幻化假；次之四谛，依因果而施设，为相对假；第三人法二空所显真如，为见虚无体假。唯第四"一真法界"，实而不假。

四真谛四俗谛之中，蕴处界三科，苦集灭道四谛，人法二空等法，为智所缘，亦为慧所缘。又俗谛种虽通真谛仍为假有，无漏种虽通俗谛仍实有。

五、四分：种子虽依第八自体分，而是所缘（即所知）属于相分（赖耶自己之种，为赖耶自体所含，亦为赖耶所缘相分），见分恒以此为所缘之境。

六、三性：一切有漏种，均与第八异熟识体无别，属无记性。其义如图：

$$本识 \begin{cases} 体－现行 \\ 用－种子 \begin{cases} 体－无记性 \longrightarrow 摄用归体 \\ 用－三性（引自果）－体用别论 \end{cases} 相分 \end{cases}$$

七、本始：辨种子今昔有无，以第三家护法本始之义为优。已如前说。

八、六义：种子具六义，已如前说。

九、内外：内外俱有种子，外种以分位假立。

十、四缘：种子属亲因缘。

（三）种子余义

1.种子的异名

如前所述，种子有各种异名，仅就其能生现行（即现象界）而言，名为种子。种子又名用，"用未发现，喻名种子；用已显明，是称现行"。又名因，"种子发动而将趋是为因，现行已成是为果"，"因就自性言名种，果就能变言名现"。又名功能，因为它有极大的功用和能量的缘故。又名为力，一切山河大地，见分相分，皆其力之所为的缘故。又名熏习，因为它是由现识熏令生长的缘故。又名习气，又名气分，因为它虽顿起顿灭，而刹那刹那、念念相续的缘故。又名随眠，因为它潜伏于赖耶之中，随逐有情，流转于三界之中的缘故。又名粗重，因有漏种体性污染，令有情身心不得轻安的缘故。又名为缘，缘虑缘籍，次第发生有条不紊的缘故；又名为动，亘古亘今；恒动不息的缘故。

Ⅱ.种子非物非心，宇宙的本体非物非心

心物问题是普通哲学上的根本问题，而唯识中所谈的种子，既不是物，也不是心，从上面所举它的异名来看，有漏种子相当于现代物理上所谓的"能"。

"在爱因斯坦以前，科学家说世界上的一切，可以分为两大类，一是物质，二是能。物质之间可以互相变换，譬如水可以变冰，冰也可变水；能之间也可以互相变化，如电可以变光、变热，光热也可以变成电。可是物质和能是两件基本元素，不能互相变换。一直到爱因斯坦用数学计算，发现物质和能也可以互相变换。这就是著名的 $E = MC^2$ 方程式。最初很少人相信这个说法，直到原子弹（物质）爆发后（变成大量的热和光），再也没有人怀疑物质也是能的理论了。如此一来，宇宙间的一切，都是'能'在各种不同条件下变现出来的现象。"❶

这个"能"只是人类用来表示一种概念的名词，英文称它为 Energy。这也是人定的一种名词，至今尚无法严格地下定义说明 Energy 究竟是什么（非色非心）？或者"能"究竟是什么？❷

Ⅲ.能即是种子

"在二十世纪初期，人们认为原子是宇宙间最小的因素，小到不能再分，它好像是一个实体的单位；直到近百年来，由于核子能的发现，才知原子也是人假定的一种'能'的表象而已。其实这些都是'能'，因种种因缘而显现出来的表相，人类就因为这种变化多端的表相，而生出复杂的情绪，造成社会的喜怒哀乐。依

---

❶ 沈家桢《金刚经研究》，第 127—128 页。

❷ 同上，第 127 页。

佛法讲，业报因果，生死轮回，无不由此而生，实则都是能的变化，并无实质。"❶这里所说的"能"，与含藏于阿赖耶识中的种子，是一回事。

Ⅳ.能即是空

"不论是有情或者无情的众生，其本性都是能，都不可捉摸，都是无形无相，这就是宇宙的真相……如果我们将'能'字换成'空'字，又有什么不同呢？这还不都是人定的名词而已！如此就变成众生本空，但在人们的眼睛之中，众生依然遍地皆是。"❷

"从现代科学理论，宇宙万物的最后本质都是'能'。然则'我皆令入无余涅槃而灭度之'，不但众生灭度，我也灭度。换句话说，一切都是能。所以佛说无我相、人相、众生相，既然一切都是能，还有什么我、人、众生之分？这就是'如是灭度无量无数无边众生，实无众生得灭度者'。因为众生都是能，本来不生不灭，那有众生得灭度？这就是佛所教的大智。"❸

宇宙万物的最后本质是"能"，能即是空。法相唯识学亦认为宇宙万有的本质是种子，种子即是能（功能），能是般若学上的空。在种子说学上，瑜伽与般若可以融合了。

Ⅴ.一切都是相对的、全息的

本世纪最伟大的物理学家爱因斯坦，在世纪初提出了著名的"相对论"，他认为，在接近光速运动的物体中，时间会"变"慢，从而证明时间的相对性。时间如何变化，依于观察者的速度，空间

❶ 同上，第147页。
❷ 同上，第129页。
❸ 同上，第228页。

也是一样是相对的。❶

后人在大量的实验中证明这一点,如大部分亚原子粒子,它们的"寿命依赖于它们运动的速度"。

王存臻、严春友合著的《宇宙全息统一论》一书在谈到"时间全息律"时指出:"标准时间本身是不变的,运动着的只是时间量子,而标准时间没有过去、现在、未来的区别,过去并非过去,未到已经到来,过去、未来皆现在……"

由此,他们进一步推断,现在存在的诸事物便是"未来"那一事物的"缩影",由这一小"影像"中,有的"人"可以看到他或它的未来。即是说:"现在是包含着过去,过去存在于现在之中——由此必然得出:现在也存在于将来之中,将来也存在现在和过去之中,于是,过去、现在、未来全息。"

佛也如是说。唐代华严宗创始人法藏大师认为:诸事物皆有过去、现在、未来三世,每一世又各有三位,这九世既相隔有别,又融通无碍,同时存在于一念之中,即一刹那中便同时包含着过去、现在和未来的一切事物。

现代另一位高僧宾达喇嘛谈佛家沉思(悟道)中的空间感受时道:在这种空间的经验中,时间的序列转化为同时的共存,是事物的并列存在。

高僧宾达喇嘛又说:对于彻悟的人来讲……他的意识把握了宇宙,对他来讲宇宙就成了他的"身体",而他的身体则是宇宙的体现。

---

❶ 李志强《慧的世界——陈林峰大师和他的几重境界》,第56—57页,人民体育出版社,1994年第1版。

科学家赫尔曼·闵可夫斯基也在二十世纪初提出"封闭宇宙"的概念,认为这个宇宙中,一个物体(一个人、一张桌子等)从生到灭的轨迹就是一条宇宙。这样的宇宙是静态的,它没有过去、现在和未来。在观察者的意识介入之时,他便把意识觉察到的那一刹那的时空整体定义为现在。

美国心理学家之父威廉·詹姆士指出:一种称之为心灵仓库和人类所有感受记录的东西都是确实存在,心灵敏感者可将其挖掘出来,获得关于过去和未来的信息。

柯云路在《人类神秘现象破译》一书中写道:根据佛教经典,佛陀(释迦牟尼佛)及某些高功夫弟子,能够不必逐年、逐月、逐世地向前回忆,而是任意确定时间上的一点,并立即能够看到这一点以前和以后各生各世的情况。

四、两种时空观

(一)法相唯识学的时空观

玄奘大师的法相唯识学,对时间简称时,空间简称为方。

时,《杂集》云:谓于因果,相续流转,假立为时。由有因果相续转故。若此因果,已生已灭,立过去时。若此未生,立未来时。已生未灭,立现在时。

方,《杂集》谓于色法遍布处所,因果差别假说上下东西等方。

时与方,即时间与空间,从唯识学的观点而论,时间和空间,既不似色法(物质),也不似心法,是依色心等分位而假立,名曰"心不相应行法"。《大乘广五蕴论》云:"云何心不相应行,谓依色心等分位假立。谓此与彼,不可施设异不异性。"所谓"不相应"者，不相似义。言此"不相应行"法，是分位假法，不与色心等有实自体之法相似故，应云色心不相应行法，今独名心不相应者，心是主故。此分位假法，亦与色心等法同名为"行"，言其非"无为法"故。行者，迁流义，相状义，宇宙间一切心与物，迁流不息而有幻相显现，都无独立实在之自体，亦非固定不变，故谓之行。时与方既是心不相应行法，所以时间和空间，都是依色（物质）心等分位而假立的，它本身无实自体，与诸行一样，都是迁流不息，变动不居，而又有幻相显现。时间和空间，与所依之色心法，不可说定异，它就是色心上的分位故；又不可说定不异，它毕竟是色心上之分位，而不即是色心故。故云："谓此与彼，不可施设异不异性。"

时空是宇宙万有存在的总相，宇宙万有诸法的种子，遇缘幻现（迁流不息之谓幻）而为时空，时间和空间，既是对立的，而又是统一的，二者不一不异。时空与心物，既是对立的，而又是统一的，二者不一不异。

另外，"三法印"中之"诸行无常"，为大小乘所共认。诸行无常之"诸行"，即宇宙心物万象之总称。"无常"，即心物万象，迁流不息，无有恒常不变之体义。《大智度论》（卷五十二）云："若法无常，即是动相，即是空相。"无常即是变动不居，故曰是动相，既是变动不居，即无实自体，故曰是空相。空者，谓色（物）心诸行自体空故。

值得注意的是，法相唯识学的时空观，竟与现代物理学家、天文学家们通过数学计算、逻辑推理、科学实验所得出的结论不谋而合。F.卡拉普认为："在亚原子的层次上，可以找到现代物理学对立统一概念的例子。……粒子既是可分的又是不可分的，物质是连续的又是间断的。力和物质不过是同一现象的不同方面而已。……空间和时间这两个概念似乎是截然不同的，但在相对论物理中却得到了统一。这样根本的统一，是刚才提到的那些对立统一面的基础。就和东方神秘主义对立的经验的统一一样，它发生在更高的层次，即更高维的领域。而且和神秘主义的体验一样，这是一种动态的统一。因为相对论时空的实在本质上是一种动态的实在。这里的物体就是过程,而所有形式都是动态的模式。❶

对亚原子世界（宇宙）的探索，揭示了一种实在。它是超越语言和推理的。迄今为止被认为是对立的、无法相容的概念的统一是这种新实在最显著的特征。

在相对论物理学的四维世界里，力和物质是统一的（前面我们说过，欧阳先生认为唯识学上的"种子"是一种力,非色非心,充满宇宙），物质可以是不连续的粒子，或者是连续的场，但是在这种情况下，我们无法形象地看到这种统一。物理学家可以通过他们理论的数学描到四维的时—空世界的"经验"，但是他们的视觉形象却局限于感觉的三维世界。我们的语言和思维是在这种三维世界中发展起来的，因此很难处理相对论物理学中的四维实在。

相反，东方的神秘主义，似乎能够直接具体地体验高维的实在。在深刻的沉思状态（即静态），他们可以超越日常生活的三维世界而体验到完全不同的实在，即所有对立面都统一为有机的整体。

---

❶《物理学之道》，中译本名为《现代物理学与东方神秘主义》，第120—121 页。

这里所说的超乎语言和思维的"高维的实在",就是辩证的对立统一的实在,在佛法体证中经常讲到,即如同书所云:"在佛教中,宇宙网络的形象,就起了更重要的作用。《华严经》的核心,就是将世界(宇宙)描绘成相互关系的网络,所有的事物和事件都以一种无限复杂的方式相互作用。"龙树说:"事物是通过相互依赖而获得自己的存在,它们本身一无所有。"

近代中国佛教之父杨仁山大师在论"法界"时说:"无始终,无内外,强立名,号法界;法界性,即法身,因不觉,号无明。"(《佛教三字经》)法界是大觉大悟的圣者所亲证的境界,法界超越时空非语言所能表达,非思维所能揣度;就时间而言,长劫入短劫,短劫入长劫,起点即是终点,终点即是起点,故时间无终始;就空间言,芥子纳须弥,须弥纳芥子,小中有大,大中有小,你中有我,我中有你,故空间无大小。时空对立,而又统一于法界之中。宇宙中所有的对立面,如生与灭、断与常、一与异、去与来,乃至禅宗六祖慧能大师的三十六对法,都统一于法界之中,法界是大觉大悟的圣者所亲证的境界。

宜黄大师论时空问题云:"龙树讲三世,以现在半为过去、半为未来。《大论》解三世,更分为法相、唯识、神通之三种。法相就种言,唯识就相言,神通就证言。以种子亘古相续,故可分言三世。唯识从见分变三世相分而缘,亦得分三。神通能通,非是迷信。如平常人不忆过去事,乃弱种未为强缘引动不能现也。至静中入定,过去,即明明现行,由此推知神通三世都是亲证。"❶

---

❶《唯识讲义笔记》卷二,第 12 页。

（二）精神与物质相待而立

黄念祖老居士在所著《佛说大乘无量寿庄严平等觉经解》中说到："本经称为中本《华严经》，经中所诠之一切事理，即《华严》之事理无碍、事事无碍之一真法界。"并引用现代最新科学成就，以证明独立绝对的物质、独立绝对的时间和空间是不存在的。

现代物理学认为物质者，只是人之错觉。爱因斯坦曰："物质是由场强很大的空间组成的。……在这种新的物理学中，并非既有场又有物质，因为场才是唯一的存在。"爱氏物质形成于场（场乃具有能量强度之空间，其中并无一物），并唯有场是客观存在。另一大科学家赫尔曼·外尔亦谓："一个物质粒子，例如电子，只是电场的一个小区域，其中场强的值很高，这表明在很小的空间，集中了相当大的场强。……事实上，任何时候也不存在构成电子的物体。"是此二人均谓物质只是场。另一位科学家杜·布洛伊则认为"一切物质都是波（无线电波）"。以上之说，皆显粒子二重性——颗粒性与波动性。所谓颗粒，正如爱氏等所指，只是场强较高的空间。故当代西方科学界先驱艾德·蔡安指出："宇宙物质各系统，一般可归纳为物质、能、电荷等等，一概都是归于零（空）。"以上论断，皆成为《心经》中"色即是空"之科学根据。

艾德·蔡安继续云："（一切所有）既归于空，当然亦能从空形成，随时均可成可灭。"又例如日本科学家松下真一所著之《法华经与核子物理学》曰："阳电子和电子发生冲突（指碰撞等）时，在一刹那，所有粒子（指上述电子）都会消灭，而变成两个光子，成对的生成或消灭。"又，"元质点的世界，是一个反复'生成'和'消灭'的世界。"又，"这不就是佛教所说的'空即是色'以及'色即是空'之物质上（指物理学）的模样本身吗？"

近代科学界不但从微观世界实验中，证明物质形成于空，变化坏灭，反复不已，并在宏观世界研究中，取得同样的结论。天文学家霍金斯云："星点旋系从强度高能的虚无之中形成。"科学家已证实大宇宙出生于虚空，各种天体（星云、星球）皆在不断运行，不断生成和消灭。从空而有，因有而住，从住坏灭，复归于空。例如猎人星座距地球十五光年，是距地球最近之星座。从夏威夷猫娜基山顶，用无线电望远镜摄得猎人座星云爆炸散（坏灭归空）后之照片，后复用红外线，摄得正在初步又形成新星云（从空复成）之照片，此实为星云宇宙由老到坏、灭又再生之最佳科学之证明。猎人星座现正处于形成之初步，如新生之星体其数无量。星体经成、住而衰老，乃发射红光，称为红光巨星。太阳系中之太阳再经六十亿年，即将老化为红光巨星。倘更趋衰老而濒临毁灭时，天文学家称之为白光矮星。因即将崩溃，乃竭尽残力，辐射白光。星体缩小，最后突然爆炸而毁灭，复归于空。宏观世界中反复迁变，吻合于佛说之宇宙规律——成、住、坏、空。

再者，天文编号为M87之无线电波星云旋系，从非物质之无线电波区，喷出长达一万光年之光炬，其中为高速高能电子。从非物质之中，亦即从虚空中，而射出物质，实为惊人的发现。从"空"转变为"有"，故"有"的本源即是"空"。上述种种科学实验，若联系佛学，则显现为"有"，即假谛；本体为"空"，即空谛；空，有不二即中谛。天台宗基本教义之空假中三谛三观，现正由科学实验而日获证明。

（三）时空是色心分位的假法

不但独立绝对之物质被科学界否定，时间与空间亦有同样遭遇。爱因斯坦相对论，抛弃牛顿氏绝对时空之概念，指出时间与空间皆是相对的，彼等皆依赖于观察者之状态。若观察者运动速度可与光速相比，当其相对于观察者之速度继续增加时，时间之间隔即将延长（亦即运动者之时钟变慢）。至于空间（具长、宽、厚三维，兹以长度为例），相对论证明：一个物体之长度，与其相对于观察者之运动速度（可与光速相比）有关，速度续增，则此物体之长度在运动之方向收缩。由上可见，，运动者所经历之空间与时间，均依赖于其与观察者之相对运动速度。（所有与空间、时间有关之测量亦同样是相对的。）于是某一观察者视为同时发生之事，另一观察者则可能视为不同时。（浅例：假设有一列火车正以高速〔可与光速相比〕离开A处向B处飞驶。恰巧ＡＢ两处同时有闪电落地。车内所见，则为Ｂ处之闪电先落。但ＡＢ中间Ｃ处有一人静坐，此人所见则为两闪电同时落地。）故知绝对独立之空与时，俱不存在，只是人之错觉。

相对论物理学中，于三维之空间坐标上，加入时间，作为第四维。两者相互联系，而构成四维时空连续区。四维空间之实况，当人之思念，未彻底脱离妄想执着之前，则无法了解。但可从三维与二维空间之对比，而猜测四维与三维空间对比之情况。人为三维空间之生物，本身亦是三维，人可在地面投射一个影子。地面可理想化为一几何平面，即是二维。假设此二维空间有生物，则此生物所能觉察者，只此影而已，绝不能知此影之源，亦无法估计此影将如何变化。至于弄影之人，则可随意变化影之形相，并预知此影将于某时可达某处。(此即俗称之预知未来。人对地面所有一览无余,即俗称之透视,可使影子忽有忽无,即俗称之搬运。)由于以上之对比,人可稍测四维与三维空间之对比情况。例如实际物体在运动中之长度,即四维空间点组在三维空间之投影。若欲测定物体长度,则与确定影子之长度,同样无意义。(前已提出长度随观察者相对运动之速度而变。)至于电磁波乃四维空间之波浪,每一电台发射之电磁波,皆可透过墙壁,遍布虚空。同时空间每一处,皆有各电台发射之电磁波存在。若转动接收机之旋纽,则东京、伦敦、巴黎,皆在当下。由此推想,四维及高维空间之生物,其神通妙通更应远倍于是。佛经指出欲界天中,天人皆有天耳、天眼等通,能预知众生未来死此生彼之种种情况。正因欲界乃四维及高维之空间,色界天及无色界天,维数又高于欲界天。现代科学家已承认十一维空间。圆满究竟佛陀之维数,应为无限大。法身遍满种种空间,无有障碍。

空间维数愈高,其境界愈不可思议。由此复度多空间之学说,可减少人类对佛教不可思议、超情离见、理事无碍、事事无碍法界(例如:小大相容,延促同时,一多相即,重重无尽)之疑惑。世人每以世间常识为判定真伪是非之标准。惜未知此所谓为常识者,正是主观错觉之产物耳。

日人松下真一云:"这实在很奇怪,正是现代物理学(元质点论)的真理,并用实验加以证明,这和古代的佛教思想的具体表现一样,不是令人惊叹吗?"

另外在吴叙恬教授主编的《严新大师在北美》❶一书,《推荐

---

❶ 成都科技大学出版社,1992年出版。

的气功资料》中,有许多现代科学家的理论与法相唯识学之说,不谋而合,试举几条如下:

爱因斯坦说:"物质本身是以运动和相互之间能量的关系而存在,$E = MC^2$。"

一九六三年诺贝尔医学奖获得者约翰·艾克理(Sir John Eccles)说:"神经细胞彼此之间有无形的沟通物。这就是'灵识'的构成。""人体内蕴藏着一个'非物质'的思想与识力的'自我',那是在胚胎或极幼年时进入肉体上的大脑,它控制着大脑,就好比人脑指挥电脑。人之无形的非物质识力智慧(灵识),对其物质构成的肉体大脑,施于实质的推动,使大脑内的脑神经细胞发动工作。这种非物质的'识我',在肉体大脑死亡之后,仍然存在并仍能有生命活动形态,所以生存不灭。"

著名数学家约翰·纽曼博士(Dr. John Von Neumann)说:"人体可能具有一种非物质的'灵识',控制肉体的大脑和遥控物质。"

一九六三年诺贝尔物理奖获得者尤金·威格纳博士(Dr. Eugeme Wignor)说:"人类具有一个非物质的意识力,能够影响物质的变化!"

世界著名量子物理学家约翰·阿启波特·威勒博士(Dr. Jhon Archibald·Wheeler)说:"原子及次原子世界的质点,它们的引力是完全反复无常的(Capriciously),变幻不停的……一旦受到机械或人类肉眼的观察,这些原子就起变化了!我不敢用心力和意识,来形容观察就能引起次原子反应,但是确实令人无法不联想到意识作用上。"

"宇宙的一切事态发生,都是循着因果系统而发生的……时间和空间都是空虚无有形成的，假如取消了时间，宇宙就停顿在某一须臾的永恒；假如取消了空间，宇宙就成为没有空间的混乱。没有时间，没有空间，就什么也没有了，只有空虚。"

"今天的物理学家们，分头从量子力学与相对论的两端发掘神秘大山的隧道，有些杰出的物理学家已经由质点的研究，发现了宇宙万物是几何方式交织于十一度时空空间的……"

莫斯科大学理论及实验物理学研究所的报告说："中微子（Neutrino）这个无形无体的次原子非物质，能够穿透任何物质，就算一道十亿公里厚的铅墙或钢墙，也不能阻挡它穿透过……"

太空物理学家大卫·殊拉默（Dr. David Schramm）说："中微子是有压力的，在宇宙外的虚空之中，有无限无数的中微子弥漫着，相聚着，汇合成巨大的压力，并聚成也许有六千万光年直径大的圆形大泡泡形状。中微子的压力，极可能成为形成'封闭宇宙'（与外界不发生物质交换，但存在能量交换的系统）的力量之一，可能是宇宙之间最具有主宰巨力的非物质。"

美国核物理学家、诺贝尔物理奖获得者爱米格·塞若博士，欧文·张伯伦博士（Dr. Emillo Segre, Dr. Owen Chamberlain）说："宇宙中存在一种'反物质'原子及次原子，其性质完全与物质宇宙的原子、次原子相反。在人类所知的有限物质宇宙之外尚有一个反物质宇宙。物质与反物质宇宙若相遇，可能会互相抵销化为虚空。"

五、法相唯识学与生命科学

从上所述，我们知道：（1）因果法则是宇宙万有的基本法则，因果法则即种现相生。种子是因，现行是果；现行是因，种子是果。因果法则，种现相生的核心，关键在种子。种子（功能）是宇宙万有的最后本质。

（2）种子亦曰功能，非色（物质）非心，是力用，是能量，充满宇宙，守恒不失，相似相续，亘古亘今，遇缘幻现，相对而为色（物质）心。（诚如马祖道一禅师所说："凡所见色，皆是见心。心不自心，因色故有。于心所生，即名为色。"❶故色心是相对假法。

（3）时空是现实世界（宇宙）存在的基本模式，由色（物质）心相互影响而形成，时空既与色法（物质）不相似，也与心法不相似，乃依色心分位而假立，谓之"心不相应行法"，故时空都无独立实在的自体，乃色心分位假法。色心由种子遇缘而显现。

（4）种子既是现实宇宙万有的本质，当然也是众生（包括人类）生命的本质。众生各有八识，生命根源在第八识，亦即阿赖耶识（世俗所谓"潜意识"）。阿赖耶识由摄持之自种遇缘而现行（显现），同时即与第七识互为因果，而为根身（有情世间）、器界（现实世间）。此即科学家所谓"非物质的'识我'，非物质的'识灵'，它控制肉体的大脑和遥控物质"。

（5）阿赖耶识摄持之种（功能），非心非物，有而不实。如谓种子有实相貌，又无痕迹可寻；如谓其纯属空虚，而又有其功能（能量）《维摩诘经》所谓"无我无造无受者,善恶之业亦不亡"。故云有而不实。空劫以前之种，刹那刹那，念念相续，等无间缘持至末劫，遇缘发生，而为果报之体。（古德有云：假使百千劫，所作业不亡，因缘遇会时，果报还自受。）果报体展转因果，生死相

❶《五灯会元》卷三。

续，生之前有死，死之后有生，生生死死，死死生生，沉沦于三界苦海之中，若非大觉大悟，则永无出期。科学家所谓"这种非物质的'识我'，在肉体大脑死亡之后，仍然存在并仍能有生命活动形态，所以生存不灭"。

（6）色法（物质）与心法，时间与空间，如幻如化，都无独立实在之自体。而非物质之"识我"，即法相唯识学中之阿赖耶识者，在所依之肉体死亡之后，仍然存在，仍能有生命活动，由现代医学家、天文学家、物理学家的理论和实验中得到证明。

（7）色法（物质）和心法，时间和空间，都各有其种子（功能），遇缘显现而为色心时空，都无独立实在之自体。种子为根据，所遇之"缘"为条件，众生所具备之条件都各不相同，种子显现之色心时空也不一样。故修行（或练功）的人，功行到了一定高度的层次便可以出现神通（世俗所谓特异功能）。

（8）研究法相唯识学，可以窥彻宇宙人生的奥秘。如置宇宙万有不论而论人生，法相唯识学亦可谓之生命科学。法相唯识学之生命科学，不但包括此岸世界之生命亦包括彼岸世界之生命。故法相唯识学，可谓之超生命科学。

（一）对立统一之思维方法

如前所述，从"变"的观点出发，把人们的各种心理作用分为八种意与五十一心所，心与心所，一主一从是对立的，然言心即兼摄心所，所以二者又是统一的。八种意识与五十一种心所统名"能变相"，因为宇宙间一切自然现象乃至人类社会等都是它们变现的。它们之所以能变现宇宙现象又全赖第八根本意识中所含藏的种子（潜力）所起的作用。但种子不过是根据是可能性而已，种子要发生现行（现实），还须具备"众缘"，缘是条件。换句话说，种子这种可能性如果要变成现行这种现实性的话，必须具备它所应具备的条件（缘）而后成现行。这样能变（即八种意识分为三种能变，第八识为初能变，第七识为二能变，前六识为三能变）便否定其自身过渡（转化）到所变（相见二分即能认识与所认识）去了。能变与所变，一为主体一为客体，二者是对立的，而二者都总摄于"识相"，所以二者又是统一的。

这里关于"所变"还须略为诠释。《成唯识论》卷七说道：

前所说三能变识及彼心所，皆能变似见相二分，立转变名。所变见分，说名分别，能取相故。所变相分名所分别，见所取故。由此正理，彼实我法，离识所变皆定非有。离能所取无别物故。非有实物离二相故，是故一切有为无为，若假若实，皆不离识。

前面所述的八种意识即三种能变及其相应心所，皆能变现"见"与"相"二分（二分是包括万事万物的"我"与"法"的实体），所以叫转变。前者叫"能变"，则"能变"所变现的见分与相分，就叫做"所变"。所变"见分"，因为它不断地活动与事物（内心的）相交涉，能见解事物的相状，所以叫"分别"。所变"相分"因为它不断地活动而为见分所见解的事物的相状，所以叫"所分别"。"见分"与"相分"即分别与所分别，二者皆有生灭的作用，与恒常惟一之体不同，所以叫"分"。

以奘师为首的瑜伽学者论认识的主观与客观的关系，把一心分而为二：一为客观，一为主观，两者是对立的，有非常密切的关系，不可截然划分。因为"见分"（感觉或心知，认识的自身）的生起，必定要仗托"相分"（认识对象）而后生起，"相分"的生起亦必依存于"见分"而后生起，见托相起，相由见生，两者正如黑格尔所说是"平行并进的"。❶就一能一所而言别之为二，其实不过是一个意识而已。总之，诸识所变的"见分"与"相分"，一为客观，一为主观，一为能，一为所，二者是对立的，然二者不即不离都总摄于识，所以二者又是统一的。

人类的认识过程不外二者：自己是认识的主体，客观世界一切事物是认识的客体。认识的主体即是"我"，认识的客体即是"法"，二者本来就是客观的存在，因此人们也认为二者是实在的。瑜伽学者认为"我"与"法"二者都是假的，不外是一切"凡夫"的虚妄执着，我法二者都是识之"所变"。意识变现"见分"与"相分"，能认识的"见分"于所认识的"相分"上虚妄地执着为"我"与"法"，所认识的"相分"亦相应地于自体上虚妄地显现为"我"与"法"，"见分"是"能取"，"我"与"法"的"能取"，"相分"是"所取"，"我"与"法"的"所取"。所以分析到底，所谓"实我""实法"者，不外乎是"见分"与"相分"及"能取"与"所取"而已，此外别无他物。

不仅"虚妄"的现象世果不离于意识，就是所认为"实在的本体世界"也不离于意识。现象世界如果说是意识之所变，那么，本体世界就是意识的体性。所以说："一切有为（现象界）无为（本体界）若假若实，皆不离识。"

意识变现"见相"二分，由"见相"二分妄生我法二相，而

---

❶ 黑格尔说："意识发展历程与意识对象或内容发展历程乃是平行并进的，不过意识历程为型式，内容历程为潜在而已，客观对象或内容是潜在，而意识的历程乃使客观对象真实得以实现的型式。"（前揭，第114页）

现人我山河大地。这可以说就是瑜伽学者的世界观与人生观。此中值得注意的是，这种世界观与人生观的辩证的思维方法都是从对立的统一或同一（辩证法的核心）的观点上立论。第一，心王（意识主体）与心所有法（种种心理作用）一主一从，二者是对立的，而又不离于心体，所以二者又是统一的。第二，能变与所变，一为客体一为主体，一为能一为所，二者是对立的，而又不离于"识相"，所以二者又是统一的。第三，见分与相分，一为主观，一为客观，一为能认识，一为所认识，二者是对立的，而又不离于识体，所以二者又是统一的。❶这些观点都足以说明以玄奘为首的瑜伽学者的哲学思想里闪耀着辩证法的光芒。

（二）世间净化论的终极目的——转识成智

缘起论中所言八种意识即三种能变以及所变的见分与相分，均属于意识的相状，亦即人们所"沉迷"的现象世界。人们何以会"沉迷"于此现象世界呢？是由于"无明"，即不觉悟。无明为十二有支（佛家的人生观）的第一支，《瑜伽师地论》卷八第三页云："无明者，谓由亲近不善丈夫，闻非正法，不如理作意故，及由任运失念故。于所知事，若分别不分别染污无知为体。"黑格尔也说："我们总是生活于这种错觉里，但这错觉同时也是一种推进

---

❶ 黑格尔说："譬如，我们说，绝对是主观与客观的统一。这话诚然不错，但仍然不免于片面，因为这里只说到绝对之统一性，也只著重绝对之统一性，而忽略了，其实在绝对里，主观与客观不仅是同一的，而且又是有区别的。"（前揭，第 194 页）又说："理性矛盾的真实积极的意义乃在于认识凡一切真实之物都包含有相反的成分于其中，因此认识其或把握一个对象，也就是要觉察到此对象为相反的成分之具体的统一。"（前揭，第 144 页）

力量，而我们对这世界的兴趣即建筑在这种力量上面。理念在它发展的过程里，创造这种错觉，并建立一个对立者以反对之，而理念的工作即在于扬弃这种错觉。只有由于这种错觉或错误，真理才会出现。而且这一事实里复含蕴有真理与错误，无限与有限之调解。扬弃了的错误或外在性，本身即是达到真理之一必然的阶段，因为真理之为真理，仅以它自身为目的，并仅以它自身为结果。"❶

　　一旦觉悟之后，智慧否定了不觉悟，同时即能认识意识的体性。意识的体性是本体世界，亦即觉悟世界。意识的相状是无常的，❷生灭变易的；意识的体性是常的，不生不灭的。前者是"有为"，后者是"无为"；前者是"有漏"，后者是"无漏"；前者是"染"，后者是"净"。总之，前者是"迷"，后者是"悟"。人们如何能从"染"转化为"净"，从"迷"转化为"悟"，这在实践中完全是一个对立斗争的过程以及由量变到质变的过程。这种过程，就叫转依。迷悟依于真如，染净依于藏识（详下）。转依之依，就事而言，指藏识。藏识为染净之所依，染为烦恼，净为菩提，即于藏识上转舍烦恼，转得菩提，别无二法，故曰"烦恼即菩提"。转依之依，就理而言，指真如。真如为迷悟之所依，迷为生死，悟为涅槃，即于真如之上，转舍迷理执着，转得悟理离倒。别无二法，故曰"生死即涅槃"。❸

---

❶ 前揭，第 398 页。

❷ 黑格尔说："大体看来，东方人的观点多认一切有限的事物仅是奄忽消逝，不能长存的。"（前揭，第 320 页）

❸ 参考《成唯识论》卷九，第 12—13 页。

以奘师为首的瑜伽学者认为实践的目的在乎转化意识成为正智(即转迷为悟,转染为净)。正智亲证真如,智如冥然和合所体现的即是唯识性。如何才能转化意识成为正智呢?要明白这个道理还须先研究"三自性"之说。三自性即:

第一,遍计所执性。"遍计"是周遍计度的意思,就是说人们普通的第七意识与第六意识,当它们认识一切主观(心法)与客观(色法)事物的时候,计度分别执为实我实法。此种虚妄执着的"我"与"法"自性差别,因此叫做"遍计所执自性"。这个执着实我实法的第七意识与第六意识叫做"能遍计",它所执着的一切客观(色法)和主观(心法)的事物叫做"所遍计"。这个能遍计的心(思维)与所遍计的境(对象)皆依"众缘"生起(依他起),凡心认识对象时,在这个能认识与所认识中间虚妄地执着我与法的自性,这就叫"遍计所执"。而其虚妄执着的我与法等等,不过是人们心理上所现的妄相,只有假名,并无实体。

第二,依他起性。"依"言依托,"他"指的是根据与各种条件(众缘),就是说自然界一切物质与精神(色心)等事物的生起,都要依托其他的根据与条外而后才能生起,所以叫"依他起"。如前所述,根据与条件不外乎四缘:一因缘、二增上缘、三所缘缘、四等无间缘。意识(心法)要依托四缘才能生起,物质现象(色法)只依托"因缘"与"增上缘"便能生起。这个"依他起"虽不是人们心理上的"妄相",然而它是因缘(根据与条件)所生,无自性,所以仍是假有而非实有。它又分为二类:一为染污的(迷界)依他,一为清净的(悟界)依他。"依他起"既含有这两种成分,所以它是转化意识成为正智的关键所在。

第三,圆成实性。"圆"是圆满,"成"是成就,"实"是真实。真理（真如）具备这三种意义，所以"圆成实"就是真理（真如）。真理（真如）之体周遍，遍一切事物（法）无有缺减，叫做圆满。其体常住，不生不灭，叫做成就。其体又非虚妄不实，是诸法的实性，叫做真实。它是一切事物（依他法）的实性。其次，前面所说的清净的依他，具备"离倒""究竟""胜用周遍"三种意义，也叫做"圆成实性"。

由此可知，"圆成实"与"依他起"的关系非常密切。不依他缘而生起的"圆成实"（真理），就是"依他起"的实性；从他缘而生起的"依他起"（一切事物），就是"圆成实"的假相。

其次，又依此"三自性"建立"三无性"。第一是"相无性"，它是依据"遍计所执性"而建立的。"相"谓体相，"无性"言无自性。就是说"遍计所执"的体相，不过是意识上所现的妄相，没有实体，如空华一般，体性和相状都是没有的。第二是"生无性"，它是依据"依他起性"而建立的。"依他起性"为根据与各种条件（众缘）所产生的各种事物，无有自然之性，因此假说无性，并非全无自性，如幻灯上的形象一般，非有而似有。第三"胜义无性"，它是依据"圆成实性"而建立的。真理（真如）之体胜，故云胜义。此"胜义"上没有"遍计所执"的"我"与"事物"，因此假说无性，并非全无自性，如虚空一般，无相空寂，只是众色无性所显。

明了"三性"与"三无性"之后，以奘师为首的瑜伽学者理想的实践目的—转化意识成为正智，便可进一步加以解释。

佛家终极的理想，不外乎求得真理与正智二者。真理是正智的认识对象，叫做"涅槃"，正智是认识自身，叫做"菩提"。"菩提"是梵语，是觉悟的意思，"涅槃"也是梵语，奘师译为圆寂，形容它的体性周遍湛然的意思。它是依据真理没有障碍而得圆满地显现所命名的。

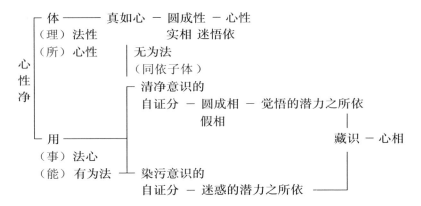

意思是说，人们的心性本来是寂净的（如上表，此表采自《唯识讲义》而加以改造），它从无始以来，就被一切烦恼的障碍（烦恼障）与知见的障碍（所知障）等"客尘"障碍所染污。由"无分别"的正智断除了染污种子（潜力），则舍弃了"依他起性"上的"遍计所执"，而"依他起性"上的"圆成实性"就得显现，叫做"涅槃"（真理），这是正智所认识的普遍的绝对的真理。其次，能认识普遍的绝对的真理的正智，也是我们本来具备的，不过，他从无始以来，就为种种知见的障碍（所知障）所障碍，由"无分别"的正智断除了染污种子（潜力），则"依他起性"上的"遍计所执"舍弃，而得"依他起性"上的"圆成实性"，叫做"菩提"（智慧）。转化意识成为正智的关键，就在乎"依他起性"。以"依他起性"为转舍"烦恼"与"所知"二障，转显涅槃（真理），得到"菩提"（智慧）的唯一依据，精神上这一变化发展的过程，就叫做"转依"。

"转依"之学，是奘师在实践问题上发挥心理解放（心解脱）

中对立斗争的过程以及由量变到质变的过程的中心环节。要理解所谓"转依"，还必须先研究所谓"性本净"的意义。吕秋逸先生说："佛家者言重在离染转依，而由虚妄实相（所谓幻也，染位仍妄）以着工夫，故立根本义曰心性本净。净之云者，妄法本相非一切言执所得扰乱（净字梵文原是明净，与清净异），此即性寂之说也。"❶

（三）转依学中之量变到质变的意义

"心性本净"为原始佛家之说，后来发展而为"一切众生皆有佛性"之义。"佛性"即人们的心性。❷"佛性"的性有两种解释：一为自体义或自性义，意思是说它是成佛的实体或佛的自性，谓之"佛性"；二为因义，说它是佛之所从生的意思，"佛性"指的是本体，是非空非不空的"中道"，是义理。此理见于人们的心上，此心即平常人的心，并无有任何特异。人们既都同有此心，何以不能感发？须知心有浅深，心的深处为"阿赖耶识"即根本意识，非人们所能知见。表面的心为见闻觉知，人们但知此为心，而于深心（根本意识）则不知为心，反执着根本意识以为我，沉沦现象界不得觉悟。不过人们虽不知此为心，不知此为"佛性"，然亦不妨其理自存，此理即"识性"，亦即"真如"（真理）。

"真如"（真理）与实践有密切不可分的关系，它是实践正确

---

❶《复熊十力先生书》。

❷ 天台、法相二家于五姓义争辩甚烈，然如空宗言众生皆有佛性，禅宗言狗子有佛性，又言庭前竹子、瓦砾无非般若，凡此皆就体说。又如法相家著述，如《法华玄赞》《慧日》《中边》等，昌明无性之义，此皆就用说，故有姓无姓，其实无净。（《唯识讲义》卷二，第46—47页）

与否的标准，叫做"依"。"依"这一概念如前所述，是由"缘起论"发展而来，"缘起论"的实际意义，在说明一切事物互相联系互相为"依"而已。"真如"（真理）是"无为法"（不待作为，不创造，也不被创造），自存自在的。它之为"依"只有助缘（增上）的意思，瑜伽学者谈实践着重在认识问题上，所以"真如"（真理）之为"依"，又有认识对象（所缘）的意思。凡是不合理（迷）的实践，都是与"真如"（真理）抵牾闲隔而进行的，凡是合理（悟）的实践，都是与"真如"（真理）随顺契合而发展的。所以"真如"（真理）是迷悟之依。换句话说，"真如"（真理）是实践认识正确与否的标准。

"阿赖耶识"即根本意识，对"理"而言，即为"事"，亦即"识相"。瑜伽学者，把"真如"（真理）作为实践的迷或悟的依据而外，又说有染净根本所依。此依就是人们的根本意识——藏识，亦即阿赖耶识。因为实践的动力是人们根本意识中所具的种子（潜力），染种子生染污"现行"（现实、实践），净种子生清净"现行"（现实、实践）。但种子如前所述，并非有什么实体如外界所见的谷种麦种那样，有形色可得而言。它（内种）不过是一种潜在的生发功能，也可以说它是根本意识的差别现象，与根本意识不能分离。现在就根本意识对于种子有能够执持的意义而言，说它为特种的依；染种子与净种子的对立斗争转变进退都根据在这上面，所以说它是"染净依"。而根本意识究竟是什么呢？不外乎平常人的心。

确定了依义及依之所在（平常人的心里）之后，再研究"转依"。"转依"就是心理解放（心解脱）。"转依"这一范畴非常重要，是以奘师为首的瑜伽学者特别标举出来的一种实践目的，即由量变到质变的心理解放（心解脱）的范畴。"转依"是用"真如"（真理）迷悟的依，与"根本意识"染净的依，两种对立的统一及其适应来谈转变。两种转依，相待相成，互为条件。由迷而悟，才能由染而净，反之亦然。"根本意识"是"法相"（事物的现象），是能，"真如"（真理）是"法性"（事物的本质），是所，两者是对立的，而两者又同属于心，所以又是同一的，统一的。

　　奘师特以"理"与"事"、"体"与"用"这两对范畴来解释"真如"（真理）与第八根本意识（阿赖耶识）。理即真如为体，事即赖耶为用。体用有四义之别：

　　1. 体中之体：一真法界，言诠不得。

　　2. 体中之用：二空真如，即方便以显实体。盖空其所空，则所不空者自显，此为即用以显体。

　　3. 用中之体：种子，为用之根据。

　　4. 用中之用：现行。当下心心所、自证变起见相二分。❶

　　见是分别，相是所别。二者皆有生灭之用名之为分，与常一之体不同。所谓见分者，乃虚空玲珑之用，凡与事相交涉者皆见也。见由相起，相由见生。遂形成宇宙间浩瀚无际之万事万物。见相二分，就能所别为二，其实则一识而已矣。故云宇宙是一大阿赖耶识。

　　赖耶有因果自三相，自相摄持，果相能引（果相就自相能引之作用说，果未生时，今已能引，是为果相），因相持种（因相对果以言，能持彼因种故）。自相为体，因果为义，义即是用，用从何来？从种子起。是以自相就（体）种子言，因果就现行言。举

---

❶《唯识讲义笔记》卷二，第18页。

现行亦可以概括因果自三相。赖耶三相具备，而后顿起顿灭，一切幻有。

现行当下一念发生，此非凭空而来，按实其物即种子自相。因果自相，有条不紊，一念之中，已尽具之，一刹那中可以悟及全体大用，则真理自显。在修行过程品，真理显明了一分，事相也就清净得一分，而以理之全显、事之全净为实践的终极目的。[1]佛家哲学的精义，到玄奘大师发挥到极尽精微的地步。这不仅对唐代及以后的佛学有很大的影响，即对唐以后的儒家思想的影响也非常巨大，新儒学（宋代理学）的产生完全是从这里胚胎出来的。陈寅恪先生知道"佛为一大事因缘出现于世……即新儒学之产生及其传衍"[2]，而未溯其源于玄奘的哲学。范文澜先生知道"法相宗讲心、性、情、意识、中道、三学……在各宗派中最精最密，给宋儒理学建立了巩固的基础"，[3]而未直探"真如"与根本意识的堂奥。两位先生的说法似都还待补充。

吕先生在复梅撷芸（名光羲，黄念祖居士之舅父）先生书中，谈心性等问题，极为重要，他说："一、法界论所说菩提心，是指心性而言。于五法属无为，于五事属真如，三性属圆成，此剋实出体也。若相随而论，亦指阿赖耶识。二、法身即清净法界，亦即清净真如，合五法而言，应具能所缘见相分。盖正智备根本、后得两类也。三、涅槃所谓佛性，亦指心性，而属无为。四、心性寂相者，心指一切心法之总相，亦概烦恼在内，犹中边之谓虚妄

---

❶ 参考吕澂《慈恩宗》下，《现代佛学》，1953 年第 10 期。

❷ 陈寅恪《冯著中国哲学史审查报告》。

❸ 范文澜《中国通史简编》，1951 年人民出版社版，第 1022 页。

分别也。性指真如，犹中边之谓真性也。寂即寂静，形容其相。众生虽不自觉此心性，而自性涅槃，原无异致，特未显著于能缘中耳。"

"初问是心性与心即离问题。菩提心偏就心性言，赖耶偏就心言，两者实不相离。所谓菩提心者，即加行、根本、后得三，三智所解证赖耶之圆成相。亦即此圆成相显现时之赖耶，故谓相随而说亦指赖耶也。此非赖耶外别有菩提心，亦非菩提心外别有赖耶。但解证得其圆成相，则称之为菩提心。不得，则泛指目之为赖耶而已。至谓菩提心为真如无为者，亦指相名有为法之胜义而言。有为名相法，在三智境相中，即成真如无为（但转依前后不无差别，此间所讲，以相与法别之。转依前，真如无为，大概指相言，转依后，大概指法言），势不能视有无为鳌然两体毫不相涉。故中边既谓虚妄分别有，又谓此中唯有空，正以其有真心性乃成其虚妄分别心耳（虚妄分别之有，是胜义说，必解得证得真性，乃无二取，乃有虚妄）。明于此，由赖耶诸门分别，自异熟一切种至阿罗汉位舍，何不可与菩提心相关，又何不相随而论也。"

"次问如来藏与赖耶乃至菩提心之异同问题。如来藏可视为菩提心之同义语。《胜鬘经》说如来藏是真性智所知，《楞伽经》说如来藏是真如、法性、实际异门，故如来藏与菩提心意义相通。由此可知如来藏与赖耶非一非异。谓如来藏为心性真如也，可（见《庄严经论》及世亲《摄论》），谓如来藏即阿赖耶心也，亦可（见《楞伽经》及世亲《摄论》）。总之，佛法根本，在众生心。此心一而已矣。无自觉时（意识执我）净相不显（谓圆成相），所知依在赖耶，而总称之虚妄分别有。自觉时（胜解无我，乃至现证无我），净相渐显，或谓之菩提心，或谓之如来藏，名义不同但不外一心而求之，亦不可剖析此心而分配之也。"

在转依学中，所谓质者指善恶染净而言，不过善恶染净亦须有"自性"与"分位"之别，前面所说的"心性本净"以及"佛性"（真理）是善是净，人们有此心即有此善净之"佛性"（真理）。此就"自性"善净而言，非"分位"的善净。若就"分位"而言，从功夫的方便立说，则有先后，说先染后净。"自性"善净与"分位"的善恶染净有何关系呢？譬如日月，自性本来是明净的，但为云雾所障，此障譬如"分位"的染或恶，一旦云尽雾去，日月自性之明自然显现，譬如"分位"的善或净。姑无论"分位"的或染或净，或恶或善，而"自性"则始终是善净的。姑无论云雾成为障或不为障而日月始终是"自性"光明的。再就它的趋势而言，人们有此"自性"善净的"佛性"（真理）为质地，才有"改过迁善""舍染趣净"以实现其"自性"善净的可能（可能性），是故"分位"虽有善恶染净，而其倾向则必然归于善净（必然性）。奘师学派在现实的实践问题上，建立改过迁善、舍染趣净、转迷为悟、净化世间之说，其理论根据就在这里。

不过"舍染趣净"，亦非易事，善净由可能性而过渡（转变）为现实性，是一个非常困难的对立斗争的过程，与非常复杂的量变到质变的过程。

从本质而论，第八根本意识中含藏两种相异的种子，一为"有漏"（现象界）种，即染种；一为"无漏"（本质界）种，即净种。染种发生染污现行（实践），净种发生清净现行（实践）。各不相同是对立的，而又同依于藏识，所以是统一的。不过人们从来就是染种发生作用，所以人们的实践总是染污的，即使有相对的善行也是染污的。如何能使此染污的质变而为清净的质呢？根据是有的，就在于人们的心上。每一个人的心都具有"无漏"（本质界）清净种子，只待条件（外缘）具备，净种发生作用，此心即可起质的变化。条件（外缘）是些什么，即佛家哲学所说义理（正法）。前七意识对这些义理见闻觉知之后，即留印象于第八根本意识上叫做"熏习"。在实践过程中，由量变到质变而终于达到"转化意识成为正智"以及舍染趣净、转迷为悟的目的，关键全在乎"熏习"，《摄大乘论》卷一所谓"多闻熏习"。闻熏之义特别重要，已如前述，此姑不赘。

（四）认识真理与净化世间（人生）的五个层次

"转依"，这是一个非常长远的过程，要经过三大阿僧祇劫（极长远的时间计算单位），修无量善行，才能办到。若论认识真理（入道）的次第，则有五位之说。《成唯识论》九卷说道：

> 何谓悟入唯识五位，一资粮位……二加行位……三通达位……四修习位……五究竟位……

第一，资粮位。第八根本意识中的无漏清净种子，在资粮位以前，还未熏习，从资粮位起，开始为前七意识对义理的见闻觉知所熏习，使它逐渐增盛，起量的变化。不过此种熏习仍为疏熏，为"有漏"（三界系缚为漏）熏习"无漏"。"有漏"是相对的东西，"无漏"是绝对的东西，两者既是相反的，"有漏"又何以能熏习"无漏"呢？意思是，"有漏"与"无漏"虽然是对立的，但是相对的有漏善与绝对的无漏善，同样是善，种类相同，亦即与"无漏种"性相随顺而不违背。"有漏"对"无漏"，虽非"因缘"而是"助缘"（增上缘），既是"助缘"，所以它能引生"无漏"。人们的精神生活能从相对过渡到与它自身相反的绝对，从"有漏"过渡到与它自身相反的"无漏",关键在于此位。

第二,加行位。言在此位更须加功用行,才能逐渐认识真理(见道),名"加行位"。这一阶段仍未生起真正无漏清净正智,所以它观察唯识的道理时,仍以"有漏"有分别的智慧在认识的对象上(相分上)变起间接的真理(真如)的相状而认识,并且还认为这个相状就是唯识的真实性。同时当它破除"遍计所执相"的虚妄相对(空),又在自心上变起一个"依他起"的缘起相(有)。虽然空了"遍计所执相",仍有"依他起相",既没有彻底消除"空""有"二相,仍为"有所得",仍未能真正认识"无相"真理。

第三,通达位。通达者,体会义。进入这一阶段以后,即发生真正无漏清净正智(能认识宇宙本质的正智),认识真理(真如),故名通达。此即十地(十个认识真理的阶段,详后)中第一"极喜地"初入地的心(每一阶段又分入、住、出三心)。这一阶段无漏清净正智初次现前认识(觉悟)真理(真如),故名"见道"。这时第八根本意识中的"有漏"(现象界)种子(潜力)已被断舍,让出地位,所以"无漏"(本质界)才得现行(现实)。这种避让关系,即"有漏"与"无漏"作助缘("增上缘"即条件)的关系,即"有漏"引生"无漏"的关系,即"有漏"过渡到"无漏",人们的认识从现象界的扬弃而深入本质界,量变引起了质变。(这里还得说明:一切事物,既以自己的种子为亲因,即无此质变为他质之理,所谓质变者,不过是自质因条件具备自行显现而已。)

唯识性的真理,其体微妙,所谓"离言自性"绝思虑言说非分别境,识性即真如,非意言境。言说以口表,口只能表世俗道,而未能表真如。亦非可以意表者,意表思想,真如超过寻思所行之境故。

"离言自性"的意思，在黑格尔的辩证法里是这样表述的："要想得到对于一个对象的真知，必须由这对象自己去规定自己，不可自外面采取些名词来加上给它。如果我们试用云谓的方式以表达真理，则我们的心思便不禁感觉到这些名言之无法穷尽对象的意义。由于这种观点，东方的哲人每每称神为多名的或无尽名的，确不无至理。"❶

故无漏清净智慧没有能认识与所认识的分别相，心与境完全相称，真理（真如）与正智慧（正智）冥然契合。正智与真如，乃唯识家所立五法中之四、五两范畴，五法谓相、名、分别、正智、真如，正智就用边能缘而言，真如就体边所缘而言。

因为无漏清净（本质界）的真实智慧，虽然以真理（真如）为所认识，但它不是在自己意识上变一个境象（变带相分）而认识的间接认识（疏缘），而是心与境面对面（夹带真如的体相）的直接认识（亲缘）。正智缘真如，夹带体相，正是面对面的会见，认识真理必须如此，所以黑格尔说："这种识见，以其内容包含有间接性在内，亦是一包含有间接性的知识。因为真正可以认作真理的内容，并不是凭借他物之物，亦不是受他物限制之物，而乃是自己凭借自己，或间接性与直接的自我相关性的统一。"❷

于所认识的真理（真如）都"无所得"，❸所以叫"无分别智"。❶

❶ 前揭，108页。

❷ 前揭，178页。

❸ 黑格尔说："心灵的提高固然是一种过渡和凭借（间接性）的历程，但同时也复是过渡和凭借（间接性）的扬弃，因为那似乎足资凭借以达到上帝的世界，也由此而被宣示为空无了。只有借否定世界的存在，认世界为空无，心灵的提高才有了凭借，于是那只当作凭借的事物消逝了，因此即在凭

不过"无所得"仅是方便，非目的也非究竟，必定要这个"无所得"也无所得，没有执着，一丝不挂，才是最好的境界。否则病去药存，药复成病。"无所得"即不可执着，而必以此"无所得"为认识真理的途径者，因为人们的心在此"无所得"的基础上展转地向前进展，起变化作用，其为质乃截然不同。此种质变就叫做"转依"，"转依"者，转其所依的意思，"依"就是"因"（真如是迷悟的因，第八根本意识是染净的因），原来是转因，现在从"果"上安立"因"名，故名"转依"。

"无分别智"，又叫"根本智"，人们依此根本无分别的深智，亲证真理后，更起有分别的浅智，了知一切现象界的事物，叫做"后得智"。人们以此二智便能认识真俗二境（本质界与现象界统一于此），知道现象世界与本质世界一切事理，再进一步地修习。

在通达位以前是有漏染污善现行（现实），进入这一阶段之后，是无漏清静善现行（现实），量变转化为质变，这一阶段以后质复转化为量了。

第四，修习位。从初地"住心"及"出心"乃至十地（详后）皆名修习位。人们在认识真理（见道）的过程中，已发生无分别智，断除了"烦恼障"与"所知障"，依生空（无人执）智与法空（无事理之执）智认识了真理。人们的心性经此一番飞跃之后，便起了根本的质的变化。此心之性虽与常人的心性有本质的不同，然其量究竟还未扩充。以奘师为首的瑜伽学者所谓心，必须涵容（执

借的过程中便扬弃了凭借。"（前揭，148页）

❶ 黑格尔说："理性的斗争即在于努力将知性所执着的分别，加以克服。"（前揭，112页）

受）一切人，一切世间（有情世间、器世间），度尽一切人，净化一切世间，乃能尽此心之量。主张破除"我执"而以"无我"为大我，无执受根身的我（具体的个体）而有不离一切人一切世间，以一切人一切世间为自体的大我。大我是我与非我的对立的同一，人们的意识本有此性质，黑格尔说："自我乃是一原始的同一，自己与自己为一，自己在自己之内。当我说（我）时，我便与我自己发生抽象关系。凡是与自我的统一性发生关系的事物，都必受自我的感化，或转化成自我之一体。所以，自我俨如一洪炉、一烈火，吞并销熔一切散漫复多的感官材料，而融为一体。"❶度尽一切人，净化一切世间，这是"悲心"的事情。所谓"悲"即此心有所不安的意思。自心不安，即一切人不安，一切世间不安，所以非提高一切人、一切世间至于佛的水平此心终不得安，此心之量终不得尽。所以说"修习位"又是一个量变的过程。

这一个量变的发展过程，是相当长远的艰苦的发展过程，把这个过程划分为十大阶段叫做十地：一极喜地、二离垢地、三发光地、四焰慧地、五极难胜地、六现前地、七远行地、八不动地、九善慧地、十法云地。此十地每一地有入、住、出三心，每一心又具加行、无间、解脱、胜进四道。将入某地的那一顷刻叫"入心"，入地久住的时候叫"住心"，久住之后渐近后一阶段叫"出心"。此中正断惑的阶段（思想的矛盾斗争）叫"无间道"，证真理的阶段叫"解脱道"，十地每一阶段皆具此二道，惟有第十地满心名"金刚无间道"，第十地的解脱道即是"佛果"。

第五，究竟位。人们到了十地满心"金刚无间道"时，即得

---

❶ 前揭，第 183 页。

"四智菩提"（正智）：第一"大圆镜智"，转变有漏染污第八根本识所得；第二"平等性智"，转变有漏染污第七识所得；第三"妙观察智"，转变有漏染污第六识聚所得；第四"成所作智"，转变有漏染污前五识聚所得（这就是转化意识成为正智，量变到质变的具体成果），并得"四涅槃果"（真理）。第一"自性涅槃"，此即本净的"心性"；第二"有余涅槃"，即虽已解脱世界而其身尚存的境界；第三"无余涅槃"，即解脱世界之后而其身亦舍弃永不显现的境界；第四"无住涅槃"，即自身得解脱之后并不贪住"圆寂"而仍然住于生死救拔众生的境界。四涅槃是由其本性及其所显现的差别而分的，其实不外乎一理。

涅槃一义，最难体会，四涅槃中有余涅槃与无余涅槃尤难理解。日人木村泰贤之说，颇为明白："涅槃（nirvāna, nibbāna）一语，由于消散（nirva）一语而来。佛陀实以此为烦恼消散之当体之义。故名之为涅槃是也。……佛陀所谓涅槃亦为积极的妙境之义。固可推察得之也。又佛陀指涅槃之境为不死（amala）。为绝对安稳（Yogakikhama），为清凉（Sitibhava），为最高乐（parama Sukkha）等，实亦对于此种积极力所见而云然。故佛陀以其心中所仰求之常乐我净之理想，得至于涅槃方为满足。其理由亦全在此也。……要之，有余涅槃之境界，自消极言，为无烦恼之妙，同时自积极言，则为感觉于常恒不变之力之根据。"

"无余涅槃之当体相……即意谓脱离五蕴（即身心）。无余涅槃之当体，为离四句，绝百非……之境界。不能以经验上有无来去等之概念计之是也。但吾人特须注意者，否定有，同时亦否定无。若虚无为真相。有虽否定，无讵非不应否定者欤？即无余涅槃之境，虽非如谓天国、神、梵、我之一种体相（此名为戏论之体），然当超越有无，为不可说、不可思议之一种存在。……无余涅槃，毕竟可谓为绝对意志其物之当体之归一。……迨后大乘《涅槃经》等，释此为常乐我净之当体，实不外道破此义。"❶

此"菩提"（正智）与"涅槃"（真理）二果，正为舍弃"烦恼"与"所知"二障所得，即舍弃"烦恼障"得"涅槃"（真理），舍弃"所知障"得"菩提"（正智），菩提涅槃之谓佛，故名"二转依"。这是一个内在的思想意识的非常复杂的矛盾的对立与斗争的过程，以及量变到质变的过程。

唯识五位如下表：

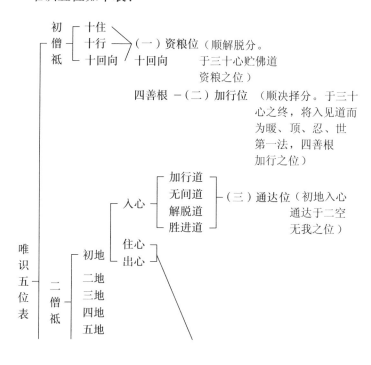

❶《原始佛教思想论》，欧阳瀚存译，商务版，第338—345页。

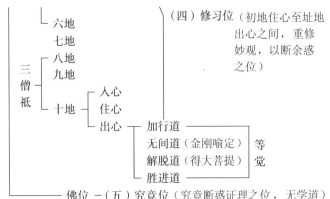

（注）每地有入、住、出三心，每心有加行、无间、解脱、胜进四道。

（五）至高无上的正智认识绝对真理的辩证关系

"转依"有四道：一能转道，二所转依，三所转舍，四所转得。

一、能转道，即能转舍（否定性）"烦恼"与"所知"二障，转得（肯定性）"菩提"（正智）"涅槃"（真理）二果的正智。此种智又分为"能伏道"与"能断道"二类。"能伏道"，即有漏"加行智"，无漏"根本智"，无漏"后得智"，此三种智慧在实践的过程中能降伏烦恼与所知二障种子的势力，使它暂不发生作用。这是内在的意识与正智的矛盾的斗争，染污与清净的矛盾的斗争，而正智与清净得到的初步胜利。其次，"能断道"即无漏"根本智"与无漏"后得智"，此二智能断除"烦恼"与"所知"二障种子，使它永不发生作用。这是内在的意识与正智的矛盾的斗争，染污与清净的矛盾的对立与斗争，而正智与清净得到彻底的最后的胜利。这种胜利不是外在的，而是内在的精神的胜利。因为意识与正智和染污与清净虽然是矛盾的、对立的，而根据同在于一心，所以两者又是同一的或统一的。总之"能转道"不是别的，即否定"烦恼"与"所知"二障肯定"菩提"（正智）"涅槃"（真理）二果的二种正智，而否定之过渡（转化）为肯定，其力量全在乎与染污意识对立和斗争的清净正智，其根据则不外乎一心。

黑格尔说："肯定是一种殊异，这种殊异是独立的，但同时与它的对方并非不相干。否定也同样是一种独立自为的消极的自我关系，但同时既是单纯的否定，只有在它的对方里它才有它的自我关系，它的肯定性。因此肯定与否定，表面上是矛盾的，实质上却是同一的。两者之所以如此，由于每方面都是对方的扬弃和自身的扬弃。于是两者便进展到根据。"❶

二、所转依，即"能转智"转舍染法（否定的）转得净法（肯定的）之所依，此亦有"持种依"与"迷悟依"二类。如前所述，一"持种依"，即第八根本意识，此识能保存染法和净法的种子（潜力），与染法和净法同为所依，无漏清净正智生起令舍染得净，即上述染污与清净两种心理类型的矛盾斗争而清净法得到胜利的过程。二"迷悟依"即"真如"（真理）。如前所述，"真如"（真理）是实践迷悟的标准（迷悟都以真理为标准），染法净法都以它为向背而得生。无漏清净正智生起，使人们舍染污得清净，转迷惑为觉悟，即迷惑与觉悟（与染污清净相对而言）两种心理状态的矛盾的斗争而觉悟得到胜利的过程。总之，所转依者，指第八"根本意识"与"真如"（真理）而言，二者又不外一心之体用而已。

三、所转舍，即"能转道"之所转舍，亦即无漏清净正智所否定的东西。此亦分"所断舍"与"所弃舍"二类。一"所断舍"，即"烦恼"与"所知"二障种子（障）。"无漏真无间道"（治）现在前时，障（烦恼与所知二障种子）与治（无漏真无间道）的矛盾对

---

❶ 前揭，第267页。

立与斗争，而障（如病）绝不胜于治（如药），此二障（烦恼障与所知障）种子（潜力）便即断灭。二"所弃舍"，"烦恼"与"所知"二障种子虽然断灭，但还有不为障碍的有漏法（善法）及劣无漏法（无漏法中之下品）二者的种子。"金刚心解脱道"现在前时，有保持作用的第八根本意识其质变为圆明纯净，不作非障有漏法及劣无漏法之所依，所以永被弃舍。总之"所转舍"的东西，都不外乎是内在的精神在矛盾的对立斗争中所否定掉的东西。

四、所转得，即以"能转道"转舍（否定的）"烦恼"与"所知"二障种子同时所转得（肯定的）的东西。此亦分"所显得"与"所生得"二类。一"所显得"即"大涅槃"（真理），其体本"真如"理。"真如"（真理）即人们的"心性"，本来是清净的，为"烦恼"与"所知"二障的客尘所蔽，令不显现。认识真理时，同时即断此作为覆蔽的客尘二障（烦恼障与所知障），其本体方能显现，叫做"涅槃"（真理）。不过本具的"涅槃"（自性涅槃即本净的心性）与认识（证得）的"涅槃"（无余涅槃），究竟有质量的不同。二"所生得"，即"大菩提"（大智慧），其体即无漏清净正智。无漏清净正智虽本来有能生的种子含藏在第八根本意识中，而为"所知障"障碍不能发生作用，今以正智的力量断除"所知障"，令无漏清净正智从种子生起，名得"菩提"（正智）。总之，所转得的东西，都不外乎是染污与清净两种类型的思想意识的矛盾的斗争中所肯定的东西。

如上所述，可知奘师的哲学思想中的转依学，充满着辩证的矛盾的统一与斗争的意义，量变到质变的意义，而矛盾的统一与斗争以及由量变到质变这两个过程又有密切不可分的联系。在染污与清净的对立斗争中，即有质量互变的关系存在。转舍一分障

碍（烦恼障与所知障）即转得一分"菩提"（正智），转得一分"菩
提"（智慧）即转显一分"涅槃"。其次"菩提"（正智）为能，"涅
槃"为所，"菩提"（正智）为用，"涅槃"为体，"菩提"为事，"涅
槃"为理，真理显明了一分，事也就清净得一分，而以理之全显
事之全净为实践的终极目的。

　　佛为一大事因缘出现于世。如前所述："必使地狱等九界众
生，同趣于佛之清净法界，此乃奘师世间净化论之终极目地。"大
乘佛学、中观、瑜伽殊途同归之最高境界，二转依之结果。

　　转依义归纳如下表：

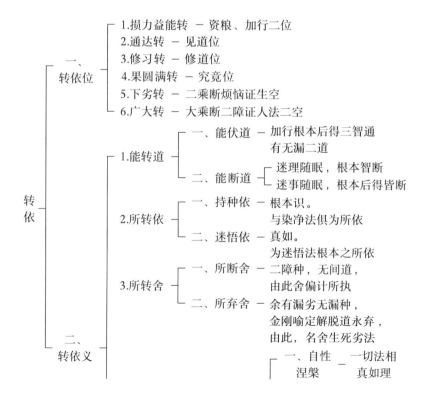

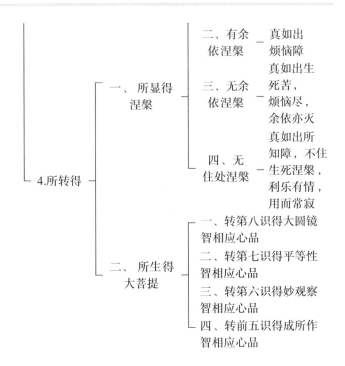

4.所转得

一、所显得涅槃

二、有余依涅槃 ── 真如出烦恼障

三、无余依涅槃 ── 真如出生死苦，烦恼尽，余依亦灭

四、无住处涅槃 ── 真如出所知障，不住生死涅槃，利乐有情，用而常寂

二、所生得大菩提

一、转第八识得大圆镜智相应心品

二、转第七识得平等性智相应心品

三、转第六识得妙观察智相应心品

四、转前五识得成所作智相应心品

第四章 中观唯智学与世间净化论

一、中道观及其辩证法因素

（一）玄奘并承龙树无著之学

中道观是奘师哲学思想的认识论亦是它的方法论。

印度大乘学有二大派，一为龙树之中观实相论或唯智论，一为无著之瑜伽缘起论或唯识论，已如前述。一般人以为龙树之学谈"空"，无著之学谈"有"，传入中国，前者就成为所谓"法性宗"，后者就成为所谓"法相宗"，奘师之学出于"法相宗"，亦即是谈"有"之学。其实不然，在唐代义净早就说过："中观则俗有真空体虚如幻，瑜伽则外无内有事皆唯识，斯并咸遵圣教孰是孰非？同契涅槃何真何伪？意在断除烦惑拔济众生，岂欲广致纷纭重增沉结，依行则俱升彼岸，弃背则并溺生津，西国双行理无乖竞。"❶

以"空"与"有"两范畴判龙树、无著之学即不妥当。实则般若瑜伽皆非片面地谈"空"说"有"，而是以非空非有的中道为归而无所偏倚的。龙树之学出于般若，而无著则并宗般若与瑜伽（参

---

❶《南海寄归内法传》卷一，内学院刻本。

看前面玄奘哲学思想师承表），所以龙树、无著二家之学实相即相贯，而奘师则并承二家中道观之学说而发挥光大之，决不可以"空"或"有"任一范畴局限奘师的哲学思想。

（二）龙树中道观的建立

中道观，是纪元二世纪至三世纪左右龙树、提婆先后创立的。龙树造《大智度论》解释《大品般若》。又以无得正观为宗，造《无畏论》十万偈，说诸法皆空不可得之法门。又从《无畏论》，拈出八不一颂，纵横分合成五百偈，立二十七观门，说八不中道，即无所得中道，是为《中论》。又从《中论》撷取精义，成十二略观门，开示般若正观，证中道法性，是为《十二门论》。其弟子继起，绍述师说，造《百论》。中论广述本宗，《十二门论》亦立亦遮，百论对外，多申遮斥。三论虽宗般若，而多申己意，是为宗经论，《大智度论》则为释经论。龙树、提婆的中道思想，具见于以上诸论之中。"有无"问题，当时在外道与小乘中争论非常剧烈。龙树首先宗《般若》《华严》《法华》《宝积》诸经提出"中道观"，企图解决"有无"问题。他说道：

定有则著常，定无则著断，是故有智者不应著有无。❶

又说：

常是一边，断是一边，离是二边，行中道，是为般若。❷

---

❶《中论·观有无品颂》。

❷《大智度论》四十八卷。《宝积·迦叶品》释中道有十三说皆以离二边为中。关于有无问题，黑格尔的辩证法是这样表述的："所谓变化的，即不啻说它们是（有），也同时是（非有）。但对于知性的范畴，我们似乎比较固执一些。我们总把它们当作坚定，甚至当作绝对坚定的思想范畴。我们认为

　　中道之义在离断常，断常即有无，离有无二边，便能行于中道。实践中道就能将外道与小乘所固执着的有无分别加以克服。不过所谓离"有无"的"有无"与一般人所说的有无，究竟不同，不能不将自己所谓"有无"这一对范畴加以诠释，使自己的意思与一般人的意思相通，这就涉及对真理相对的不同看法的二谛（世俗谛与胜义谛）问题了。

　　二谛最初的解释，有两种方式：一为"分别说"（对立的矛盾方面），一为"一切说"（对立的同一方面）。由"一切说"言二谛则二谛是一，由"分别说"言二谛则二谛对立。龙树以为二谛不过是两种不同的讲授道理的形式，而其实则一。如据"世俗"立说，则有"五蕴""十二处""十八界"等范畴的分别，如据"胜义"立说，则不生不灭。所谓"诸法一相，实相无相"，诸法相（世俗谛，即现象界）中，即含有其实相（胜义谛，本质界）。如观色（世俗、现象）真如（胜义、本质）等，都不外此义。在认识问题上，从"中道"而推及"二谛"，从"二谛"而阐明"实相"（真理），此种思想由龙树、提婆直至无著、世亲亦无有变更，到奘师更得到创造性地发展。

　　（三）中道观的认识论

　　龙树、提婆的根本思想及其要点，在乎从中道与二谛而认识实相。二家所谓"中道"乃依"空"义成立。他以为为学的目的，为了要得到解脱（心灵的解放）。入解脱的途径，即"三三昧"（正定），一切实践，总摄于"三三昧"，"三三昧"实即一"空三昧"。即

　　有一无限深的鸿沟把他们分隔开，所以那些彼此对立的范畴永不能得到调解。理性的斗争即在于努力将知性所执着的分别加以克服。"（前揭，第112页）

以此"空"义，成立缘起法中道。龙树空义虽空而宛然，清辨则一切皆空（真如亦遮），《般若灯》《掌珍论》多述此义。清辨立义何以一切皆空？答就遍计言，若计依圆亦同法执，故一切皆空（三无性义），就依他言虽空不断，虽有不常，故二谛宛尔（三性义）。《中论·观四谛品颂》说道：

> 众因缘生法，我说即是空，亦为是假名，[1]亦是中道义。[2]

> 十二因缘空，我今欲解说，假名因缘法，此即是中道。[3]

罗什译文，义嫌隐涩，道泰译《入大乘论》引此颂辞句显明，颂中含二比量：（一）缘起法是中道，空故；（二）缘起法空，假名因缘故。

苏联学者斯秋拔次基（Stcherbatcky）译"空"为"普遍相对性"（Universal Realativity）。[4]"空"的本意，似乎并非相对性亦非绝对性，相对绝对都是对待而言，正龙树所谓"二边"，而"空"是不着二边的。空的解释乃自性本空，对自性有而言。若一往而谈，即无自性，若究竟说，非有非无。以缘生故非无，无自性故非有，离

---

[1] 名是名言，《摄大乘伦》说："名有二种，一言说名，二思惟名。"思想和言语，是一种东西，思想是无声的言语，言语是有声的思想，一切事物既然都是由缘而生，都如幻梦，自然只剩名言，名言包括一切观念和意识，观念和意识都只是主观的作用，不反映任何客观的内容，所以一切事物都只是空，只是假名。

[2] 鸠摩罗什译《中论》。

[3] 道泰译《入大乘论》。

[4] 见其书 *The Conception of Buddhist Nirvana*，p42，引自《燕京学报》第 38 期 157 页。

此二边，故云中道。此第一比量以"空因"成立"缘起中道宗"的意义。如前所说，言缘起皆言四缘，所以龙树又提出第二比量即以"取因假设（道泰译假名因缘）因"成立"缘起空宗"。

空得成立，"中道"亦得成立。龙树恐义犹未尽，又依二谛形式详加分析。以第一义谛言，说缘起空，常人不能信解，以世俗谛言，说假施设，则一般人皆可信解。此二相对，亦假亦空，此二不相对，如实而言则非假非空，必合此四重义理方尽法之相而得法之实相。龙树又说：

> 不生亦不灭，不常亦不断，不一亦不异，不来亦不
> 出，能说是因缘，善灭诸戏论……[1]

所谓缘起法即"不生亦不灭……"此缘起法包含两方面的意思，一面即以不生亦不灭等辩证方法灭诸戏论，一面即是寂灭，译文却将此层重要的意义省略了。八不皆就缘起实相立说。不生者非生不生，以离生之四句故。四句者，一非生，二非不生，三非生不生，四非非生非不生（其余灭、常、断、一、异、来、出，仿此）。灭戏论即是空，无有实法可空，但空外道小乘所执之种种戏论而已。寂灭者，即空性，即由空及灭戏论所显之"空性"。灭戏论是消极的是否定性，寂灭是积极的是肯定性，一面否定，一面肯定，否定即肯定，[2]二者是同一的。灭得一分戏论，显得一分寂灭，显得

---

[1]《中论·皈敬颂》。

[2] 黑格尔说："说到这里，我们顺便须得记取德文中 Aufheben 一字的双层意义，扬弃一词有时含有取消或舍弃之意……其次，扬弃又含有保持或保存之意。"（前揭，第 222 页）

马克思说："在黑格尔看来，同时甚或主要地具有扬弃对象性的意义，因为不是对象的特定性质，而是它的对象性质在异化的过程里，对于自我意识

一分寂灭，即证得一分真理，二者是内在的对立的斗争的过程。这就是中道观的辩证的意义，亦即是龙树中道观的认识论。

如前所述，龙树、提婆在认识论方面的中心思想，不外以假成空，以空成立中道。而其要点，第一在乎显现实相（宇宙本质），第二在乎灭除戏论（外道小乘足以隐蔽宇宙本质的种种执着），在中道观的方法论方面亦是围绕这两点而发挥的。

（四）中道观的方法论

龙树、提婆"中道观"的方法论：

第一是遮遣立说。所谓"遮遣一切显示涅槃"（般若甚深义品）欲藉言说以显实相（宇宙本质），舍此别无他途。实相"离言自性"非言诠所能表达，所以道理难于自立。不过因为实相为人们的种种执着所蔽，所以道理虽不自立，而为了要破除人们这种种执着起见，道理仍须建立，如果人们的执着已破，自己的道理也就不立了。

第二是一遣一切遣。龙树从空法门立论，成立一法空，则一切法空皆能成立、所以遮遣者，即不加分别，一切遮遣。《中论》全书立说，几乎全用此法。

第三是能遣亦遣。凡言语或比量以及其他种种表示遮遣的方

是一种妨碍。因此对象是一否定的、自己扬弃自己的东西，一种虚无。对象的这种虚无性对于意识不仅有着否定的，而且有着肯定的意义，因为对象的这种虚无性正证实了它自身的非对象性、抽象性。对于意识自身，对象的虚无性所以有着肯定的意义，是因为它知道这种虚无性、这对象的存在是它的自我外在化；它知道，这种虚无性，只是由于它的自我外在化……因此扬弃起了一种独特的作用，在这里否定与保持即肯定便结合起来了。"（《黑格尔辩证法和哲学一般的批判》，贺麟译，1956年人民版，第22—24页）

法，均属于能遣。既然说一切法空，能遣亦摄在一切法中，自然应当遮遣。

第四是遣无所遣。在认识论上既然是一切法自性本空，实无所空。在方法论上，亦是如此，所谓随戏论而遣也。凡戏论执着皆依名言而生，名言性乃相对而立（名言多由共相生，共相必有对，有对即前后因果体用名实等矛盾的对立），由相对的名言，执绝对的真实，所以成为戏论。❶今只须于此戏论加以研究，明确戏论的性质，不起执着，执着自然不成，不必再用其余言说遣此言说，所以说遣无所遣。

第五是遣与理应。我们详细分析戏论，既知遣无可遣，则施设种种言说，已属徒劳，又何以不惮烦而如此说呢？由于人们不知此是戏论，此是执着，所以须得遮遣。遮遣的目的，不外乎以"无所得"为方便而与真理相应，遮遣即所以安立。遮遣是"空"，真理是"空性"，空是否定的，空性是肯定的，谈空为了显示空性，否定即肯定。❷这是中道观方法论辩证的精髓。空性既是出于否定中

---

❶ 名言所以有待，由于事物之所以有待。黑格尔说："有限之物的存在与它的对方有关联，这对方就是它的否定，也表示它的限度。"（前揭，第107页）

❷ 遣即所以安立，此意见《中论·观四谛品》。关于否定即肯定之意，黑格尔是这样表述的："因为，否定既是矛盾思辨的结果，就其是一结果言，至少同时可说是肯定的。因为否定中即包含有它所自出的肯定，扬弃其对方，无有对方即不能自存。但这种矛盾的消极的阶段就具有逻辑学的第三形式，亦即玄思的形式，或积极理性的形式了。"（前揭，192页）又说："彼佛教徒认作万事万物的普遍原则，究竟目的和最后归宿的〔无〕，也是同样的抽象体。……〔无〕之最高形式就其为一独立的原则而言，可以说是〔自由〕。但

的肯定，所以空性不是别的，即是人们的心性，因此"中道观"的这种辩证的方法论的推论，乃是一种内在的自我心性的实现与发展。❶

二、无著与玄奘对中道观的发展

龙树死后百余年（五至六世纪时代），无著、世亲兄弟成立与龙树学相即相贯的瑜伽学派，进一步发展了辩证的中道观之说。

瑜伽本般若之别名。瑜伽概括禅定中之"止"与"观"两方面而言，般若为"止观"之果，❷所以瑜伽亦名般若。瑜伽行派和宗般若学的龙树、提婆二家的关系，无著自称是补苴二家般若学之未尽者，所以说无著、世亲与龙树、提婆之学非相反而实相成，此无著、世亲二家学说的性质。而奘师又为一般人所承认得二家学说的真传并进而创造性地发展光大者，我们说中道观是奘师哲学思想的主要组成部分之一，其传承根据即在乎此。其次再从学说思想内容来看，也是如此。

这种自由，乃是一否定。因为它深入于它自身之最高限度，自己本身即是一肯定，甚至即是一绝对的肯定。"（前揭，第203—204页）

❶ 此段关于中观主义诸说多本吕秋逸师《佛学派别》讲稿之说。

❷ "止观"即佛家哲学中戒、定、慧三学中之定学，定之自性，有一分二分之别，一分或"止"或"观"，二分是止观双运。人们的意识活动如果专注一境，相续无间，即为止。进一步再于此止的意识状态（止的心相，或止的境界相）之上，从义理、事体、相状、品类、时间、道理等方面加以详细地观察，即为观。止观相依，无有先后，或由止而观，从一而趣于多，或由观而止，会多而归于一。或一或多，都无妨碍，调然自适，谓之止观双运。（此本吕秋逸师《六门教授习定论》讲义之说）

　　瑜伽缘起论或唯识论的中心思想为三性说。三性三无性为一切万有的实相，一切万有之上，每一事物皆具三性三无性二义，即非空（肯定的）非有（否定的）的中道。奘师学派将万事万物摄归一心，即以心而论，人们所认识的我与种种事物境界都不实在，不外乎是一种"虚妄分别"，这就是三性中之"遍计所执性"，而"虚妄分别"的主观认识作用本身，并非全无，它由四缘（即前述之一因缘，二等无间缘，三所缘缘，四增上缘）生起，这就是三性中的"依他起性"。在这个只不过是依他（四缘）而起的主观认识作用本身上，彻底否定掉（二取空）人们执为实有的主观能认识方面的眼耳等能认识（"能取"见分）与客观所认识方面的色声等所认识（"所取"相分），无此二取所显的真理，这就是三性中的"圆成实性"。再从另一个角度来看，人们的心上，"遍计所执性"不过是意识上的妄相，体性和相状都是没有的，就叫"相无性"。"依他起性"是从根据与各种条件（因缘）所生的，非有而似有，就叫"生无性"，在"圆成实性"上，无有遍计所执之性，无相空寂，就叫"胜义无性"。这样，在一心之上，"三性""三无性"的意义都具备了。其余万事万物，都是如此。最重要的是，在每一件事物上所具备的"三性""三无性"有两方面的意义，是对立的，相反的。以"三性"而论，"遍计所执性"既然虚妄不实，所以是应该否定的"非有"，"依他起性"从根据与各种条件产生非有而似有，"圆成实性"是否定掉主观能认识与客观所认识两方面的虚妄分别所显现的真理，这两者都是应该肯定的"非空"。非有非空，即是"中道"。这与折中主义决不相同，"中"是不偏着一边（否定的"非有"一边，或肯定的"非空"一边）的意思，如果偏着一边，则差之毫厘就谬以千里了。这个肯定的"非空"与否定的"非有"的"中道"于任何一件事物上都具备，所以我们有理由说：在奘师的哲学思想里，看每一件事物，都是一个"对立面的统一"，一个统一于非有非空之中的中道。

因此，所谓中道者，亦即离有无增减二边的意思。《成唯识论》卷七说道：

> 远离增减二边，唯识义成，契会中道。

所谓"远离二边者"，基师《述记》（卷四十二）谓："无心外法故，除增益边；有虚妄心等故，离损减边。离损减边，故除拨无如空华（恶取空）清辨等说；离增益边，故除心外有法诸小乘执。唯识义成，契会中道，无偏执故。言中道者，正智也。理顺正智，名契会中道。"（无有增减之偏执为中，道含正智、真如二法）。又说：

> 我法非有，空识非无，离有离无，故契中道。

《述记》同卷谓："心外所执实我法，非有；真如理空及能缘真识，非无。或空其理，识即俗事。初离有，后离无。故契中道。"

"增"与"有"的执着是一边（非空），是对立的肯定的一面，"减"与"无"的执着又是一边（非有），是对立的否定的一面，远离这两种执着，就能契会中道。

（一）两种中道

奘师学派谈中道总有二种：一者言诠中道，二者离言中道。用言语表达的中道，叫言诠中道。此中又分二重：一为三性相望的中道，二为三性各别的中道。

```
          ┌ 言诠中道 ┌ 三性相望的中道
中道 ┤           ┤
          └ 离言中道 └ 三性各别的中道
```

首先谈三性相望的中道，即是从遍计所执性、依他起性与圆成实性三性之间的关系来看，如上所述，遍计非有，依他、圆成非空，三性相关，显示一个非空非有的中道。

其次，三性亦各具有中道之义，第一是遍计所执性，情有故非空，理无故非有。第二依他起性，如幻故非有，假有故非空。第三圆成实性，真空故非有，妙有故非空。这是从三性每一性都各具有非空非有二义来谈中道。

这两重言诠中道，特别重要的是第一重三性相关非空非有的中道意义。《成唯识论》卷七引弥勒菩萨的颂说道：

> 虚妄分别有（言虚妄的分别识是有），于此二都无（在妄分别识上的能所二取则没有），此中唯有空（此妄分别中唯有无二取的空性），于彼亦有此（彼言空性，此言虚妄分别。于彼无二取的空性之中，亦只有此虚妄分别而已。虚妄分别是俗谛，空性是真谛。"此中唯有空"，言俗谛中有真谛；"于彼亦有此"，言真谛中亦有俗谛，真俗二谛互为有无）。故说一切法（一切有为无为法），非空（虚妄分别的有为法和空性的无为法，不是没有，以二谛有故）非不空（能所二取实体无，我法二执的虚妄分别有而不实，故非不空）。有无（有言胜义空性及世俗之虚妄分别，无言能所二取及我法二执）及有故（妄分别中有真空，真空中亦有妄分别），是则契中道（一切法既不是一向空，也不是一向不空。言二谛有不同清辨之恶取空，二取无不同

小乘之执心外有法，故契合于中道）。

仍以心作例子来谈这个颂的意思。心有两方面：现象方面是心，本质方面是心性。心是人们当前活动的心，是心的现实性偏于染而言，心性是人们的修习归趣，是心的必然性，偏于净而言，心与心性，二者如影之与形相依不离。从人们现实的心上而见必然的心性，从必然的心性上面反观现实的心。颂文以虚妄分别言心，以空性言心性。

虚妄即显现，分别即此显现之自体。心与物都是显现，心有知而为分别的自体，物无知而为心之所显现。故此心之分别即是虚妄不实。此虚妄不实的心就其本身而言，即是一个"有相""无相"的对立面的统一。因为虚妄分别（心）于能认识（能取）的眼耳等与所认识（所取）的色声等的示现，非如龟毛兔角（只有想而没有示现之相）之无，故为"有"；然此能认识（能取）与所认识（所取）又非如人们所固执的那样实在，故为"无"。如此，在虚妄分别（心）上，似能认识（能取）显现的分别相为"有"，人们所执着的能所认识（能所取）的实相为"无"。一心上何以具有此"有""无"矛盾二相而使此心成为一个对立面的统一呢？颂的意思是"此中唯有空"故。在虚妄分别（心）上，否定了（空了）人们固执着的能所认识（能所取）的实相，即为究竟为清净，亦即为空性（心性）。虚妄分别（心）本来如此，所以说"此中唯有空"。然此虚妄分别（心）之存在，亦必依此空性（心性）为前提而谈，所以又说"于彼亦有此"。

心是"有"与"无"的对立面的统一，其余万事万物，亦莫不是"有"与"无"的对立面的统一，故一切法非空（有）非不空（无）。"有"即"非空"，有的是虚妄分别（心）所显现的似相,"无"即"非不空",无的是人们所固执的能所认识(能所取)的实相。在心上否定了能所认识的实相,心性自然显现,心性清净而无固执的能所认识实相之后,心亦自然显现。依心有心性而言,否定了能所认识的实相,名"非不空";依心性有心而言,肯定了能所认识显现的似相,名"非空";"非空非不空",有与无同时否定,这就是奘师所理解的极其深邃的"中道",亦即玄奘哲学思想中之对立面的统一的学说。

无论是三性相关谈中道,抑或是三性各别谈中道,总不外乎藉助于空有及非空非有等言语来显示"中道",所以叫"言诠中道"。至于理智契合的真理,与"无分别智"的自内所证,非言语所能诠释,所以称为"离言中道"。

(二)玄奘中道观的认识论

这个非空非不空(双遣二边)的中道,从实践意义以及认识意义上说,就是认识的唯一对象,实践的最终目的。这个对象,这个目的,不是别的,就是人人所具有的"心性",亦即"佛性"。它又叫第一义空,或毕竟空。它不但是空,而且是空的究竟。所谓究竟者即是不偏于一边,而为非空非不空(双遣空有)的"中道"。中道即真理,此理在人们的心上显现,属于人们的心。此心是非空非不空的。直言之,此心相续或在三界(现象界)的有,或离三界(本质界)的非有,在三界有中,心的相续即为流转(世间),出离三界的非有即为还灭(出世间)。人们的心的发展变化不出此二道,非流转(世间)即还灭(出世间)。从人们认识的或实践的趋势而言,人们于流转(现象界)必定出离,此即为空,于还灭(本质界)必当随顺即为不空。于空见其为空,则离"不空"这一边的执着，于不空见其为不空，则离"空"这一边的执着。在认识上和实践上言"中道"，为非空非不空，不过是说流转（现象世界）应出离，还灭（本质世界）当归趣罢了。"流转""还灭"这两条道路不在别处，在人们的心上显现，这是一个对立的同一。人们的心上脱离"空"与"不空"二种一边的执着，就能显现中道。远离流转（现象世界）归趣还灭（本质世界），这是一个对立的斗争过程。所谓"一切众生皆有佛性"❶这一个非常重要的命题，就是在认识上和实践上这种"非空非不空"的辩证的对立的统一（流转还灭均就一心而言）与斗争（离流转趣还灭，是一个长久的复杂的内心的斗争过程）的理论上建立的。

同样地，这种辩证的"中道观"，也是瑜伽学的方法论。《成唯识论》卷八，颂说：

圆成实于彼（二空所显真理有三义：一圆满，体周遍，无处无故；二成就，体常，非生灭故；三法实性，体非虚谬，诸法真理，法实性故。彼，谓依他，圆成实与依他起，不即不离故），常远离前性（前谓所执，所执能所二取之性，理恒非有，故言远离。不同依他，性非无故。性，显真如是空之性，非即是空。若言是空，虽离有相，不离空相。故说性言，有遮有表，二门皆具），故此与依他，非异非不异（下明三性不一不异。首先言若依他、

___

❶ 黑格尔说："独断论坚执着严格的（非此必彼）的方式。譬如说，世界不是有限的，则必是无限的，两者之中，只有一种说法是真的。殊不知，具体的玄思的真理，正好不是这样，正好没有这种一偏的坚执，因此亦非片面的范畴所能穷尽。玄思的真理乃包含有这些片面的范畴之联合的全体，而独断论则执着各分离的范畴，以为坚定的真理。"（前揭，第112页）

圆成定异，则真如应非依他之实性，若依他、圆成定不异，则真如亦是无常，二皆不许，故云非异非不异），如无常等性（诸行无常、诸法无我等性，与彼诸行诸法，应不说其异与不异。异，应彼法非无常等；不异，则此无常等应非彼诸法之共相。此以喻显彼依他、圆成，非异非不异。法与法性，理应如此），非不见此彼（见谓证见，一见通言此彼。非不证见此圆成实，而能见彼依他起。未达遍计所执性空，不如实知依他有故。无分别智证真如已，后得智中方能了达依他起性如幻事等，虽有而非真）。

（三）玄奘中道观的方法论

在方法论上，有若干对表现"中道"（真理）的范畴。

首先是非异非不异。三性中圆成实性与依他起性非异（同一性）非不异（相异性，双遣一异）。因为真如是依他起的实性，所以二者非异，是同一的。真如是无为法（不待作为，不创造，也不被创造）依他起是有为法，所以二者非不异，又是非同一的。再以"有为法"（现象世界）上的"无常""无我"等性质而论，"无常""无我"等性质与"有为法"非不异（非同一性），因为"有为法"不是"无常""无我"等性质的缘故。但又非异（同一性），"无常""无我"等性质即色心（存在与思维）一切有为法的共相的缘故。再就八识心王心所的一异问题而言，心王与心所，非一非异（双遣一异），不即不离（双遣即离）。再就自性而言，八识亦非一非异，不即不离。此外如生死与涅槃亦不一不异，烦恼与菩提亦不一不异，心与心性亦不一不异，世间与出世间亦不一不异。

二、非常非断。就"因果"这一重要的范畴而言，说因是为了否定常，有因故非常，说果是为了否定断，有果故非断，断常同时否定不著二边，名曰"中道"。

三、非有非无。"空"亦可解释为"无"，为否定（遮遣）的意思，否定能所认识（"二取"，能取眼耳等，所取色声等）的实相，即人们所固执着的主观客观等顽固不化的观念。无此二面的执着叫"空"。不过玄奘学派言空，不但为"无"亦有"有"义。虽然以为能认识与所认识（二取）有其实相的这种二执（两方面的执着）是应该否定的，是"无"，而此"二执的无"的性却是应该肯定的，是"有"。把这两方面联系起来，叫"非有非无"。非有非无，不著二边，名曰"中道"。

四、非染非不染。以前面所述的"心性本净"这一个命题来作例子，性本净即本性明净，自性明净的意思。本性明净而非清净，即性寂而非性觉，但这是一种应该如此的"必然性"，并非已经如此的"现实性"。同时要得到明净的时候方知其为应该如此的"必然性"。因此，这个本性明净的心，从它应该如此的"必然性"一面而言，是"非染"；从它并非已经如此的"现实性"一面而言，是"非不染"。非染非不染，不著二边，名曰"中道"。

五、非净非不净。又此本性明净的心，有生以来即为无知等种种烦恼所染（相杂不离，非染着义），故曰"非净"。而此等杂染烦恼并非坚如胶漆实可扫除净尽，故曰"非不净"。非净非不净，不著二边，名曰中道。❶

此外由奘师翻译，由他的入室弟子窥基大师作注解的《辩中边论》一书，即"中道观"的思想方法的具体运用之籍，在论文

---

❶ 参照吕秋逸师《辩中边论讲义》。

的后一章举出十五中道行，是示人如何运用"中道观"这一辩证的思想方法的伟大范例。❶这一切都说明玄奘哲学思想中的"中道观"是玄奘哲学思想的认识论，同时也是玄奘哲学思想的方法论，他们在这方面的运用，非常普通，不再一一叙述了。

以上谈玄奘哲学思想的"中道观"中之辩证法因素，第一，我们说龙树、无著二家的学说是相即相贯的，都是以中道观为中心思想。第二，中道观到玄奘得到光辉的发展，其说见于他所编译的《成唯识论》中。第三，中道观含有对立面的统一及斗争的辩证法思维方法的因素。

---

❶ 基师《辩中边论述记·辩无上乘品》，为远离十五种二边，说十五种中道行。十五种二边分为两组，前八后七。前八者：一异性一性，二外道声闻，三有情增减，四法增减，五所能治，六常断，七所能取，八染净；后七者：一有非有，二所能寂，三怖畏，四所能取，五正邪，六有无用，七不起及时。

第五章　因明中之辩证法因素

一、印度因明的成立

因明为五明之一，属论理学科。立宗、因、喻三支作法而为言论之法。三支中以因支为最要，故曰"因明"。释尊以前，足目仙人创之。

在原始佛教的典籍，未尝说过任何论理学的原理。佛陀唯一的辩证方法，便是按照事物的实际（如法实相）认识真理，认识之后，亦按照事物（如法实相）的真理为人讲说，所以人们称他为"如实知者"和"如实说者"。不但如此，即在五世纪左右弥勒菩萨以前的诸大论师也都并不注重论理学，他们虽然间或也用论理学上的术语，但对于论理学原理却未十分阐明。即中观派的大师如龙树、提婆、青目、婆薮等家的著作亦未曾建立论理学说。

随着毗昙论议方式的发展，佛家哲学中的论理学（即因明学）才在瑜伽学派中逐渐成长与发达起来。最初对论理学有明确的表述见于五世纪左右弥勒的《瑜伽师地论》中的"说因明处"。《瑜伽师地论》卷三十八说：

　　有五明处，一内明处，二因明处，三声明处，四医方明处，五工巧明处。

五明处是佛家所创立的对于学术的分类。因明处以外的其余四明处不在此研究范围之内，姑置不论。什么叫因明呢？用现代的术语来说，"因"就是理由，"明"就是"学"，"因明"就是研究理由之学。它开始是偏于辩论、论证这一方面，即是说"因明"最初是用来证明自己所建立的正理，并且摧伏别家的主张（异说）而达到使人觉悟的目的。因此《庄严经论》对因明所下的定义直截了当地说，学因明是为"伏外执"的。

因明论式，先后不同。佛灭度后，弥勒、无著、世亲诸师创五支论式。《瑜伽师地论》卷十五明"五明处"，其中因明处云："能成立法有八种者：一立宗、二辩因、三引喻、四同类、五异类、六现量、七比量、八正教。"《显扬圣教论》与《大论》完全相同。此八能立中前五，即所谓五支立法也。《大乘阿毗达磨杂集论》第十六，亦举八能立。前五支中第四名为合，第五名为结。不立同类、异类之别，是为一种新说。陈那作《因明正理门论本》一卷，只立宗、因、喻三支。其弟子商羯罗主著《因明入正理论》一卷分真能立、真能破、真现量、真比量，似能立、似能破、似现量、似比量等八门，而辩自悟、悟他之两益者。论理的方式与原则都非常完备。

奘师留学印度时，因明如日中天，因此得到全面的精湛的学习，他参访精通因明的论师很多，见于传记的有僧称、戒贤、智贤和仗林山的胜军等几家，向他们反复学习了陈那的《因明正理门论》和商羯罗主的《因明入正理论》等作，对因明有很深的造诣。在回国前，奘师对因明的贡献，具体表现在对胜军"诸大乘经皆是佛说"一量的修改与在戒日王主持的无遮大会上所说的"真唯识量"，相传胜军四十余年立了如下一个三支比量说：

诸大乘经皆佛说，宗——论题；

两俱极成非诸佛语所不摄故，因——论据；

如《增一》等阿笈摩，喻——证。

此量流行很久，没有人能发现它的逻辑谬误。奘师到杖林山之后，详细研究，发现胜军此量原来的论据或中词，对小乘学派说来有他随一不成过（即论敌认为中词缺乏真实性）的逻辑谬误。因为小乘学派不承认大乘经典是佛说，便可提出如下质问，究竟像自许《发智论》而俱极成非佛语所不摄故，汝大乘经典佛语呢？还是像《增一》等阿笈摩等两俱极成非佛语所不摄故，汝大乘经典非佛说呢？奘师把论据改为"自许极成非诸佛语所不摄故"。"两俱"二字删去，在极成之上用"自许"预加限制的言词来简滥。这样改正之后，不仅这一论据或中词与"诸大乘经"这一小词有必然联系，同时，这一论据或中词，只能容纳"佛说"（大词）的《增一》等阿笈摩，而绝不容纳非佛说的《发智论》，完全符合了因之三相即理由或中词的三个特征的精神。当然，要解决诸大乘经是不是佛说，必须占有丰富的材料，在历史科学的观点指导下，从大量材料中得出正确的结论，不是单靠一因明三支比量所能为力，但仅就因明证明方式与善于运用预加限制的言词来说，奘师确实做到无懈可击，不愧为胜军的高足，而且是青出于蓝而更胜于蓝了。❶其次，还表现在参加戒日王召开的无遮大会，所立的真唯识量上，因明的比量不是纯抽象的推理，而是跟人家辩论产生的，是具体的。真唯识量（唯识比量），是奘师依

---

❶ 参考已故学长虞愚教授《玄奘在中印文化交流史上的主要贡献》，载1944年《玄奘研究》首刊号。

据瑜伽行唯识学说对小乘正量部提出的驳难而进行反驳的。原文是：

宗：真故极成色，不离于眼识；

因：自许初三摄，眼所不摄故；

喻：犹如眼识（同品）。

真唯识量基本上是按前人的因明立量规则所立的，但奘师的发展和贡献，在于第一运用了简别（限制语）的方法，由于加了简别语（真故、极成、自许），不但不犯错误，反而显得更加确定；其次，这个比量有深厚的根据。由于有这两个特征，唯识比量不但合乎因明规则，而且推理严密、周到、无隙可乘。

宗的全文是："真故极成色，不离于眼识。"这里的"真故""极成"就是简别词。假如不用简别词，就犯世间相违过，因为人们从常识上知道，色是离眼识而独立存在着的，加上了简别词就避免了这种相违。

奘师在因支里所用的简别是"自许"。"自许"就是自宗的主张。唯识比量的理论根据，从《成唯识论》可以看出，它的骨干部分在护法的《三十颂释》里就已经有了。《唯识三十颂》的第十七颂说：

是诸识转变，分别所分别，由此彼皆无，故一切唯识。

这一颂可以说是唯识理论的总结性说法。护法从两方面对此颂做了解释。一是教，二是理。理就是因明比量加以论证。共用了四个比量。其中第三个比量是：

宗：此亲所缘，定非离此；

因：二随一故；

喻：如彼能缘。 **❶**

从这个论证可以看出，唯识比量里的宗、喻，跟护法的几乎完全一样。所不同的是因，奘师未用"二随一"，而用了"自许初三摄，眼所不摄"。因当时唯识学遇到正量部的反对，为了对他们反击并战胜他们，就必须提出新理由用更加充分的根据证成唯识。

唯识比量里用语言表示出来的色（有法）是极成的。极成色应该离识，因小乘不承认色不离识。但"唯识比量"里意许的色则不是极成的，而是不离眼识的。这层意思在宗支里看不出来，但一进入因支便暴露出来了。在这样的情况下，如不加"自许"，敌者就可据以作"有法差别相违"量。奘师在因中加了"自许"，就避免了这样的错误。因奘师继承了陈那、护法等人的带相说，认为眼识色乃是自己的见分通过相分（影像、色）来缘第八识的相分（本质、色）。所以眼识直接缘的是相分（影像色）。相分色是不离识的。奘师的本意虽然如此，但如果在因支里不加"自许"字样，则不能确定此意思，人们可以理解为缘本质，本质色是离眼识的，如图：

---

❶ 参见《成唯识论》卷七。

可见，如不在因中加"自许"，相同的因喻可以得出两个相反的结论，构成"有法差别相违过"，在这里正量部不须提出自己的主张（即眼识缘外色），仅用奘师的比量自身的"有法差别相违过"，就可以对奘师加以驳斥。而今在因中加了"自许"，就避免了这种错误。[1]从上面所举的两个例子来看，可见奘师对因明的辩论性质十分重视，对因明立量格式和因明立破理论方面均有发展和发挥。使因明的灵活运用达到极峰的高度。在他所精研的唯识学中有好些问题，都可以看出他运用因明的光辉范例。

（一）玄奘的传译

奘师回国时，就注意因明的传译，贞观二十一年译《因明入正理论》（小论），贞观二十二年译《因明正理门论》（大论），贞观二十三年又译如何运用因明的示范作品即《大乘掌珍论》，永徽元年又译《广百论释》，窥基来求学之后参加翻译事业，而有"《成唯识论》的杂糅"，因明与唯识的结合更加显明了。[2]后来奘门的著述"处处入律"以及唐以后中国人知以逻辑治学，其功全

---

[1] 参考《吕澂佛学论著选集》，第1591页，《真唯识量》。

[2] 吕澂《慈恩宗》下，《现代佛学》，1953年第10期。

在玄奘对于因明的传译、讲习与发挥。所以丹阳吕秋逸先生说：

> 慈氏而还，因明广用，依教成理，诸论并然。唐代玄奘，东传其秘，基泰以次，莫不穷研。以是译籍著书，处处入律，学人索解，舍此无由。今时说者更比诸逻辑，称其周详。以为佛学精英，唯识因明二美斯并……[1]

梁任公说：

> 法相一宗，虽渊源印土，然大成之者，实自玄奘。其提倡因明，传译之余，讲析不倦；中国知用逻辑以治学，实自兹始。[2]

（二）从辩论术发展到认识论

从因明的发展过程来研究，最初它是一种辩论和论证的工具，这也和辩证法最初之为辩论术相同。不过就其所建立的五分（宗、因、喻、合、结）及三支（宗、因、喻）形式来看，与西洋的自亚里士多德开创至培根、穆勒而发展完成的形式逻辑相较，其内容与适用范围虽各不同，而性质实无多大差别。[3]因明的发展，到后来不仅限于辩论和论证的工具的作用，而成为讨论认识的起源、发展与作用的认识论去了。因明发展到这一阶段就与辩证法接近了。这是因明发展的最后阶段，亦即最高阶段。不过形式逻辑与辩证逻辑有所区别，形式逻辑是低级的思维方法而辩证逻辑则是高级的思维方法。"就人类对象反映的深度说：形式逻辑所达到的终点，正

---

[1] 吕澂《因明纲要》，商务版，第3页。

[2]《梁任公近著第一辑》，商务版，中卷，第189页。

[3] 因明与形式逻辑的异同，详见王季同著《因明入正理论摸象》，商务版，第2—15页。

是辩证逻辑以之作为思维活动的基础的起点"。❶至于因明的应用及其发展的两个阶段，前后浑然一体，则不能有这样的剖分。

关于因明的"形式逻辑"阶段中的五分（宗、因、喻，合、结）与三支（宗、因、喻）等问题，不再研究，现在只谈因明学的"辩证逻辑"阶段的问题，亦即因明中的辩证法的因素问题。《因明入正理论》说道：

> 复次为自开悟，当知唯有现比二量。此中现量，谓无分别，若有正智，于色等义（即义境），离名种（名言与种类）等所有分别，现现别转，故名现量。言比量者，谓藉众相（即前能立因之三相，谓遍是宗法性第一，同品定有性第二，异品遍无性第三）而观于义（境义）。……是名比量。

知识的来源有二：一是现量，二是比量。什么是现量？现量就是一种无分别的认识。譬如我们认识青色等，若果只认识青色等的名言与种类，而名言与种类通于一切青色等事物。这样的认识，只能认识所有青色等事物的共相，而不能直接认识青色等事物的自体。这种藉名言分别与种类而认识客观事物的认识作用，就不是现量。必须远离一切"名言""种类"等所有分别的正智而直接逼附客观事物的自体的认识，才是现量。

现量的作用，在乎作比量的依据。它的原意，但指前五意识明确地认识客观事物而言，这样就没有什么辩证的意义。后来大乘哲学思想家根据人类认识发展变化的辩证过程，展转引申，而

---

❶ 马特《关于形式逻辑在认识过程中的作用问题》，《哲学研究》，1955年第 3 期。

有更高级的"定心现量"与"佛位现量"之说。这样就把因明中的现量范畴，从形式逻辑阶段上升到辩证逻辑阶段去了。因此在以奘师为首的瑜伽学者看来，主观认识作用方面，（一）前五意识（眼、耳、鼻、舌、身）的见分，（二）第八根本意识的见分，（三）五俱意识（即与前五意识同时生起的第六意识）的见分，（四）诸识的自证分与证自证分，（五）定心，这五种都是现量。

什么是比量？简言之，就是从现量所得的基本判断为前提而得出的新的判断（结论）的推理认识。从因明的角度来看，"依因成宗"即是比量。在主观认识方面，只有"独散意识"（即非定中的不与前五意识俱起的散漫意识）的见分，才有此种作用。

除现量与比量而外，还有一种似现量而非现量，似比量而非比量的误谬认识，叫做非量。所谓似现量者，谓有分别心，带着名言分别与种类分别而认识客观事物，但得客观事物的共相而不能得其自相，还妄谓分明得客观事物的自体，此其一。其次，散位（非定中）无分别心，例如老病之时，非黄见黄，不能分明冥证境相，此其二。这二种，都叫做似现量。在主观认识作用方面，（一）独散意识认识过去事物，（二）独散意识认识现在事物，（三）独散意识认识未来事物，（四）认识过去现在未来事物的各种不决定的认识作用，（五）认识现在事物的惑乱的认识作用及第七意识妄以第八根本意识的见分为"我"的认识作用。这五种认识都是非量。所谓似比量者，就是依据错误判断为前提而得出新的错误判断（结论）的推理认识，如于雾妄以为烟而判断有火，即名似比量。独散意识的见分，就有此种作用。

（三）认识的起源

总之人类认识的来源，因明认为只有二种：一为现量，一为比量。量就是"规矩绳墨准确刊定"的意思，亦即正确的认识。凡正确的认识都叫做量。现量就是从感觉或经验所得到的认识，比量就是从推理所得到的认识。现量是直接的，比量是间接的。两者的关系非常密切，相反相成不可或缺。认识的过程，是一个辩证地发展的过程，人们首先由现量的感觉（正题）上升到与它自身对立的比量的推度（反题），再由比量的推度的扬弃而达到更高的现量（合题），这就不是普通感觉，而是扬弃了对现象的揣摩的名言分别作用而成功的现证或现观。是一种不假任何"凭藉"（黑格尔的术语）的亲见亲闻的特殊感觉。它是从比量的抽象概念所体会到的具体的实相，心理与对象冥契的境象，是一种"瑜伽现量"（即定心现量，王阳明的良知说是从这里体会出来的），这种现量正是因明所重视的现量。

"瑜伽现量"也并不是认识的极限。它还须继续不断地向前发展，"瑜伽现量"在向前发展过程中又不断地暴露出它自身的对立，而又更新地扬弃它自身。如果说第一次的现量是"正题"，那么第一次的比量就是"反题"，第一次的"瑜伽现量"就是"合题"了。认识的发展规律，原来是合乎"否定的否定"的辩证规律的。

（四）概念形成的辩证意义

构成比量的重要因素是概念。从感觉到概念的形成也是一个辩证地发展的过程。特别是陈那主张名言（即概念）以遮遣（否定方法）为性，成为一种学说——即"遮遣说"。就这种学说而论，任一概念都是从与他对立的别物相关联而成。例如说"青",是从不是"非青"而来,它和"非青"对立而扬弃了"非青"。这青的对方——"非青",不是一肯定的颜色,只是一个抽象的否定性质。而这否定的本身仍然同样是肯定的。"概念的肯定是一种殊异,这种殊异是独立的,但同时与它的对方又有密切的关联。概念的否定性也同样是一种独立自为的消极的自我关系,既是单纯的否定,只有在它的对方里才有它的自我关系,它的肯定性。因此肯定与否定,表面上是矛盾的,实质上却是同一的。两者之所以如此,由于每方面都是对方的扬弃和自身的扬弃。"(借黑格尔的话作如此表述)

陈那规定名言(即概念)以遮(否定)诠为其性质,在认识论方面对概念的辩证的发展过程是一个极重要的贡献。这种学说,应用到实践方面,也得到一条很深邃的规律,即一切思维的正当的途径,应当是从"遮诠"的方式亦即从"否定的否定"的辩证的方式发展的,在发展的过程中"逐渐克服了认识上的错误而得着真理以达到人生所期望的境界"。❶这里因明表现在认识论上的辩证法的因素便与表现在实践论上的辩证法的因素接轨了。

二、玄奘对因明的继承与发展

奘师及其门人对因明的继承与发展,特别是发展,亦可分为两方面:一为因明的"形式逻辑"阶段,即三支比量方面的发展;一为因明的"辩证逻辑"阶段,即认识论方面的发展。前者,第一

---

❶ 参照吕澂《佛家辩证法》,《现代佛学》,1954年第1期。

对因明辩论性质的重视与发挥，第二对因明立量格式的发展，第三对因明立破理论方面的发展。这些发展，均在前面已经提到，这里就不再重复了。现在研究玄奘及其门人对因明中"辩证逻辑"阶段即认识论方面的发展。此又分为二：一因明与四分说，二因明与三境说。

（一）因明与四分说

四分说已略如前述，瑜伽学者把人们的精神作用从粗到细、从浅到深，分为一眼、二耳、三鼻、四舌、五身、六意识、七末那识、八阿赖耶识等八识，八识为心王，另有五十一位心所。心王、心所各具四分：一相分、二见分、三自证分、四证自证分。四分中相分与见分为外（相分似外故云外，见分认识外故云外，非谓其体是外），自证分与证自证分为内（此二分均缘内，故云内），相分是所认识（意识对象），其余三分互为能认识与所认识（对立的统一与矛盾）。四分是人类认识事物的根本所在。❶

四分与因明的"量"与"量果"的关系非常密切，如见分认识相分时，相分为所量（所认识），见分为能量（能认识），自证分就为能所量的结果，即量果（认识结果）。自证分认识见分时，见分为所量，自证分为能量，就必须以证自证分为能所量的结果，即量果。❷

---

❶ 章太炎说："康德以来治玄学者，以认识论为最要，非此所得，率尔立一世界缘起是为独断。而此认识根本所在，即非康德所能分辨，由彼知有见相二分，不晓自证分，证自证分……"（浙江图书馆校刊《章氏丛书》，《菿汉微言》）

❷ 这是普通所谓反省的部分。黑格尔把"后思"或"反思"所产生的思

自证分认识证自证分时，自证分为能量，证自证分为所量及量果，证自证分认识自证分时，证自证分为能量，自证分为所量及量果。这两分功能相同，所以它们互相认识时，皆以能认识为能量所认识为所量及量果，不必另立第五分为量果。❶

四分中相分但是所认识，非是能量，故既非比量亦非现量与非量。自证分与证自证分皆无分别，故俱是现量。惟见分向外认识之故，所以它有时为量，有时为非量，有时为现量，有时又为比量。（前五意识与第八根本意识的一切见分，一向是现量，第七意识的见分一向是非量，第六意识的见分通于现、比、非三量。）一切意识的相应心所的四分与心王的四分，意义相同不再缕述。总之，心王与相应心所都是四分合成，四分自为能认识（能量）所认识（所量）及认识标准或结果（量果），而皆不离一识。这其中具有重重的"对立之统一与矛盾"的认识关系。四分说，虽出于护法，但护法的四分说与此不尽相同，以量（认识）和量果（认识的标准或结果）释四分乃奘师及其门人之说，正以此种说法含有非常丰富的辩证法因素。

（二）因明与三境说

奘师根据因明中的量（即正确的认识，有真现量与真比量二

想，包含在反省的思想中。他说："反思以思想的本身为内容，力求思想自觉其为思想。"（前揭，第51页）

❶ 章太炎说："人心有相分、见分、自证分、证自证分，前二易知，后二难验，今举一例验之。如素所知见，或往时常已起此志愿，久渐忘之，展转误思，而当时即知其误，淬然念得，而当时即知其不误。此淬然念得者，不依见闻，不依书史，即自证分也。此当时知其不误者，亦不依见闻，不依书史，即证自证分也。"（《菿汉微言》）

类）与非量（即不正确的认识。如前所述，有似现量、似比量二类）
而建立三境之说。三境者，一性境、二带质境、三独影境。意识中
所现境界为境，境本来是客观存在的一切事物，如宇宙山河大地
都是我们所认识的对象，都是境，这里所谓的境，是自我意识（内
心）所知，自我意识所现的内境。

《成唯识论掌中枢要》卷三云：

性境不随心，独影唯从见，带质通情本，性种等随应。

一、性境。"性"是实义，色是实色，心是实心，一切事物宛
然实有境界。此境相皆从自己各别因缘而生，有实体实用，能认
识的心不谬，非虚妄分别，而能真实地符合于对象的自相而认
识，故名性境（相当于心理学上所谓常态）。性境具五义：

1. 有实用，言色是对碍法故。

2. 从自种生，色法从大种（坚、湿、暖、动）及造色（色、声、
香、味、触等）而生故。

3. 或仗质或不仗质。根尘皆性境，而唯尘法有所仗质。如表：

仗质
┌ 一、前五尘仗第八器相而起
│ 二、五俱意识，仗五尘，展转托第八器相而起。
│ 　　如五俱意缘某甲，仗自五尘，展转仗自第八。
│ 　　又展转仗某甲身中第八识所变扶根尘为质，
│ 　　变相而缘。质有多重，法相非一故
└ 三、第八尘，仗他身第八识所变器，
　　自第八托为质而起

不仗质 － 第八根，定不仗质，执为内故

4. 现量所证。《显扬圣教论》说现量有三种相：（一）非不现
见相（言此境现前显现，识于境分明现证）；（二）非思构所成

相；（三）非错乱所见相（错乱有七种：一想错乱，二数错乱，三形错乱，四显错乱，如于非黄色见为黄色，五业错乱，如执卷驰走，见树奔流，六心错乱，于错乱心生喜乐，七见错乱，于错乱义妄想坚执）。现量亲证，方为性境，凡夫虽有现量，而不自知。

5. 性与系不随心。性不随心者，凡属性境，多不随心，三性不定。如实五尘，唯无记性，不随心（五识）通善、恶、无记三性。虽五识中无记性，缘五尘境，心境俱是无记性，可云同性，而实相（五尘）见（五识）各守自性，非境随心而成无记，故云性不随心。系不随心者，如明了意识，缘香味境时，香味二境唯欲界系，不随明了意识通上界系。

如上五义，色法（根尘）全具是为性境。余非色法，若真如等，为所缘时，义不具五，亦性境摄。故性境通色心及无为法，凡法有实用，及为现量证者，皆为性境。

如前五识及五俱意识的见分所认识的色声等五境，见色果色，闻声果声，知香果香，知味果味，觉触果触，不是比拟，定非妄谬。此外第八根本意识的见分所缘的根、身、器界（三者包括物我主观与客观一切世界）等三种境的相分，都是性境（常态）。

二、独影境。能认识的心独变影象，无别本质，"本质者如眼识之缘色境，眼识所缘之影像（相分）外，别有赖耶种子所生之实质色法，为其影像所托者，是曰本质。如意识浮现空华兔角之相，惟有影像而无所托之本质，谓之独影境"。即全不因实有而立其境，独有其影而已（其中一分相当于心理学上所谓幻觉）。此境相与能认识的心，同一因缘而生，无实体实用。惟能认识的见分，以自己的分别能力，独变影像而认识，故名独影境。如第六意识构画分别认识镜花水月等无体的事物时的相分，即是此境

（幻觉）。

　　奘师说"独影唯从见"，从见义有三：一、从见分同一种生；二、从见分同一界系；三、从见分同善等三性。可见独影境一切都从见分，非离见分而有实用。此复有二：一有质独影，二无质独影。有质独影者，相分虽从见生起，然见变相，有所仗质，如第八触等相应心所缘第八心王根器相，实仗心相为质，而变影缘之，又如第六独散意识，缘第八相见，缘第七相见，缘前五相见，缘自前念见，缘他心见，皆仗质变影；质有实用，而影无实用，以影唯从见种生故。无质独影者，相分唯从见分生起，不复仗质，此境唯在第六独散意识，散意缘过去未来法时，即于现在心上变似过去未来法而缘之，此相是现在，但心上妄作过未行解；或缘无法时，心起无物之想，即变似无相而缘之。此二种识所变相，皆无有质，谓之无质独影。

　　三、带质境。带质者，即夹带本质和带似本质的意思。带者，似也。能缘之心，有似所缘之相名带。第七见仗第八见为质，变似我相，故名带质。"带质通情本"，此有三通情本之说。情谓见分，本谓本质。三通情本者：一曰性通情本，第七相分，杂种所生，一分与质（八见）同种，一分与自见同种。若从见说为有覆无记，若从质说为无覆无记，此性通情本也。二曰种通情本，第七现行相分，无别种子，无种子通于见分及本质二性，随本质而言，为从本质之种子生，随见分言，又可说为从见分之种子生，此即种情通本也。三曰界通情本，七八识虽同界系，而第七识之相分乃随于见分及本质而定，其自身实无一定之界系，此即界通情本也。

　　又第七相分，似其本质，即第八见，非实我而计为我，不得自性。又七疏缘本质第八见，非我执我，不称其质，故唯非量境。

　　以因明的量（认识标准）来勘定这三境，那么，性境就是现量，带质境就是非量（即似现量、似比量），独影境则通于量与非量二类（如下表）。量是正确的认识，非量是不正确的认识。性境与带质境，一是正确的认识，一是非正确的认识，容易明白。而独影境为什么是正确的又是非正确的认识呢？因为意识只有二种差别：其与前五识同时而生者，叫做明了意识；其不与前五识同时而生者，叫做独头意识。明了意识不但与前五识同时而生，并与前五识同认识一对象，帮助前五识理解认识对象。若意识不认识某对象，则认识某对象的前五识亦不能生。明了意识，又分为同时意识与后时意识二种。前五识之一初生，其同时俱起的明了意识，叫做同时意识。一刹那后，此前五识之一与其同时明了意识所共同认识的对象已成过去，前五识不再能认识。然明了意识尚能认识此过去已灭前五识及同时意识所认识的影子，此影子就叫独影境。认识此独影境的明了意识，叫做后时意识。前五识及同时意识，认识现前实境自相，不依名言分别而直接理解事物的自相（自体）叫做现量。到了后时意识生起，所认识为过去已灭前五识及同时意识所认识的影子（独影境），现前无有真实对象的自相可认识，但能依名言（概念）分别作青等理解，故有分别。此青等理解不局限于前念眼识相分，而通于一切过去未来现在"眼""意"二识所认识的青等事物，故是共相。后时意识对此共相若正确认识，即是比量；若不正确认识，如见旋火谓轮，见阳焰谓水等，则是非量（即似现量似比量）。意识同缘一"独影境"，而有正确的认识与非正确的认识，因此说独影境通量与非量二类。❶

---

❶ 虞愚《慈恩宗》，"玄奘对因明学的发展"，《中国佛教》第 1 辑，第

八识与三境的关系，如表：

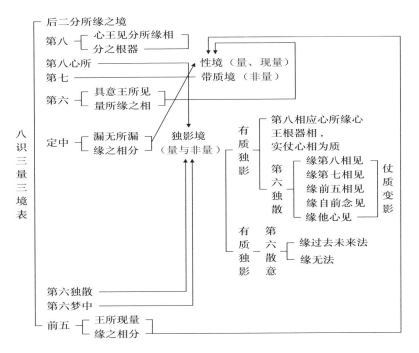

以量（正确的认识）与非量（不正确的认识）而谈三境，慧沼以为是奘师依据道理而建立的，当然又是奘师在因明辩证法因素方面的一大发展与贡献。

另外，奘师所撰的《三类境》一颂，还说明了八识各类种子的来源，解决了当时印度唯识学者对见、相二分，是同种还是别种之争。如前所述，识有见、相二分。见分为能缘能觉，相分为所缘所觉，见分托相分而起，相分挟见分而生。一个识有两种功能，因作用不同而分"能""所"，即见、相二分。但对"见分"和"相分"究竟是同种（同一种潜在功能）还是别种（不同潜在功能），各有不同主张，概括起来，约有四说：

一、主张见分、相分及"本质尘"（物之自体）三法皆同种。

二、主张见别种，相与质同种。

三、主张诸识之见、相两法同种生。

四、主张诸识见、相两法无论何时皆属别种。

奘师认为见与相二分是同种还是别种，不能一概而论，要随性境、独影境、带质境而定。

一、性境（实境），相、见别种。如缘根身（身体）、器界（世界），托本质尘而缘，相分、见分不同种，性境不是随心所欲的。如缘泰山必在山东，缘团圆月必在十五夜，相分与见分别种，如根身器界与见分同种，那么，根身器界皆"大种"（坚、湿、暖、动）"造色种"（色、声、香、味、触等）变现，大种、造色种也有觉性，就讲不通了。它的三性（善、恶、无记）不定，如实五尘（色、声、香、味、触）唯无记性，不随能缘五识（眼、耳、鼻、舌、身识）通善、恶、无记三性。

二、独影境（幻觉），相、见同种。如意识缘龟毛、兔角等，不托质而缘，故相、见同种。独影境虽然也有相分，但此相分为见分遍计所执相，所以说"独影惟从见"，善、恶、无记三性也是同种。

三、带质境（错觉），虽随心生，而必仗本质，虽带本质又与本质不符。如冥冥夜行，认绳作蛇，叫作"带质境"。蛇境心生，而必依彼绳，绳本非蛇，而认绳作蛇，所以叫做带质境。仗本质生，带似本质，故通于"本"，由情而起，自变相生，又通于"情"，所以说通"情本"。此境异于性境，纯仗质而不随情，又异于独影境，只随情而不仗质。一分与"质"同种，一分与"见"同种，两头（指见与质）烁起，因而名为带质境。带质之境，判性不定，若从见起，是有覆无记性；若从质起，是无覆无记性。可见奘师《三类境》一颂，虽寥寥二十个字，联系历史实际，乃就印度当时唯识论者对相分和见分究竟是同种还是别种问题的争论，进行了一次总结。❶

---

❶ 参考《玄奘在中印文化交流史上的主要贡献》。

结束语

以奘师为首的瑜伽学者的缘起论,毁之者则以为名相(范畴)纷繁,条分缕析,极构画繁琐之能事,誉之者则喜其"分条析理,用心缜密,与近代学术实事求是之精神相适应"。❶不管怎样,玄奘哲学思想的体系里闪烁着极深邃的哲学思想和辩证法因素的光芒,这是事实。存在与意识的关系,在他认为是色心的关系。色心的体,以"依"义来发挥;色心的用,以"变"义来发挥。"依"就是内在的自我意识的色心诸事物的相互联系与相互制约,"变"就是内在的自我意识的色心诸事物的运动变化与发展。由此辩证的思想作为前提,在实践方面才有舍染趣净的可能,及其道理的建立。染净同依于第八根本意识,是一个对立的统一,而舍染趣净不是自发的而是一个自觉的对立斗争的过程,舍染趣净的结果得到转依,而净化世间。转依又是一个由量变到质变的过程,举凡有关辩证法的重要规律在奘师的缘起论的思维方法中都应用

❶ 章太炎:"然仆所以独尊法相者,则自有说,盖近代学术渐趣实事求是之涂,自汉学诸公分条析理远非明儒所能企及,逮科学萌芽而用心益复缜密矣。是故法相之学于明代则不宜,于近代则甚适,由学术所趣然也。"(浙江图书馆校刊《章氏丛书·答铁铮》)

到了。

在中道观学说中,对立面的统一这一辩证法的核心的原理,不仅在方法论上有具体的表现,更进而在认识论方面得到发展。因明学中的"辩证逻辑"阶段,有很丰富的关于认识论方面的辩证法因素的内容,至于由量(认识)与量果(认识标准或结果)而谈四分(见、相、自证、证自证),由量(正确的认识)与非量(不正确的认识)而立三境(性境、带质境、独影境),将因明向辩证法方向推进一大步,更是奘师的不朽功绩。

玄奘的哲学思想在他生时,如日中天,盛极一时,他逝世后,禅宗继兴。禅宗者瑜伽师之云仍也。初祖达磨来华,即以四卷《楞伽》印心,《楞伽》以五法三自性谈法相,八识二无我谈唯识,《楞伽》固法相唯识学所宗六经之一也。是以瑜伽禅宗,本非异趣。唯瑜伽繁琐,禅宗简易,而心乐总持,不喜繁碎之士遂相率逃禅。渐至一花五叶,其势日盛。奘师之学因以衰歇者一千三百余年,直至宜黄欧阳竟无先生崛起,瑜伽之学、始得复兴。❶总之,玄奘哲学思想中的伟大的辩证法因素是进步的、批判的,它是祖国重要的文化遗产。从现实的国际意义来说,我甚至同意印度柏乐天教授的话:"它是中、印两民族的共同遗产。"

因此,我们说奘师是伟大的,如其他的伟大的中国思想家一

---

❶ 关于玄奘哲学消沉歇绝的原因,近人陈寅恪先生是这样说的:"释迦之教,无父无君,与吾国传统之学说,存在之制度无一不相冲突。输入之后,若久不变易则决难保持。是以佛教学说能于吾国思想史上发生重大长久之影响者,皆经国人吸收改造之过程。其忠实输入不改本来面目者,若玄奘唯识之学,虽震荡一时之人心,而卒归于消沉歇绝……其故匪他,以性质与环境互相方圆凿枘,势不得不然也。"(《冯友兰〈中国哲学史〉审查报告》三)

样，他是祖国历史上的最优秀的儿女之一，他不但是最伟大的思想家、唐代的佛学大师，而且是最伟大的翻译家和旅行家，"在交通史上他占着最重要的地位"。❶他的思想不但对祖国的封建文化哲学文学各方面都有伟大的贡献，同时也对当时亚洲各国的文化有伟大的贡献，他的业绩对沟通中印文化，增进中印友谊方面，到而今还具有重要的现实意义。我国政府把奘师顶骨一份赠给印度政府，为了进一步增进和巩固中、印两大国的友好团结，印度政府在那烂陀寺地方办了一所玄奘学院。❷原来在那烂陀寺旧址附近的巴利文研究院，也在研究院的附近修建了一所玄奘纪念堂，并且增设玄奘研究所来教授中国语文和中国文学。❸我国政府除了帮助人力财力而外，还集中了专家为玄奘纪念堂设计了草图。事实证明了印度拉德哈克里希南博士称赞玄奘为"中印文化合作的象征"，是不错的。

---

❶ 冯家昇，《回鹘文写本菩萨大唐三藏法师传研究报告》，中国科学院 1953 年出版。

❷ 见赵朴初《英译〈大唐大慈恩寺三藏法师传〉序》。

❸ 高梁《那烂陀的钟声》，载于 1962 年 1 月 24 日上海《文汇报》。

附：本书前两版之序言

《玄奘哲学研究》前言

五十年代中期，我在云南大学，授课之暇，写了几篇学术论文，其中一篇即《玄奘哲学思想中之辩证法因素》。初稿写完后，承北京大学教授汤锡予先生在病中犹为审阅，并提了许多极其珍贵的意见，我根据汤先生的意见作了修订，并将修订稿的大部分发表在 1957 年《哲学研究》第 2 期上。

云南人民出版社拟出单行本，于是又将原稿补充并作一些通俗化的加工。由于玄奘哲学思想的特定内容和个人的水平限制，犹未能彻底通俗，就这样于 1958 年 2 月把它出版了。

岁月不居，时节如流，迄来二十有余年矣。当时出版的目的，是想把它公诸于世之后，以便得到哲学界和其他各界同仁的指教和帮助，同时自己也不断学习，以冀从内外两方面得到的新知，作进一步修改，使之差强人意。而事乃有大谬不然者，1958 年以后，我所积累的有关资料，在十年浩劫中，全都被毁，后来又因其他任务纷至沓来，只好把修订的事弃置不顾了。

粉碎"四人帮"后，1977 年秋，我开始到南京大学哲学系授课,初讲朱子哲学,继讲魏晋南北朝隋唐哲学史,遂复重理旧业。后来学校又介绍一些外国进修的学者和留学生托我辅导,他们对玄奘的法相唯识学极感兴趣,说是和欧洲现代新兴的某些哲学思想有相似之处,❶要求我将《玄奘及其哲学思想中之辩证法因素》重印出版。同时,哲学界有许多朋友也向我索取此书,而新加坡陶欣伯先生及夫人刘光藜女士还乐意资助在香港为我重印。后来由于学林出版社在上海成立,为了更为方便,决定改托该社出版。可以说,这些原因对我都是一种极大的鼓励,促使我挤出业余时间又将原书重新修订一次,并增加了几篇有关的附录。

附录一《中国佛教与民俗》篇中,反映了自唐以来玄奘如何深入人心,普遍受到人们的尊敬和爱戴。附录二《地论师》和三《摄论师》二篇中,反映了玄奘如何批判地继承和发展旧师的瑜伽系学说,以及追求真理舍身求法的精神。附录四《杨仁山》和五《欧阳竟无》二篇中,反映了佛学特别是瑜伽学在现代我国学术界复兴的原因。附录六《依仁游艺话吾师》为纪念先师欧阳竟无先生逝世四十周年,特撰此文,从书学和书法艺术这个侧面反映了他的爱国主义精神和瑜伽学之关系。附录七《章炳麟〈支那内学院缘起〉书后》中,反映了法相、唯识分宗的道理。附录八《灯录》本来是有关禅学的文章,但它与法相唯识有密切的关系。章太炎曾说:"法相禅宗本非异趣。达磨初至,即以《楞伽》传授,惜其后惟学《金刚般若》,而于法相渐疏,惟永明略有此意。今欲返

---

❶ 瑞士伊索·凯尔恩(Iso Kern)博士和我说:玄奘的法相唯识学和二十世纪欧洲新兴的现象派哲学有极相似之处,都同样探索思想意识的奥秘,不过他们不讲"转依"。

古复始，则《楞伽》七卷（达磨只授四卷《楞伽》，同时流支复译十卷《楞伽》。四卷译文太拙，多诘诎不可解。十卷所定名词亦有未审。故以实叉难陀所译七卷《楞伽》为定），正为二宗之通邮。然简机说法亦自分途：其好湛思冥想者，则法相在所必用；若夫心乐总持，不喜烦碎之士，但以禅宗公案相示耳。法相或多迂缓，禅宗则自简易。至于自贵其心，不依他力，其术可用于艰难危急之时则一也。"❶附录九《度牒在宋代社会经济中的地位》是拙作《度牒史论稿》中的一篇，和本书关系不大，因"文革"中原稿被坏人抄走，此篇因发表而得幸存。敝帚自珍，非不自见，录此以志雪鸿之意耳。这九篇文章，《度牒》是二十年前所写，发表于《现代佛学》1962 年第 5 期。《章炳麟〈支那内学院缘起〉书后》是三年前在南京大学任教时所写，发表于《中国哲学》第 6 辑。《依仁游艺话吾师》是去年所写，发表于今年《法音》第 2 期。其余六篇都是五十年代后期，我参加为斯里兰卡英文《佛教百科全书》编辑时所写的条目。其中有的汉文稿已在《中国佛教》第一、二辑发表，有的初次才和读者见面。由于个人的水平限制，错误之处，在所难免，我诚恳地希望同仁多多赐教！

一九八四年四月田光烈于南京

《玄奘及其哲学思想中之辩证法因素》自序

恩格斯说："辩证的思维—正因它是以概念本性的研究为前提—只对于人才是可能的，并且只对于在较高发展阶段上的人

---

❶《章氏丛书·别录二·答铁铮》。

（佛教徒和希腊人）才是可能的，而其完整的发展则更晚得多，在近代哲学才达到。"❶

"现代印度哲学家路易，用孟加拉文写成一部《印度哲学史》，去年（指1958年）已译成俄文出版。苏联俄译本介绍，路易是用唯物论观点叙述的。他在引言中说：'佛教的教理不是像迦毗罗的教理那样机械的，他的原理是辩证的，这不但表明物质的变动，而且还有新生，存在与不存在，互相交错，肯定与否定——这一切范畴相互代替。恩格斯说希腊哲学家们生来是辩证法家。不过恩格斯的意见绝不适用于巴门尼德、芝诺等等，而完全适用于佛教的大师们。佛教大师即使是唯心论者，龙树、无著也是辩证法家，而那先、觉音、世友、法救、世亲、鸠摩罗多、婆檀陀等，则非但是辩证法家，而且还有唯物论的观点。'"❷

古希腊哲学家思想中之辩证法因素，中外西洋哲学史的著述，大多有所阐述，而佛家哲学思想中的辩证法因素，研究者则极为寥落。苏联史秋跋茨基教授在所著《佛家逻辑》一书中，对佛家的辩证法虽有专章讨论，但着重点只在于量论学者用否定的"遮诠"方法来构成名言（即概念）这一观点，似乎不够全面。丹阳吕秋逸（澂）先生往年在"支那内学院"对佛家辩证法虽曾公开讲述，后来又有文章发表，❸但言简而意深，有待发挥者不少。此外，国内关于这方面的专著就不复多睹了。因此，佛家哲学中没有辩证法思想因素则已；如果遵照恩格斯的指示，肯定佛家哲学

---

❶ 恩格斯《自然辩证法》，1957年人民出版社版，第185页。

❷ 万均《禅余随笔》，载《现代佛学》1959年3月号。

❸ 吕澂《佛家辩证法》，《现代佛学》1954年第1期。

中有辩证法思想因素的话，那么，可以说它还是一块需要开垦的荒地。

本书试图用新的观点和方法，阐明七世纪中叶祖国的一个伟大的佛教徒玄奘哲学思想中之辩证法因素，在先驱者之后做一些筚路蓝缕的工作，为中国哲学史及佛教史的研究尽绵薄之力。但这项工作是颇为困难的：

首先，是玄奘的哲学思想体系博大精深，在很短的篇幅里要作全面地研究是不可能的，只好从"缘起论""中道观""因明学"等三方面的哲学思想谈起，其他问题，暂不涉及。

其次，由于玄奘哲学思想的系统严密，术语纷繁，而且他用的术语都是恰合表达他的思想体系的。如果把这些术语通体改译成现代哲学中所用的范畴，有时难免以辞害意；如果通体不译，沿用原语，又未免太不通俗。结果，只得一面将古典哲学术语改译为明白晓畅的今语，使读者不致多费脑筋，尽量做到大众化；一面为了保存原意，查考方便，仍将古典哲学术语注在改译的今语的下面，遇到非用原语不可的时候，又将今语注在原语的下面。

玄奘哲学思想中的辩证法因素是我国优秀的文化遗产之一，今天认识并评介他的生平和事业，确具有十分重要的现实意义。梁任公说："玄奘是中国第一流学者，决不居第二流以下；但是几千年来没有几个人知道他的伟大，最知道的只有做《圣教序》的唐太宗，其次却轮到做《西游记》的人，说来可气又可笑。士大夫不知玄奘，孺子妇人倒知道有唐三藏！《新唐书》《旧唐书》都有《方技传》；《方技传》都有《玄奘传》（按：《新唐书·方技传》并无《玄奘传》），但都不过百余字，《方技传》本来就没有人看，百余字平平淡淡的《玄奘传》就更没有人注意了。"❶因此在谈玄奘哲学思想中之辩证法因素以前，将他的生平事业、时代背景及其哲学思想产生的理论前提，略为叙述，似乎也很必要。

本书写作的目的及其内容大致就是如此。

由于作者的水平限制，这本书的质量是远不符作者自己的主观意图的，至于谬误之处，更不知凡几，务请哲学界的同仁批评指正。

一九五七年五月遵义田光烈于南京

---

❶《中国历史研究法补编》，商务版，第 158—159 页。

唯识相关文章

地论师

地论师是我国从北魏到唐初的许多精通并弘扬《十地经论》的佛教学者之称。因为他们中间还没有传宗定祖之说，所以不成为宗派。

《十地经论》是印度大乘瑜伽学系的重要典籍。作者世亲初从声闻乘出家，后闻其兄无著讲《十地经》有省，便改变所宗而先撰成《十地经论》，以赞扬"大乘"。那里面有很多大乘教义的解释，从而更巩固了瑜伽一系学说的理论基础。这部《十地经论》是在北魏宣武帝永平元年至四年（508-511）时由勒那摩提、菩提流支二人合作译成的，共十二卷。传说摩提与流支见解不同，宣武帝乃命二人别译，后来对勘译本，很奇怪的是仅有一字之差，所以仍归于一本流行（见《续高僧传》卷七《道宠传》）。但是在现存崔光的经序里，并没有说到这一段因缘。不过摩提与流支所习并不尽同，而且摩提对《地论》似乎更有专长（《法经录》等都以摩提为主译者），因之从他们二人传习《地论》的也就发生异解，而形成南北两道。这南北道的解释，一般都说从相州去洛阳的通道，有南有北两家学徒即沿着两道各别发展而得名。其实，南北道"地论师"在魏都洛阳时期即已分裂，可能是摩提与流支分居在当时御道街的南北，因而成为道南道北两系。

南道系传自勒那摩提。勒那摩提（译为宝意），中天竺人。北魏宣武帝正始五年（永平元年，508）到洛阳弘法。译出《十地论》《宝性论》等二十余卷。教授弟子三人，房、定二士传其心法，慧光传承他的法与律学。即因慧光的弘通，南道地论的学说得到极大的发展。

慧光，定州长庐人，年幼即依佛陀禅师受学。时佛陀任少林寺主，勒那摩提与菩提流支正在翻译《十地经论》，意见分歧。慧光参与其事，由于他素习方言，遂折衷笔受以为一本。他素擅律学，先在洛阳任国僧都，后在邺城转为国统，并著论疏，故使《十地经论》得以畅行。慧光门下的高材很多，知名者有法上、通凭、昙遵、僧范、惠顺、灵询、僧达、道慎、安廪、昙衍、昙隐、洪理、道云、道晖等人，其中以法上为上首。

法上（495—580），朝歌人，十二岁投道药禅师出家，后入洛阳从慧光受具足戒，讲《十地》《地持》《楞伽》《涅槃》等，并著文疏。魏齐二代，历为统师将四十年，所部僧尼二百余万，寺四万余。其弟子有慧远、法存、融智等，以慧远为最有名。慧远（523—592），敦煌人，年十三投泽州僧思禅师出家，依法上进具，后即专从法上受学。齐幼主承光二年（578），周武灭齐，将毁齐地佛法，远独抗不屈。毁法后潜隐汲郡西山。隋兴，授洛州沙门都。开皇七年（587）召六大德入关，远居其一，住净影寺。撰《十地疏》十卷等，又撰《大乘义章》十四卷，分为五聚，二百四十九科，一本地论师说，料简各家，其弟子有灵璨、慧迁、善胄、宝安、智嶷、智徽、辩相、玄鉴、道颜、僧昕等人。灵璨（548—618），怀州人，游学相邺，深通《十地》《涅槃》。后随远入关，住大兴善寺，为十大德之一。慧远去世后，敕补为众主，于净影寺弘扬所学。慧迁（548—626），瀛洲人，初习《地论》，后从慧远通《涅槃》《地持》。齐亡南奔陈。隋初随慧远入关，住大兴善寺。开皇十七年敕立五众，迁遂为十地众主，住宝光寺。他死后，关中即无人再讲《十地》。善胄（550—620），瀛洲人，少出家，通《大论》《涅槃》。齐亡南奔陈。隋初北上，依慧远住净影寺。远亡，敕令于净影寺为涅槃众主。宝安，兖州人，初依慧远习《涅槃》。齐亡南奔陈。隋初北上从慧远入关住净影寺。智嶷，本康居王的后裔，十三岁出家，依慧远传《十地》与《涅槃》，后入关住静法寺。智徽（560—638），泽州高平人，十三岁出家，后从慧远学习经论，深通《大涅槃经》，讲《涅槃》《十地》等。辩相，瀛洲人，出家后依慧远学《十地》乃至大小三藏。开皇七年随慧远入关，住净影寺。玄鉴，泽州高平人，十九岁出家。依慧远学习经论。深通《大涅槃经》，讲《涅槃》《十地》《维摩》，四时不辍。道颜，定州人，初从慧远学《涅槃》《十地》，后入京住净影寺。僧昕，潞州上党人，隋初入洛阳，从慧远学《十地》《涅槃》，得其宗旨，后入关住兴善寺。

法上的弟子还有融智，常讲《涅槃》与《地论》。其弟子靖嵩，在周武法难时，南避建业，又从真谛弟子法泰学习《摄大乘》与《俱舍论》，后来讲学于彭城，其学兼《地》《摄》两论。弟子有智凝等。

道凭（488—559），平恩人，十二岁出家，依止慧光十年。常讲《地论》《涅槃》等，吐纳清爽，京师誉为"一代希宝"。其弟子有灵裕（518—605），弘《地论》等，著有论疏。昙遵（480—564?），河北人，少投慧光出家，化行洛阳等地。年七十余，丞相淮阴王肱举为国都,后转为僧统。他的弟子昙迁,也是学兼《地》《摄》两论的名僧。僧范(476—555),平乡人,年二十九,闻《涅槃》有悟,遂投邺城僧始出家,旋游洛阳从慧光受业,声闻邺下。常讲《华严》《十地》《地持》等学,著有疏记。惠顺(487—558?),年二十五投慧光出家,讲《十地》《地持》等,都著有疏记。灵询(482—550?),渔阳人,少年入道,后从慧光研寻十余年,撰《维摩》《疏记》等。僧达(475—556),上谷人,十五出家,到洛阳依勒那摩提三藏学习《地论》。勒那卒,又从慧光学《十地》,并受菩萨戒。历讲《华严》《四分》《十地》《地持》。道慎(515—579?),高阳人,十四岁出家,后入洛阳从慧光学《地论》。安廪(507—553)、昙衍(503—558)、昙隐、洪理、道云、道晖等,均从慧光受学有名。

地论师北道系传自菩提流支。菩提流支(译为道希)北天竺人。于魏永平初年(508年顷)来洛阳,住永宁大寺,与勒那摩提等创译《十地》,后随东魏迁邺。前后二十余年,译《佛名》《楞伽》《法集》《深密》《金刚》《无量寿》《胜思惟》《大宝积》《法华》《涅槃》等经论,共三十九部,一百二十九卷。其弟子杰出者有道宠。

道宠,俗姓张,名宾,为儒学大家熊安生的弟子。出家后,从菩提流支学《十地经论》,随闻出疏,名扬邺下。门下英才甚多,其中以志念、僧休、法继、诞礼、牢宜、儒果等为最有名。但除志念外,余无传记可考。志念(535—608),冀州信都人,出家后,初从道长学《智论》,后依道宠学《十地经论》,撰《伽延杂心论疏》及《广疏》各九卷,盛行于世。

北道系的人才,没有南道系多,所以在学说传播上,远不如南道之盛。加以《摄论》学说盛行于北方，其主张与北道系相近，而条理缜密过之，所以遂为摄论师所掩，融成一派。到了唐代，因贤首建宗，《华严》之说大张，《十地》原为大经之一品，《地论》精义又悉为贤首家所资取，更无独立宣扬的余地，于是南道系也终于没有传承了。

地论师的著作，属于北道系的，已荡然无存，但南北道不同的重要主张，依据后人的辗转传述，仍大略可言。地论师所学，并不限于《十地》一论，思想上还受到先后流行的涅槃师、摄论师的影响，所以学说的性质比较驳杂。其南北两道互有争论之点，则集中于"当常"与"现常"的主张以及四宗五宗的教判（见《续高僧传·道宠传》）。

"常"是涅槃或佛性的异名。北道地论师以众生的根本意识即阿梨耶识为诸法的依持，说一切法从阿梨耶识生起（这和摄论师说法相近）。阿梨耶识虽和如来藏（佛性）无别，但并不具足一切功德（《楞伽经》说具足者，是对断见人方便说的）。一切功德必待新熏而后生，亦即是说众生的佛性必须成佛后始得，当果而现，后天所有。这就是"当常"之说。南道地论师反对此说，以为阿梨耶识法性，即是真如佛性，以之为诸法的依持，生一切法。此法性真如即如来藏（佛性依《楞伽》等经说）本来具足一切功德，就是说众生的佛性与生俱生，先天而有，这就是"现常"之说（见道伦《瑜伽论记》）。当常与现常之争，即佛性始起和本有之辩。南道地论师后来主张也多少有些变化。他们说佛性有理性（本有）行性（始起）二种；或说有理性（隐时）体性（显时）缘起性（用时）三种（见《大乘玄论》及《四论玄义》）。这样，他们在本有佛性之外，也主张有始起佛性了。"当常""现常"原为地论南北两道对峙之说，后来演变为摄论师与地论师之争，唐初佛教界议论为之纷然。玄奘法师亦即于此问题疑难不决，而益坚其赴印求法的志愿，从他回国后表启中的叙述可知。

关于判教问题，北道地论师用五宗说，而南道用四宗说。五宗之说不得其详，只旧传护身寺自轨师有五宗说，即于南道四宗（详下）之上再加第五法界宗，以推尊《华严经》，此或与北道五宗说有关。南道四宗说，佛陀扇多与慧光同说。一、因缘宗，指《毗昙》说六因四缘；二、假名宗，指《成实》说三假；三、诳相宗，指《大品》、三论说"相皆虚妄"；四、真实宗，指《华严》《涅槃》说"佛性常住"。此四宗名目，后来慧光弟子大衍寺昙隐，改之为因缘宗、假名宗、不真宗及真宗。慧远又改之为立性、破生、破相、显实。又有约四宗为立相、舍相、显真实三宗者。总之，南道系判教说，后来是有些变化的。

摄论师

我国陈隋之际，有很多传习讲说真谛所译《摄大乘论》的佛教学者，后世统称他们为"摄论师"。

《摄大乘论》是印度大乘学派中"瑜伽派"的重要著作。由无著造论，世亲作释。此论在北魏已由佛陀扇多译出论本，但释论未译，文义未显，因而流行不广。到了梁武帝大同元年（546）西印度真谛（499-569）来华。因值梁末战乱，辗转流寓各地，后于陈文帝天嘉四年（563）应广州刺史欧阳纥之请，译出《摄大乘论本》三卷，世亲《释论》十二卷。真谛"虽广出众经"而"偏宗《摄论》"（《续高僧传·拘那罗陀传》），所以在陈光大二年（568，即他临死的前一年）八月，值他的高足慧恺病卒，遂与法准、道尼、智敫等十二人发誓弘传《摄大乘》与《俱舍》二论，使无断绝。其弟子中传《摄论》之学的有慧恺、智敫、道尼、法泰、曹毗、僧宗、蕙旷。

慧恺（518-568），即智恺，俗姓曹氏，住建业阿育王寺。陈天嘉中（560-565），他与法泰先后至广州，师事真谛。谛译《摄论》与《俱舍》，均由恺笔受。他于《摄论》尤致力钻研，撰《摄论疏》二十五卷，并自讲《俱舍论》，未讫而卒。

智敫（?-601），循州人。真谛译《俱舍》时曾预其席，慧恺讲《俱舍》，敫与道尼等二十人掇拾文疏，笃志研习。后为广、循二州僧正，并在循州宣讲《摄论》十余遍，撰真谛《翻译历》，对于部卷入世，无不详载。

道尼，九江人，曾亲炙于真谛。后归乡，依真谛宗旨，开讲《摄论》，知名海内。开皇十年（590）奉诏入长安，于是真谛之学大行于京师。那时南方反而很少讲究《摄论》的人了。道尼的弟子多人，其中知名者有道岳、慧休、智光等。道岳（568-636），俗姓孟氏，河南洛阳人。十五岁出家，依僧粲为弟子。开皇十年，道尼来长安，弘讲《摄论》，岳从他受学。后改攻《俱舍》，其弟子有僧辩（568-642）、玄会（582-640）。玄奘在去印度之前，即曾从岳及玄会学《俱舍》。慧休（548-645），姓乐氏，瀛洲人。十六岁投勖律师出家。后从昙迁及道尼听讲《摄论》，周涉三遍，即造章疏。弟子有道杰（573-627）、神照（569-627?）等，玄奘亦曾从慧休学《摄论》。智光随道尼入长安，也屡讲《摄论》。

法泰，住建业定林寺，有名于梁代。及真谛来广州，泰遂去广州从真谛笔受文义，并述义记。至陈宣帝太建三年（571）真谛死后，他才还住建业，开讲新译经论。但当时好尚《大品》、三论，泰虽屡讲《摄论》《俱舍》，均不为时人所重，只有彭城靖嵩独得其传。靖嵩（537-614），俗姓张氏，涿郡固安人，十五岁出家，后去京邺，从法上弟子融智学《涅槃》与《地论》。周武灭佛，他又与同学法贵、灵侃等南下到建业，从法泰学《摄论》与《俱舍》。数年间精通二论，还对于《佛性》《中边》《无相》《唯识》等论四十余部，都能会通纲要，剖会区分。后北归彭城，住崇圣寺，讲《摄论》，撰《论疏》六卷；又撰《九识》《三藏》《三聚戒》

《三生死》等玄义，隋文帝封禅泰山，关中义学沙门从过徐州，均到嵩寺听讲受业。从此门徒兴盛，所撰章疏大行于世。其弟子有智凝（562？-609？）、道基（577？-637）、道因（586-657）、法护（撰《摄论指归》等二十余篇）等。智凝弘法于四川，他的弟子有智则、道积、僧辩等。后在大业初住禅定寺，作《摄论》章疏。玄奘去印前，也曾从他学过《摄大乘论》。道基曾作《摄大乘义章》八卷，今残存第四卷，又作《摄论序》（今存）。与之同时在蜀郡弘扬《摄论》的有慧景、宝暹，师承不详。

曹毗，为慧恺的从弟。他随恺至广州，从真谛学《摄论》；又听明勇讲说，颇有成就。晚住江都白塔寺弘扬《摄论》，听讲者多知名之士。又撰《真谛别历》。门下有法侃（551-623）、僧荣等。法侃弟子有道抚。僧荣的弟子慧璂（574？-634），仁寿中（601-604）从荣入长安，住禅定寺。

僧宗，扬州人。陈天嘉中（560-565），与法准、慧忍等度岭就真谛受学，听讲《摄论》，极有心得。真谛《摄论疏》后四品，据传说是他手定的。真谛死后，他又为谛撰行状。继而与法准、慧旷等携带新译经论还归庐山传播。法准弟子有净愿（537？-609）。慧旷后来更往湘、郢二州弘化。

真谛《摄论》之学盛行于北方，除道尼、靖嵩两系而外，还有昙迁一系。

昙迁（542-607），俗姓王氏，博陵饶阳人。少时，从舅氏齐国子祭酒博士权会学《周易》《诗》《礼》《庄》《老》等。年二十一，从定州贾和寺昙静出家，复师事《地论》名匠慧光的弟子昙遵。隐居林虑山净国寺，精研《华严》《十地》《维摩》《楞伽》《地持》《起信》等经论。齐幼主承光元年（577），周武帝灭北齐，将毁佛法，迁遂南逃金陵，住道场寺，与陈地名僧智璀、慧晓及高丽沙门智晃等友善。国子博士张机向他学习《庄子》《周易》与佛法，并将他的学说在国学中传授。后来他在桂州刺史蒋君宅得真谛所译《摄大乘论》，如获至宝。这时隋文兴起，他与同辈北归彭城，住慕圣寺，弘扬《摄论》，兼讲《楞伽》《起信》《如实》等经论，北方从此创开《摄论》之学。开皇七年（587），他与洛阳慧远、魏郡慧藏、清河僧休、济阳宝镇、汲郡洪遵等同奉诏，当选为大德。他在长安大弘《摄论》，撰《论疏》十卷。慧远的弟子辩相、净业、净辩等，并皆研习《摄论》，辩相还撰有《论疏》七卷。他的弟子灵润，曾从道奘受业，住弘福寺，讲《摄论》三十余遍，撰《义疏》十三卷，《玄章》三卷。昙延门人有道慦、法常、慧诞等，都善《摄论》。其中法常撰《摄论义疏》及《玄章》，大弘其说。法常的门下智俨，并注有《无性摄论释疏》四卷。至于昙迁的弟子，如道英（560-636）、道哲（564-635）、静琳（554-640）、玄琬（562-636）、慧休等也都是《摄论》名家。慧休有弟子灵范、神照、道杰等，其门下盛况可知。

摄论师自靖嵩、昙迁再传之后，逐渐衰微。及至玄奘学派兴起，遂终于绝传，这在学说发展上，是有其原因的。盖隋唐之际，佛学宗派即已逐渐成立，如三论、天台等宗，建立门庭，务求博大，网罗一切教相以相增上。《摄论》原以世亲之学为主，其学广涉法相唯识，在印度已蔚成大宗。玄奘从印度游学归国，大弘其学。晚年更把世亲所作《唯识三十颂》及火辨等十师前后所释，杂糅而成为《成唯识论》，其中又以护法为主。同时又以六经（《华严》《深密》《如来出现功德庄严》《阿毗达磨》《楞伽》《厚严》）、十一论（《瑜伽》《显扬》《庄严》《集量》《摄论》《十地》

《分别瑜伽》《观所缘缘》《二十唯识》《辨中边》《集论》）为典据。这么一来，原先盛行于南北各地的《摄大乘论》只算诸论之一，就不能特尊了。而且玄奘重新译了《摄大乘论》，综核名实，力求信达，远较旧译为胜。在法相唯识学中，不但摄论师旧义失其重要意义，就连真谛的学术地位，在相形之下也较逊一筹了。专弘《摄论》的摄论师之趋于衰歇，亦属必然之势。

在各摄论师的中间，原无严格的传承，故各家学说并不完全一致。举其大纲则都以《摄论》的十种胜相为依据，主要说第八阿梨耶识是妄识，为一切法之所依，但此妄识中又有一分纯净之识。这略同于真妄和合之说，而与当时地论师北道派主张相近。于八识之外，又将阿梨耶识中纯净之识立为第九阿摩罗识，即无垢识，亦即真如佛性。修行的人由于阿梨耶识中纯粹之识（净分）继续发展，对治妄识（染分），这样就可以证入阿摩罗识而成为佛，因此说一切众生皆有佛性，没有永不成佛的众生。这是各家共同的说法。另外，从境行果三方面的教理来分析，他们还有一些重要的主张。如关于境的，他们说真如有其二义，一所缘境为真如，亦即实际；二能缘心亦为真如，相当于第九阿摩罗识，亦名本觉。二者合一，称为能所统一，理智不二。又就五法（相、名、分别、正智、真如）与三自性（分别性、依他性、真实性）的关系而论，正智通于依他性与真实性，五法中亦包含分别性。又三性中不但分别性是空，而依他性亦空，三无性（相无性、生无性、胜义无性）不但遮遣分别性，而亦遮遣依他性，因此有历观三性的三重次第观之说。另外，第八识为能变，相当于相分，其余七识为能缘，相当于见分。此即《摄论》身识、身者识等十一种识平列之说。又关于行的方面，他们说三乘种性，皆由因缘所生。此即新熏种子之说。关于果的方面，谓定性小乘入无余涅槃，亦可还生回入大乘。这些主张，在道基、灵润诸师之说里，已有了变化，及至玄奘学派成立，就更一一加以否定了。

杨仁山

　　杨仁山居士，名文会，安徽石埭县（今并入太平县）人，生于 1837 年（清道光十七年）。自幼读书，不喜欢科举事业。当1853 年太平天国革命军势力达安徽时，他随着家人辗转迁徙于各地，前后十年。在这时期里，他学习了音韵、历算、天文、地理以及黄老庄列等学说。1864 年（清同治三年），他患了很久的病，因而专心研究有关修养的书籍，得着《大乘起信论》，反复读诵，领悟其中奥义。接着又看到《楞严经》，更有会心，就增加了对佛经的兴趣。1866 年（同治五年），他到南京工程界工作，同事中有真定人王梅叔，深通佛学，互相切磋。又认识了邵阳魏刚己（耆）、阳湖赵惠甫（烈文）、武进刘开生（翰清）、岭南张浦斋、长沙曹镜初（跃湘）等人。大家商议，以为当时佛经大部分刻版都毁灭了，对于弘扬佛学很有影响，急需将刻经的事恢复起来。于是设立金陵刻经处，募款重刻方册藏经，由他自任校勘。同时赞助此事最力的是江都人郑学川（书海），他不久出家，名妙空。在扬州砖桥设立了江北刻经处，和金陵刻经处分工合作。1873 年（同治十二年），杨仁山又研究造像，拟好结构，请画家画成极乐世界依正庄严图、大悲观音像等，并搜得古代名画佛像，一齐刻版流通。1878 年（光绪四年），他服务外交界，随着驻英、法公使到伦敦、巴黎。1886 年（光绪十二年）再度去伦敦，研究政治、测绘、制造等，并计划刻经。在伦敦认识了日本留学僧人南条文雄。三年后，他任满回家，年已五十三岁了。他感慨当时政治腐败，决心摆脱政界，专门研究佛经。又与南条文雄联系，托他在日本陆续搜得大藏经未收录的中国古德著述二百八十余种，择要刻印。同时他也帮助日本编辑《续藏经》，供给了好些注疏和密教典籍。1894 年（光绪二十年），他和英人李提摩太将《大乘起信论》译为英文，流通于印度。明年，他又在上海会见了锡兰（今斯里兰卡）的达磨波罗，对他发起摩诃菩提会将在印度复兴佛教的宗旨，十分赞同，就着手编订《初学课本》等书，准备创办学校，培养弘法人才，作这一运动的响应。由于这些事，对中国和日本、印度等地佛教文化的交流，作了不少贡献。1897 年（光绪二十三年），他于南京延龄巷修建住家房屋，附带收藏经版并流通佛经。四年后，就完全捐给刻经处公用。1908 年（光绪三十四年），于刻经处实现了办学计划，设立祇洹精舍，招收僧俗学生十余人，他亲自教授佛学，延诗僧苏曼殊教授梵文、英语，保庆名士李晓暾（世由）授国文。他希望学生能兼通中西文字，以便去国外弘扬佛学。释太虚、邱晞明等都是当时学生中的优秀者。祇洹精舍办了两年，缺乏经费，就停办了。到 1910 年（宣统二年），杨仁山又在刻经处成立佛学研究会，成员中有欧阳竟无（渐）、梅撷芸（光羲）、沈子培（曾植）、夏穗卿（曾佑）、陈伯严（三立）、李证刚（翊灼）、蒯若木（寿枢）、张孟劬（尔田）、谭嗣同（复生）、桂伯华、黎端甫等人，推仁山为会长。他主讲佛学，每周一次，在文化界传播佛学很有影响。梁启超说：

石埭杨文会……栖心内典，学问博而道行高。……深通法相、华严两宗，而以净土教学者，学者渐敬信之。谭嗣同从之游一年，本其所得以著《仁学》，尤常鞭策其友梁启超，启超不能深造，顾亦好焉；其所著论，往往推把佛教。康有为本好言宗教，往往以己意进退佛说。章炳麟亦好法相宗，有著述。故晚清所谓新学家者，殆无一不与佛学有关系，而凡有真信仰者率皈依文会。（《清代学术概论》）

他此时在刻经方面，因感到日本所编《续藏经》的芜杂，就另编了《大藏辑要目录》，共收三藏要典及各家著述共 460 种，3300 余卷，准备陆续刻齐。又拟作大藏、续藏提要，以示研究的门径。1911 年（宣统三年）秋，他患了病，以刻经处的事业嘱咐研究会同人，并以处内事务约欧阳竟无、陈樨庵、陈宜甫三人分任，遂于八月十七日去世，终年七十五岁。他遗嘱不愿和自己一生所刻的经版分离，所以他的遗体就葬在刻经处内，并建了纪念塔。他的著述有：《大宗地玄文本论略注》四卷，《佛教初学课本》并《注》各一卷，《十宗略说》一卷，《阴符》《道德》《庄》《列》四经发隐各一卷，《论》《孟》发隐各一卷，《等不等观杂录》八卷，《观经略论》一卷，《阐教篇》一卷，都已刻版印行。

杨仁山弘扬佛法四十余年，以刻经和讲学交互为用，所生影响极大。他计划刻版的《大藏辑要》虽未完成，但重要的著述都已刻了出来。像贤首的十疏之六和一些杂著，嘉祥的《三论疏》，慈恩的《唯识述记》《因明述记》，善导的《观经疏》等中国久已失传的要典，都从日本搜得底本，精加校勘，刻版流通。这不但丰富了佛教大藏的内容，并还启发了学者的研究，使各宗学说得到平等的传播。所以在他主办的佛学研究会讲习指导之下，会员谭嗣同之于华严，桂伯华之于密宗，黎端甫之于三论，章太炎、孙少侯、梅撷芸、李证刚、蒯若木等人之于法相唯识，皆各擅专宗，有独到的造诣，而其中欧阳竟无先生尤能融会各宗构成广大的体系。并且他们都是在家专攻佛学的，这就更扩大了居士佛学的范围，使其后数十年间佛学思想在学术界深深植下了根基，而有相当的发展。

杨仁山自己的佛学思想，很受了清代居士彭尺木、罗台山等人的影响，信仰净土法门，推尊明末四师（莲池、紫柏、憨山、蕅益），对于佛学各宗以及内外学说，带有浓厚的调和色彩（这在他的著作如《阴符》《道德》《庄》《列》四经发隐，《论》《孟》发隐等书中表现得最明显）。他也同于彭尺木等，以普贤行愿的精神来实修净土，因而常常表示"教宗贤首，行在弥陀"。他对贤首宗著述有深刻研究，并有精确辨别，像《华严三昧章》一书，就是经他鉴定而贡献于世的。他还上溯清凉、圭峰各家思想的来源，特别重视《大乘起信论》和《玄文本论》，要将二论的综合法门来涵盖一切。但他自己虽独尊贤首，而对接近他的学人，则因材施教，分别鼓励深入余宗，所以他在佛学上诸宗兼顾、规模广阔，是远超前人的。

欧阳竟无

欧阳竟无居士，名渐，江西宜黄县人，生于公元 1871 年（清同治十年），六岁时，父亲就去世了。他幼时，刻苦攻读，二十岁入学。但不喜欢科举，转而研究经史、天文、历算以及程朱的理学。肄业经训书院，称高材生。1894 年（光绪二十年）中日战争爆发，国势日益衰微，他感觉到过去所学无用，遂改变方向，要用陆王之学来对世事有所补救。不久，友人桂伯华游学南京归，又介绍了佛学，以为是究竟之学，他才开始涉猎佛书。1904 年（光绪三十年），他亲自在南京受了杨仁山居士的启发，对佛学有了信仰。1906 年（光绪三十二年），三十六岁，生母逝世，他异常悲恸，即日发愿，舍弃世欲，专研佛学。1910 年（宣统二年），他决定长期住在南京，跟杨老居士学习，这时他已经四十岁了。第二年杨居士病卒，预以金陵刻经处的编校工作咐嘱于他。不久，国民革命军攻南京，他在危城中，守护经坊四十天，使经版一无损失。生活异常艰苦，几至饔飧不给，赖友人清道人李瑞清济以大洋十元，始得待兵解出城。革命胜利后，他与李证刚等发起佛教会，主张政教分离，未获实现，会也就解散了。从此他研究瑜伽系学说，数年，分清了法相、唯识两宗的界限，在佛学理论上作了新的贡献。1918 年（民国七年），他按照杨老居士的计划刻完了《瑜伽师地论》后五十卷，作了很长的叙言，阐明瑜伽学系一本十支的深义。自明代以来，久已晦塞了的慈恩宗学说，到这时才重新昌明，而对知识界接受佛学发生了很大的作用。他在这时又筹办支那内学院，便利研究，经过几年，在 1922 年才成立。他自己主讲《唯识抉择谈》，南北学者好些人来受业，梁任公在这时参加听讲，自谓得益不浅。内学院前后设立了研究部试学班，法相大学特科等。讲习的科目有唯识学、法相学、因明学、律学、心学、佛法美术学、印度哲学、佛教史学、中国古文学、梵、藏、英、日文学等。重点放在瑜伽系学说上（详拙著《章炳麟〈支那内学院缘起〉书后》）。同时广刻唐人章疏，大阐有关瑜伽唯识的种种原理。1927年（民国十六年）办学告一段落，他深入研究了《般若》《涅槃》等经，编辑《藏要》，印出经论五十余种，写了很多绪言，益加畅发佛学的究竟义、真实义。1931 年（民国二十年），九一八事变，日本军阀侵略东北。次年，又强占上海闸北，国势日见严重。他激发爱国精神，大声疾呼，提倡舍身取义、见危授命的儒家之言，号召国人群起抵抗。1937 年（民国二十六年），他召集门人，讲演对于孔佛二家学说究竟会通的看法，表示他晚年成熟的思想。七七事变爆发后，他和内学院同人去四川，在江津设立内学院蜀院，继续刻经讲学的事业。在这时期中，他组成自己学说"顿境渐行"的体系，写出《释教》《心经读》《中庸传》等著作。1943年（民国三十二年）二月病卒，终年七十三岁，即葬在江津。平生著述因迁徙散失很多，晚年自订所存成为《竟无内外学》。内容为：《内学院院训释——释师、释悲、释教》《大般若经叙》《大涅槃经叙》《瑜伽师地论叙》《法相诸论叙》《俱舍论叙》《藏

要经叙》《藏要论叙》《五分般若读》《心经读》《唯识抉择谈》
《唯识研究次第》《楞伽疏决》《解节经真谛义》《在家必读内
典》《经论断章读》《内学杂著》《中庸传》《孔学杂著》《诗
文》《小品》《四书读》《论孟课》《毛诗课》《词品甲》《词
品乙》等共二十六种，三十余卷，都已刻版印行，至于他一生校
刻的佛典千余卷，这些版片，现都保存在金陵刻经处。

居士的学说思想，是由儒入佛而后以佛摄儒的。他深通了程、
朱、陆、王之学，才研究佛学。在佛学中又由法相唯识，而般若唯
智，而涅槃究竟，节节贯通。然后回看孔家，寻其精神。他以为
两家学说有相似处，但就实践是否趋向人生究竟而论，孔行而无
果，佛则行即是果（《孔学杂著》），这就有质的区别了。

居士讲学，本来主张学必有为而发，而用在利他。晚年因国
势阽危，愤发忠义爱国的精神，贯彻于一切方面。他说："乱之兴
也自无悲始，始之萌也自亲爱始。"（《内学序》）他要提倡佛家大
悲的精神来救亡图存。又说："今之成人，体用难并，姑先其体。曰
见利思义、见危授命……孙中山革命是一条鞭，不可杂保皇党开明
专制；今日抗战到底是一条鞭，不可收容主和败类。孔子谋道不
谋食，孟子舍生取义，踽踽独行，不可夹杂乡愿两边立足之相似
教。"（《孔学杂著》）他又要用儒家严夷夏之分、义利之辨的精神
来救亡图存。选《毛诗课》则说："迨天之未阴雨，绸缪牖户，谁
敢侮予，今则流血百万，惨不可言矣！事前有备谓之未雨绸缪……
绸缪在作新，作新在作气，作气在观感而愤悱。"（《毛诗课叙》）
他本来精于文学，在晚年因国难选刻《词品甲》，纯粹为了"山
河破碎，上下晏然，秉国不均，民将无气。若使无气，则碴俎宰
割固无妨，赧颜事仇亦何害，人生至此，尚足问哉！吾焉能忍与

此终古！国之强也，气之炽也；国之亡也，气之馁也。谁能使气之炽而终于不馁耶？要此锥心刻骨之事常目在之而后可也"（《词品甲叙》）。他也精于书法，晚年因国难更提倡六朝以上的书法，也是为了"河山破碎，强虏纵横，民气不扬，国魂安傅。丰腴柔媚软骨之鸩，铁石冰霜强根之锻。要使耳濡目染，意匠心营，无不皆岳峙渊停而绝尽山温水软，然后斯民浩气，勃然而兴，沛然盛也"。（《跋龚秋秾元明以来书法评传墨迹大观》）从这些上可见居士一贯爱国的精神。至于他平生治学，主张：一、不可以凡夫思想为基础，而必以等流无漏为基；二、不可主观而必客观；三、不可囿于世间见，而必超于不思议；四、不可以结论处置怀疑，而必以学问思辨解决怀疑（《孔佛概论之概论》）。又特别注重拣除伪似，明辨是非，所以他在佛学孔学方面都有伟大的贡献，这决不是偶然的。

章炳麟《支那内学院缘起》书后

　　支那内学院是欧阳竟无先生为培养研究佛家思想学说的人才而创立的。1922 年在南京公园路正式开办以前（1918 年），首先就双塘巷金陵刻经处研究部设筹备处，刊布《简章》，章太炎先生的《支那内学院缘起》，就是刊布在《支那内学院简章》中的一篇重要文章，此外还有沈子培、陈散原两先生的文章，三篇都是墨迹。章先生的文章之所以重要者，在乎短短五百字左右的《缘起》中，极其精练地概括了他学佛的原因，从人之途，唯识法相并非一宗，以及研究它的现实意义，都露其端倪，可以作为研究章先生哲学思想的重要材料。然而这样一篇文章，却在《章氏丛书》《章氏丛书续编》《章氏丛书三编》《太炎文录续编》中都未收录，解放后出版的章太炎各种选集中，也找不到，所以尤为珍贵。

　　从《太炎先生自定年谱》来看，他三十岁时（1897 年），由于友人夏曾佑（穗卿，夏氏与沈子培、陈伯严、欧阳竟无诸先生都是杨仁山居士所主持的佛学研究会的成员）的劝诱，开始学佛，略涉《法华》《华严》《涅槃》诸经，不能深入，宋恕（平子）又劝他读《三论》（即《中论》《百论》《十二门论》），他说："读竟，亦不甚好。时余所操儒术，以孙卿为宗，不喜持空论言捷径者。偶得《大乘起信论》，一见心悟，常讽诵之。"此后数年，他继续奔走革命，研究国学，对佛学的研究并未继续。到了1903年5月，他在上海因《苏报》案被捕入狱，禁锢三年，到1906年5月，刑满出狱。这期间，他认真研究了弥勒的《瑜伽师地论》和世亲的《成唯识论》。所谓："因系上海，三岁不觌，专修慈氏、世亲之书。此一术也，以分析名相始，以排遣名相终，从入之途，与平生朴学相似，易于契机，解此以还，乃达大乘深趣。私谓释迦玄言，出过晚周诸子不可计数，程朱以下，尤不足论。"（《章氏丛书·菿汉微言》）这说明他在牢狱中读佛书，才开始真有理解会悟。《年谱》和《菿汉微言》中这些记载，与《缘起》中所谓"余素以先秦经法教，步骤不出孙卿、贾生，中遭忧患而好治心之言。始窥大乘，终以慈氏（弥勒）、无著（世亲之兄）为主"的说法是一致的。

《瑜伽师地论》《成唯识论》是法相唯识学的两部要籍，他在狱中，"晨夜研诵"，弄通此学之后，1910年间，他就用法相唯识学的观点，撰成《齐物论释》，这一名著，思深义密，梁任公说他"用佛学解老庄，极有理致，所著《齐物论释》，虽间有牵合处，然确能为研究庄子哲学者开一新国土"（《清代学术概论》）。他何以有这样的成就呢？据他自己讲："余学虽有师友讲习，然得于忧患者多。"所谓忧患，指他在参加革命中，遭到"七被追捕，三入牢狱"的事迹。"不愤不启，不悱不发"，欧阳竟无先生所谓"悲愤而后有学"。他自己研究佛学虽较章先生为迟，而"笃学力行，皆激于身心而出，无丝毫假借"（吕澂《亲教师欧阳先生事略》）。两位先生研究佛学的原因，极为相似。

《缘起》中说欧阳先生"精《瑜伽师地》，所学与余同"。大藏经八千余卷，汪洋浩瀚，为什么两位先生研究佛学都从百卷的《瑜伽师地论》入手，而有所获呢？这是因为《瑜伽师地论》包括法相学与唯识学两个方面，据章先生说，此学"与平生朴学相似，易于契机"。所谓朴学，指的是清代三百年间，学术的主要思潮，是摒弃宋明理学而返于两汉经术的所谓汉学。清代正统学术，将许慎的小学、郑玄的经学熔为一炉，以考订名物、解释训诂为治经之正轨。"其作始也简，其将毕也巨"，这种思潮，本始于明末顾炎武诸人倡"经学即理学"以反对晚明学风，浸假而风靡于学术之林，甚至影响有清一代。所以如此者，王缁尘认为有三种原因：一、可以如顾、阎二氏之获高名；二、不涉政治，可以免文字狱之祸害；三、可以应博学鸿词科，获售，可以致禄仕（《汉学师承记评序》）。从名利思想出发而研究汉学，这是合乎地主阶级出身的知识分子的实际情况的。

"朴学"学风，据梁任公说，有下列特点：一、凡立一义，必凭证据，无证据而以臆度者，在所必摈。二、选择证据，以古为尚，以汉唐证据难宋明，不以宋明证据难汉唐，据汉魏可以难唐，据汉可以难魏晋，据先秦西汉可以难东汉，以经证经，可以难一切传记。三、孤证不为定说，其无反证者姑存之，得有续证则渐信之，遇有力之反证则弃之。四、隐匿证据或曲解证据，皆认为不德。五、最喜罗列事项之同类者，为比较的研究，而求得其公则。六、凡采用旧说，必明引之，剿说认为大不德。七、所见不合，则相辩诘，虽弟子驳难本师，亦所不避，受之者从不以为忤。八、辩诘以本问题为范围，词旨务笃实温厚，虽不肯枉自己意见，同时仍尊重别人意见；有盛气凌轹，或支离牵涉，或影射讥笑者，认为不德。九、喜专治一业，为"窄而深"的研究。十、文体贵朴实简洁，最忌言有枝叶。当时学者，以此种学风相矜尚，自命曰"朴学"，其学问之中坚，则经学也，经学之附庸则小学，以次及于史学、天算学、地理学、音韵学、律吕学、金石学、校勘学、目录学等等，"一皆以此种研究精神治之"（《清代学术概论》）。梁氏所述朴学学风十条，其治学根本精神重要的不外下列几点：一、无征不信，所以重证据，重调查研究。二、实事求是，从历史的观点出发，以求发展变化之真实。三、重分析比较。四、重探赜索隐，钩深致远。

佛学从文字组织形式来说，最初以偈颂为中心，其中法义组织抉择，益趋明确，并有所发挥。这种解释"法"的方法，就是阿毗达磨（对法）。其形式有下列几类：一、单纯对佛说加以解释，由简到详，逐步深入，名优婆提舍（议论）。二、提揭全文各段中心思想，由简单要点，演绎出许多道理，如母生子，名摩坦理迦（本母）。三、分析各种不同的名相，有许多意义相似的，为了决定它们的含义，就分设若干门类，加以区分（如以数来分的就叫"数分"，有增一法、十上法等等），决定出一种来，名抉择。（参考吕秋逸先生《印度佛学源流略讲》第一章第二节）《瑜伽师地论》本论一分以三相摄十七地，释论四分以抉择地中要义，诸经说解仪则、名义别异、三藏众要事义，乃大乘阿毗达磨的典范。章先生所谓"此一术也，以分析名相始"，就是指的这种治学方法，用这种方法治学，可以养成实事求是的学风，而避免浮说游谈、颟顸笼统之弊。所以章先生又说：

仆之所以独尊法相者，则自有说：盖近代学术渐趣实事求是之途，自汉学诸公分条析理，远非明儒所能企及，逮科学萌芽，而用心益复缜密矣。是故法相之学，于明代则

不宜,于近代则甚适,由学术所趋然也。(《章氏丛书》,《太炎文录初编·答铁铮》)

以上所说,就是章先生对法相唯识学"易于契机"的原因。欧阳竟无先生,在研究佛学以前,就"博涉经史,兼工天算",对汉学素养极深。所以法相唯识之学对他来说,也是"易于契机",一拍即合。他尝说:"圣言至教量,应以经解经,一字不苟。"这正是汉学家的治学三昧。晚年自述他坚持的治学方法是:"由文字历史求节节近真,不史不实,不真不至。"(吕澂《亲教师欧阳先生事略》)又说:"吾之学一字一句皆自唯识中来。"(王恩洋《追念亲教大师》)所以两先生研究佛学的门径是一致的。此外,在欧阳竟无先生所撰《杨仁山居士传》中说:"唯居士之规模宏广,故门下多材,谭嗣同善《华严》,桂伯华善密宗,黎端甫善《三论》,而唯识法相之学有章太炎、孙少侯、梅撷芸、李证刚、蒯若木、欧阳渐等,亦云夥矣。"(《竟无内外学·内学杂著》,支那内学院刊本)两位先生不但学佛的原因大致相同,从入之途相同,所受亦同。

章先生是有清一代经古文学的重镇,公认的国学大师。目空一切,古今学者他看重的不多,而对欧阳先生却推崇备至。《缘起》中说:

友人欧阳竟无受业石埭杨居士……尝言:"唯识法相唐以来并为一宗,其实通局、大小殊焉。"余初惊怪其言,审思释然,谓其识足以独步千祀也。

将唯识法相判为两宗,这在佛家思想学说史上确是一件大事。这两宗大小、通局之殊,究竟怎样剖析呢?欧阳先生有许多精辟独到的见解,散见于各处,过去没有人整理,现将有关资料辑录在下面,以供研究中国佛家思想学说史和中国哲学史的同志们参考。就个人所接触到的资料而论，欧阳先生在所著《瑜伽师地论叙》《瑜伽真实品叙》《杂集论述记叙》《百法五蕴叙》《世亲摄论释叙》《唯识讲义》等著作中，判唯识法相为二宗，条分缕析，博大精深，真可以"独步千祀"。唯识法相自唐以来视为一宗，早在民国五年（1916 年），欧阳先生在《世亲摄论释叙》和《百法五蕴叙》中就指出唯识法相并非一宗。他说：

> 世尊说菩萨藏中之论藏，曰《阿毗达磨》；弥勒说论中之大乘毗婆沙（广说之意），曰《瑜伽师地论》。无著括《瑜伽师地论》法门，诠《阿毗达磨经》宗要，开法相唯识二大宗，曰《集论》《摄论》。……《集论》宗法相，则以蕴、处、界三科等叙一切法故，识虽尊特，与色、受、想、行并开蕴故；《摄论》宗唯识，则以一切法唯有识以立言，所谓一切显现虚妄分别唯识为性故，摄三性以归一识故……《集论》宗法相，导小以归大，五性齐被，三根普摄；《摄论》宗唯识，诠大而简小，姓唯被二，乘亦摄一。……《集论》谈中道，依世出世后得智说六善巧；《摄论》谈中道，依出世智说无所得。无所得者，正智缘如离能所取，无彼戏论，非无相见，是名中道。（《世亲摄论释叙》，金陵刻经处刊本）

又说：

> 约缘起理建立唯识宗，以根本摄后得，以唯有识为观心，以四寻思为入道；约缘生理建立法相宗，以后得摄根本，以如幻有诠教相，以六善巧为入道。《瑜伽》十七地摄二门尽，建立以为一本。抉择于《摄论》，根据于《分别瑜伽》，张大于《二十唯识》《三十唯识》，而胚胎于

《百法明门》，是为唯识宗，建立以为五支；抉择于《集论》，根据于《辨中边》，张大于《杂集》。《杂集》者，糅《集论》为一论，不别立《集论》支也，而亦胚胎于《五蕴》，是为法相宗，建立以为三支。无著授天亲《摄论》，师子觉《集论》，皆以《瑜伽》法门诠对法大义，是为古学。无著括《瑜伽》五分而别出己意以显扬圣教，则《显扬》者，亦略本《瑜伽》也，抉《本事菩萨地》而别出己意以庄严大乘，则《庄严》者，又一《地持善戒》也，是为今学。建立以为二支。(《百法五蕴叙》，金陵刻经处刊本)

到了第二年（1917年），他在《瑜伽师地论叙》这一重要著作中，关于唯识法相两宗不同的道理，两相对比，举出十条之多，真可谓"发一本十支之奥蕴，慈恩正义，日丽中天，自奘师以来，所未有也"（吕澂《亲教师欧阳先生事略》）。十条者：

一、对治外小心外有境义，建立唯识义；对治初大恶取空义，建立法相义。二、由说缘起以造大乘法释立唯识义；由说缘生以造大乘法释立法相义。三、观行瑜伽归无所得，约观心门建立唯识义；境事瑜伽广论性相，约教相门建立法相义。四、八识能变，能变义是唯识义；三性所变，所变义是法相义。五、有为无为一切诸法约归一识，所谓识自性故，识所缘故，识助伴故，识分位故，识清净故，是故约义是唯识义；又复以一识开为万法，所谓五蕴、十二处、十八界、二十四根、四谛等，是故开义是法相义。六、才一识生，而自性、所依、所缘、助伴、作业五相因果，交相系属，才一识生，四识互发，是故开义是唯识义；虽万法生，而各称其位，法尔如幻，就彼如幻，任运善巧，宛若

为一，是故约义是法相义。七、了别义是唯识义，如如义
是法相义。八、理义是唯识义，事义是法相义。九、流转真
如、实相真如、唯识真如是唯识义，安立真如、邪行真如、
清净真如、正行真如是法相义。十、今论言境独标五识身意
地，是故今义是唯识义；古阿毗达磨言境多标三法，是故
古义是法相义。（《瑜伽师地论叙》卷上，14—15 页，金陵
刻经处刊本）

在所著《杂集论述记叙》中又说：

一、唯识以识摄蕴，蕴亦是识，染净俱八，无漏寄存；法
相以蕴摄识，识亦是蕴，蕴不摄无为而摄于界。二、唯识
唯是一识，百法明门而摄一门；法相舍种种执，观无量门
不观一门。三、殊特义是唯识义，故说所依赖耶无对；平
等义是法相义，故说十一摄相界统同，以平等义独标于摄
故。四、空故无得，无得故不标相应，唯识言心即摄心所，心
心所外，不作别谈；不空故善巧，善巧故独标相应，法相
相应，种多有六，不独同行。五、缘起义是唯识义，故缘
其因说种子相；缘生义是法相义，故就其果说成就相。六、
《显扬》六善巧外，增谛成七，但是苦集而非是染，但是
灭道而非是净，此亦如是，观苦集灭道种种法相；唯识不
然。七、唯识简声闻藏、八万四千法蕴是三藏相、是所缘
境；法相则摄方广十事门菩萨别藏，更摄十二部声闻通
藏。八、唯识菩萨别五位十三住；法相三乘通二十八补特
伽罗。九、唯识六现观，信戒但引助，其见摄智谛少分，相
见摄边智究竟，无声闻现观；法相十现观，平等平等，前
七共习，但不作证，不于下乘出离而有十一种差别。十、

唯识精修观行但说止观利益；法相谛察相貌，并详论议，抉择利益。(《杂集论述记叙》，金陵刻经处刊本)

他在《瑜伽真实品叙》中对二宗的区别，又述六义：

一、譬如被机，唯识被二，不定及大；法相齐被，二乘无性。二、譬如正智，唯识虽净，唯是相应，而非即智；法相家言，依他具二，一妄分别，是心心所，一即正智。三、譬如论议，唯识有五不判；法相则无不谈。四、譬如三世，唯识谈种，即一现在，托过未种变似三时，而实一现；法相谈相，果相所对，便谈过去，因相所对，便说未来，三法展转而实现在。五、譬如六根，唯识缕分，最后判言，若入果位六根互用；法相家言，法相不可乱，非耳能视，非目能听，种与种相网，执破者无畛限，目挟耳种而现行而实耳闻，耳挟目种而发现而实目见。六、譬如涅槃，唯识无住，但对般若自性涅槃，而俱简小；法相普被，有余无余以为其果。(《瑜伽真实品叙》，金陵刻经处刊本)

晚年因抗战入蜀，复重申此义：

二谛空宗为文殊学，三性非空非不空宗为弥勒学。……盖弥勒学者，发挥法相与唯识二事也，初但法相，后创唯识。弥勒《瑜伽》中诠法相于本事分，而诠唯识于抉择分。是法平等曰法相，万法统一曰唯识。二事可相摄而不可相淆，亦复不可相乱，此弥勒学也。(《内学杂著·辨唯识法相》，支那内学院刊本)

以上所谈，均属义理。再从典据方面来说：法相唯识所据者有六经十一论，六经中之《楞伽经》二宗教义俱有，经中谈八识二无我者，属唯识义；谈五法三自性者，属法相义。《华严经》

谈三界唯心，入地行果，属唯识义。《阿毗达磨经》，谈蕴、处、界平等，属法相义。《密严经》谈阿赖耶识，《解深密经》境行果赅备，然不被外小，《菩萨藏经》本宗大义抉择赅备，然不被外小，三者均属唯识义。

十一论中之《瑜伽师地论》为一本，其余为十支。《瑜伽师地论》中之抉择分多谈唯识义，本地分多谈法相义。《瑜伽》抉五识身意地，略义门中，因缘八相，分别五相，建立赖耶，大乘教明，唯识宗成；广义门中，自性差别次第依止及与摄义都为六聚，名十九义，色有十义，谛等五聚，如是种种蕴善巧摄。……此六善巧多门分次，中道教明，法相宗成。十支中《显扬圣教论》为《瑜伽师地论》节本，《庄严论》为《瑜伽菩萨地》羽翼，独被大乘，为唯识义。《辨中边论》，相障对治，一切齐被，法相赅备，始末井然，属法相义。《百法明门论》以识摄蕴，唯识独尊，属唯识义。《五蕴论》以蕴摄识，诸法平等，为法相义。《摄大乘论》，境行果三，赅如《深密》，是故此宗建立无不动言《解深密经》《摄大乘论》，然《摄论》不被外小，属唯识义。《杂集论》三科平等，十二分教，一切齐被，以瑜伽法门，诠对法宗要，属法相义。《二十唯识》七难成立唯识，属唯识义。《成唯识论》性、相、位三分成立唯识，属唯识义。（参看《唯识讲义》第一卷，1923 年支那内学院出版）

从上所引材料来看，欧阳先生从义理、典据两方面条分缕析，判法相唯识为二宗，铁证如山，可谓千古定论。此中道理，非详细疏通，不易理解，而欲详释，又非若干万言的专著不可，目前尚无此必要，只好存而不论。

这里我们还必须指出：章太炎先生崇尚佛学的原因，除了"中遭忧患，而好治心之言"的这种个人原因而外，还有《缘起》中所谓"修己治人，所补益博"的现实的政治意义。在《答铁铮》中他说：

> 明之末世，与满洲相抗百折不回者，非耽悦禅观之士，即姚江学派之徒。日本维新亦由王学为其先导，王学岂有他长，亦曰自尊无畏而已。（《太炎文录初编·别录》卷二）

如何才能"自尊无畏"呢？他说要学法相和禅宗那种"依自不依他"的精神。这种精神儒家也有，佛教特别是禅宗之所以在中国容易传播者，正因其"自贵其心"与"中国心理相合"。据他说这种"依自不依他"的精神，作用很大，有极其重要的现实意义。

第一，它发挥人们的理性，不以鬼神为奥主，可以解放思想，破除迷信，他说：

> 仆于佛学，岂无简择。盖以支那德教虽各殊途，而根源所在悉归于一，曰依自不依他耳。上自孔子，至于孟、荀，性善性恶，互相阋讼，迄宋世则有程朱，与程朱立异者，复有陆王，与陆王立异者，复有颜李。虽虚实不同，拘通异状，而自贵其心，不以鬼神为奥主一也。（同上）

第二，它使人勇猛无畏，不猥自卑屈，提倡这种精神，对中国前途有益。他说：

> 仆所奉持，以依自不依他为臬极。……排除生死，旁若无人，布衣麻鞋径行独往，上无政党猥贱之操，下无懦夫奋矜之气，以此揭橥，庶于中国前途有益。（同上）

第三，它可以应变处困。他说：

> 法相禅宗，本非异趣。……法相或多迂缓，禅宗则自简易。至于自贵其心，不依他力，其术可用于艰难危急之

时则一也。（同上）

第四，他特别着重强调的是佛学可以维系人心，增强道德观念。他说：

> 中国得孔子泛神之说，至公孟而拔除之；印度得数论无神之说，至释迦而昌大之，其转变亦有相似。自孔子、公孟而后，郊丘宗庙不过虚文，或文人曼衍其辞以为神话（如《九歌》《天问》等），其实已无有尊信者，特愚民不学，犹眩惑于是耳。然所以维持道德者，纯在依自不依他，则已岩然可见。（同上）

又说：

> 至所以提倡佛学者，则自有说：民德衰颓，于今为甚，姬孔遗言无复挽回之力，即理学亦不足以持世。……自非法相之理，华严之行，必不能制恶见而清污俗。若夫《春秋》遗训，颜戴绪官，于社会制裁则有力，以言道德则才足以相辅，使无大乘以为维纲，则《春秋》亦《摩奴法典》，颜戴亦顺世外道也。拳拳之心，独在此耳。（《太炎文集初编·别录三·人无我论》）

民德衰颓表现在什么地方呢？他在《建立宗教论》里，具体地指出"五心"是民德衰颓的具体表现。一有畏死心，所以不能见义勇为；二有拜金心，所以贪污盗窃；三有奴隶心，所以猥自卑屈；四有退屈心，所以不能自强不息；五有德色心，所以堕落腐化。怎么才能对治这五种心而挽回民德呢？他说得非常具体：

> 今之世，非周秦汉魏之世也。彼时纯朴未分，则虽以孔老常言，亦足以化民成俗。今则不然，六道轮回地狱变相之说犹不足以取济，非说无生则不能去畏死心，非破我

所则不能去拜金心，非谈平等则不能去奴隶心，非示众生
皆佛则不能去退屈心，非举三轮清净则不能去德色
心。(《太炎文录初编·别录三》)

这五种心之产生，根本原因在于我见缠缚，欲去我见（包括
人我见、法我见二种），又非提倡法相唯识学不可，所以他在《人
无我论》中又说：

先师无著大士善破我执，最为深通，然其文奥衍，或
不通于时俗。余虽寡昧，窃闻胜义，闵末俗之沉沦，悲民
德之堕废，皆以我见缠缚，致斯劣果，曲明师说，杂以己
意，为《人无我论》一首。

这些全是主观唯心主义的臆测，实践证明，是行不通的，"却
仅止于高妙的幻想"（鲁迅先生语）而已。

章太炎是属于孙中山先生所领导的资产阶级民主主义革命的
一位伟大的坚强战士。在辛亥革命前，他主编《民报》宣传革命，并
且和改良主义君主立宪派作坚决的斗争，对于摧毁清朝三百年的
封建统治起了很大作用。民元以后，又参加反对北洋军阀和日本
帝国主义侵略我国的斗争。欧阳竟无先生在有清之末，国运陵
夷，思济时艰，乃以陆王之学治心，科学技艺应世，创办正志学
堂以为世倡。九一八事变以后，国难日亟，先生忠义奋发，数为
文章，呼号救亡如不及。一·二八抗日军兴，又作箴词寄将士以
鼓励，继刊《四书读》《心史》，编《词品甲》，写《正气歌》，撰
《夏声说》以振作民气（参看《欧阳竟无大师纪念刊》）。两位先
生都是欲以"道济天下"奋发有为的爱国主义者，为什么对佛学
都这样一往情深、锲而不舍呢？关于前者，侯外庐先生在所著《近
代中国思想的变迁》，引证他自述的"始则转俗成真，终乃回真

向俗"(《菿汉微言》)之后说:

> 太炎先生在"真""俗"之间的二元论,在晚年始完
> 全显现出来。为什么一位在学术上的斗士,发展了汉学而
> 为史学之后,这样的走入"真"界呢?在著者看来,他对
> 于俗界在民国初元前后,没有信赖,冥察民主的前途实有
> 暗礁横生。而且在中国新人类的发生过程中他迷惘起
> 来。在世界近代民主政体的矛盾中,他既失去其自信,而
> 尚不可能知道有前进的亚洲,落后的欧洲,所以他在农民
> 独立地跳上历史舞台之时,表现出真俗二者之不协调,而
> 后以极端唯心之观念,以调和真俗(甚至弃俗向真)。

的确,自辛亥革命以后,章先生对革命的前途,逐渐失了信
心,所以才与世隔绝,"退居宁静的学者",晚年甚至消极颓唐。这
是时代和个人的局限,与早年学佛有关,但不能完全归咎于学
佛。太炎的高足鲁迅先生,在民国初年,看不见光明,他也彷徨
起来,和章先生"颇有时代痛苦的一致感慨"(侯外庐先生语)。所
以他在 1913 年间,到有正书局大购佛书,如《法句经》《阅藏
知津》《释迦如来应化事迹》《华严经合论》《维摩诘所说经》
等来研究,用功甚勤,了解深透。不但自己看,还和许寿裳与周
作人互相交流看看。不但研究,还大作功德,捐二十元与佛经流
通处,六十元托金陵刻经处刻《百喻经》,分赠亲友,为明年母
亲六十寿辰祝寿。太炎和鲁迅同者,在乎都从哲理来研究佛经;所
异者太炎要以"法相之理,华严之行"来"制恶见而清污俗",作
为革命党人的思想武器;而鲁迅却把佛经当作人类思想发达的史
料来看,并认为"佛教和孔教一样,都已经死亡,永远不会复活
了"(同上)。所以同样学佛,由于观点不同,太炎由少年时"不

忘救国，寻求政术"的积极精神转变而成为"身衣学术的华衮，粹然成为儒宗"的保守倒退的消极态度，而鲁迅则终身积极，不倦地战斗，从早年的民主主义和爱国主义的思想出发，不断革命，而终于成为伟大的共产主义和国际主义的文坛主将。

总之，《支那内学院缘起》是研究章太炎先生哲学思想的一篇重要文章，应该得到哲学研究工作者同志们应有的重视。我们研究章太炎哲学，一方面要批判那种如鲁迅先生所嘲笑的不分精华和糟粕的主次，"竟以作文奚落先生以自鸣得意的文侩"；一方面更要批判那伙别有用心地吹捧章太炎为近代法家。而以实事求是的精神进行探索，刮垢磨光，还其本来面目，以便剔除其糟粕而吸取其精华。